全国高等学校外语教师丛书·**理论指导系列**

语言测试重点问题研究

罗凯洲　主编

Major Issues in Language
Assessment

外语教学与研究出版社
FOREIGN LANGUAGE TEACHING AND RESEARCH PRESS
北京 BEIJING

图书在版编目 (CIP) 数据

语言测试重点问题研究 / 罗凯洲主编. -- 北京：外语教学与研究出版社，2021.12（2023.11 重印）
(全国高等学校外语教师丛书. 理论指导系列)
ISBN 978-7-5213-3268-1

I. ①语… II. ①罗… III. ①英语－测试－研究 IV. ①H319

中国版本图书馆 CIP 数据核字 (2021) 第 276451 号

出 版 人　王　芳
选题策划　解碧琰
项目负责　解碧琰
责任编辑　秦启越
责任校对　段长城
装帧设计　彩奇风
出版发行　外语教学与研究出版社
社　　址　北京市西三环北路 19 号（100089）
网　　址　https://www.fltrp.com
印　　刷　北京盛通印刷股份有限公司
开　　本　650×980　1/16
印　　张　16
版　　次　2022 年 1 月第 1 版 2023 年 11 月第 3 次印刷
书　　号　ISBN 978-7-5213-3268-1
定　　价　62.90 元

如有图书采购需求，图书内容或印刷装订等问题，侵权、盗版书籍等线索，请拨打以下电话或关注官方服务号：
客服电话：400 898 7008
官方服务号：微信搜索并关注公众号"外研社官方服务号"
外研社购书网址：https://fltrp.tmall.com

物料号：332680001

目　录

总　　序···文秋芳 vi
序　　言···刘润清 ix
前　　言··· xi

第一章　效度验证模式···1
  1.1 引言···1
  1.2 历史观点···2
  1.3 当今视角···5
  1.4 问题与挑战··15
  1.5 发展方向··17
  1.6 研究资源··18
  参考文献··19

第二章　构念界定方式··25
  2.1 引言··25
  2.2 历史观点··26
  2.3 当今视角··33
  2.4 问题与挑战··34
  2.5 发展方向··36
  2.6 研究资源··36
  参考文献··38

第三章　课堂评估研究··42
  3.1 引言··42

i

3.2 历史观点⋯⋯⋯⋯⋯⋯⋯⋯⋯⋯⋯⋯⋯⋯⋯⋯⋯⋯⋯⋯⋯⋯ 46

3.3 当今视角⋯⋯⋯⋯⋯⋯⋯⋯⋯⋯⋯⋯⋯⋯⋯⋯⋯⋯⋯⋯⋯⋯ 53

3.4 问题与挑战⋯⋯⋯⋯⋯⋯⋯⋯⋯⋯⋯⋯⋯⋯⋯⋯⋯⋯⋯⋯⋯ 60

3.5 发展方向⋯⋯⋯⋯⋯⋯⋯⋯⋯⋯⋯⋯⋯⋯⋯⋯⋯⋯⋯⋯⋯⋯ 62

3.6 研究资源⋯⋯⋯⋯⋯⋯⋯⋯⋯⋯⋯⋯⋯⋯⋯⋯⋯⋯⋯⋯⋯⋯ 63

参考文献⋯⋯⋯⋯⋯⋯⋯⋯⋯⋯⋯⋯⋯⋯⋯⋯⋯⋯⋯⋯⋯⋯⋯ 64

第四章　翻译测试现状⋯⋯⋯⋯⋯⋯⋯⋯⋯⋯⋯⋯⋯⋯⋯⋯⋯ 69

4.1 引言⋯⋯⋯⋯⋯⋯⋯⋯⋯⋯⋯⋯⋯⋯⋯⋯⋯⋯⋯⋯⋯⋯⋯⋯ 69

4.2 实施现状⋯⋯⋯⋯⋯⋯⋯⋯⋯⋯⋯⋯⋯⋯⋯⋯⋯⋯⋯⋯⋯⋯ 70

4.3 研究现状⋯⋯⋯⋯⋯⋯⋯⋯⋯⋯⋯⋯⋯⋯⋯⋯⋯⋯⋯⋯⋯⋯ 74

4.4 研究重点⋯⋯⋯⋯⋯⋯⋯⋯⋯⋯⋯⋯⋯⋯⋯⋯⋯⋯⋯⋯⋯⋯ 76

4.5 发展方向⋯⋯⋯⋯⋯⋯⋯⋯⋯⋯⋯⋯⋯⋯⋯⋯⋯⋯⋯⋯⋯⋯ 84

4.6 研究资源⋯⋯⋯⋯⋯⋯⋯⋯⋯⋯⋯⋯⋯⋯⋯⋯⋯⋯⋯⋯⋯⋯ 85

参考文献⋯⋯⋯⋯⋯⋯⋯⋯⋯⋯⋯⋯⋯⋯⋯⋯⋯⋯⋯⋯⋯⋯⋯ 86

第五章　教师能力测评⋯⋯⋯⋯⋯⋯⋯⋯⋯⋯⋯⋯⋯⋯⋯⋯⋯ 92

5.1 引言⋯⋯⋯⋯⋯⋯⋯⋯⋯⋯⋯⋯⋯⋯⋯⋯⋯⋯⋯⋯⋯⋯⋯⋯ 92

5.2 历史观点⋯⋯⋯⋯⋯⋯⋯⋯⋯⋯⋯⋯⋯⋯⋯⋯⋯⋯⋯⋯⋯⋯ 93

5.3 当今视角⋯⋯⋯⋯⋯⋯⋯⋯⋯⋯⋯⋯⋯⋯⋯⋯⋯⋯⋯⋯⋯⋯ 96

5.4 现状与挑战⋯⋯⋯⋯⋯⋯⋯⋯⋯⋯⋯⋯⋯⋯⋯⋯⋯⋯⋯⋯⋯ 100

5.5 发展方向⋯⋯⋯⋯⋯⋯⋯⋯⋯⋯⋯⋯⋯⋯⋯⋯⋯⋯⋯⋯⋯⋯ 102

5.6 研究资源⋯⋯⋯⋯⋯⋯⋯⋯⋯⋯⋯⋯⋯⋯⋯⋯⋯⋯⋯⋯⋯⋯ 103

参考文献⋯⋯⋯⋯⋯⋯⋯⋯⋯⋯⋯⋯⋯⋯⋯⋯⋯⋯⋯⋯⋯⋯⋯ 104

第六章　语言评价素养⋯⋯⋯⋯⋯⋯⋯⋯⋯⋯⋯⋯⋯⋯⋯⋯⋯ 110

6.1 引言⋯⋯⋯⋯⋯⋯⋯⋯⋯⋯⋯⋯⋯⋯⋯⋯⋯⋯⋯⋯⋯⋯⋯⋯ 110

6.2 历史观点 ··· 112

6.3 当今视角 ··· 116

6.4 问题与挑战 ··· 122

6.5 发展方向 ··· 124

6.6 研究资源 ··· 125

参考文献 ··· 127

第七章 自动评分技术 ··· 132

7.1 引言 ··· 132

7.2 历史观点 ··· 133

7.3 当今视角 ··· 135

7.4 问题与挑战 ··· 144

7.5 发展方向 ··· 145

7.6 研究资源 ··· 146

参考文献 ··· 147

第八章 认知诊断测试 ··· 151

8.1 引言 ··· 151

8.2 历史观点 ··· 152

8.3 当今视角 ··· 153

8.4 问题与挑战 ··· 162

8.5 发展方向 ··· 164

8.6 研究资源 ··· 165

参考文献 ··· 166

第九章 Rasch模型应用 ··· 171

9.1 引言 ··· 171

9.2 Rasch模型在国际语言测评领域的应用 ············ 172
9.3 Rasch模型在国内应用语言学界的应用 ············ 175
9.4 问题与挑战 ············ 181
9.5 发展方向 ············ 181
9.6 研究资源 ············ 182
参考文献 ············ 183

第十章 测试反拨作用 ············ 189

10.1 引言 ············ 189
10.2 历史观点 ············ 190
10.3 当今视角 ············ 192
10.4 问题与挑战 ············ 200
10.5 发展方向 ············ 201
10.6 研究资源 ············ 202
参考文献 ············ 203

第十一章 伦理与公平性 ············ 207

11.1 引言 ············ 207
11.2 历史观点 ············ 208
11.3 当今视角 ············ 210
11.4 问题与挑战 ············ 214
11.5 发展方向 ············ 217
11.6 研究资源 ············ 219
参考文献 ············ 220

第十二章 准则评价模式 ············ 224

12.1 引言 ············ 224

12.2 历史观点···224
12.3 当今视角···225
12.4 问题与挑战···228
12.5 发展方向···232
12.6 研究资源···234
参考文献··235

总　序

"全国高等学校外语教师丛书"是外语教学与研究出版社高等英语教育出版分社近期精心策划、隆重推出的系列丛书，包含理论指导、科研方法和教学研究三个子系列。本套丛书既包括学界专家精心挑选的国外引进著作，又有特邀国内学者执笔完成的"命题作文"。作为开放的系列丛书，该丛书还将根据外语教学与科研的发展不断增加新的专题，以便教师研修与提高。

笔者有幸参与了这套系列丛书的策划工作。在策划过程中，我们分析了高校英语教师面临的困难与挑战，考察了一线教师的需求，最终确立这套丛书选题的指导思想为：想外语教师所想，急外语教师所急，顺应广大教师的发展需求；确立这套丛书的写作特色为：突出科学性、可读性和操作性，做到举重若轻，条理清晰，例证丰富，深入浅出。

第一个子系列是"理论指导"。该系列力图为教师提供某学科或某领域的研究概貌，期盼读者能用较短的时间了解某领域的核心知识点与前沿研究课题。以《二语习得重点问题研究》一书为例。该书不求面面俱到，只求抓住二语习得研究领域中的热点、要点和富有争议的问题，动态展开叙述。每一章的写作以不同意见的争辩为出发点，对取向相左的理论、实证研究结果差异进行分析、梳理和评述，最后介绍或者展望国内外的最新发展趋势。全书阐述清晰，深入浅出，易读易懂。再比如《认知语言学与二语教学》一书，全书分为理论篇、教学篇与研究篇三个部分。理论篇阐述认知语言学视角下的语言观、教学观与学习观，以及与二语教学相关的认知语言学中的主要概念与理论；教学篇选用认知语言学领域比较成熟的理论，探讨应用到中国英语教学实践的可能性；教学研究篇包括国内外将认知语言学理论应用到教学实践中的研究综述、研究方法介绍以及对未来研究的展望。

第二个子系列是"科研方法"。该系列介绍了多种研究方法，通常是一本书介绍一种方法，例如问卷调查、个案研究、行动研究、有声思维、语料库研究、微变化研究和启动研究等。也有的书涉及多种方法，综合描述量化研究或者质化研究，例如：《应用语言学中的质性研究与分析》《应用语言学中的量化研究与分析》和《第二语言研究中的数据收集方法》等。凡入选本系列丛书的著作人，无论是国外著者还是国内著者，均有高度的读者意识，乐于为一线教师开展教学科研服务，力求做到帮助读者"排忧解难"。例如，澳大利亚安妮·伯恩斯教授撰写的《英语教学中的行动研究方法》一书，从一线教师的视角，讨论行动研究的各个环节，每章均有"反思时刻""行动时刻"等新颖形式设计。同时，全书运用了丰富例证来解释理论概念，便于读者理解、思考和消化所读内容。凡是应邀撰写研究方法系列的中国著作人均有博士学位，并对自己阐述的研究方法有着丰富的实践经验。他们有的运用了书中的研究方法完成了硕士、博士论文，有的是采用书中的研究方法从事过重大科研项目。以秦晓晴教授撰写的《外语教学问卷调查法》一书为例，该书著者将系统性与实用性有机结合，根据实施问卷调查法的流程，系统地介绍了问卷调查研究中问题的提出、问卷项目设计、问卷试测、问卷实施、问卷整理及数据准备、问卷评价以及问卷数据汇总及统计分析方法选择等环节。书中各个环节的描述都配有易于理解的研究实例。

第三个子系列是"教学研究"。该系列与前两个系列相比，有两点显著不同：第一，本系列侧重同步培养教师的教学能力与教学研究能力；第二，本系列所有著作的撰稿人主要为中国学者。有些著者虽然目前在海外工作和生活，但他们出国前曾在国内高校任教，也经常回国参与国内的教学与研究工作。本系列包括《英语听力教学与研究》《英语写作教学与研究》《英语阅读教学与研究》《英语口语教学与研究》《口译教学与研究》等。以《英语听力教学与研究》一书为例，著者王艳博士拥有十多年的听力教学经验，同时听力教学研究又是她博士论文的选题领域。《英语听力教学与研究》一书，浓缩了她多年来听力教学与听力教学研究的宝贵经验。全书分为两部分：教学篇与研究篇。教学篇中涉及了听力教学的各个重要环节以及学生在听力学习中可能碰到的困难与应对的办法，所选用的案例均来自著者课堂教学的真实活动。研究篇中既有著者的听力教学研究案例，也有著者从国内外文献中筛选出的符合中国国情的听力教学研究案例，综合在一起加以分析阐述。

教育大计，教师为本。"全国高等学校外语教师丛书"内容全面，出版及时，必将成为高校教师提升自我教学能力、研究能力与合作能力的良师益友。

笔者相信本套丛书的出版对高校外语教师个人专业能力的提高,对教师队伍整体素质的提高,必将起到积极的推动作用。

文秋芳

北京外国语大学中国外语教育研究中心

2011 年 7 月 3 日

序 言

30年前我出了一本小书《语言测试和它的方法》，那是许国璋先生敦促我写的。那本小书旨在讲授"怎么测"，用现在的说法，叫提高一线教师的"评价素养"。也许就是这本小书，让我与语言测试结下了不解之缘。那几年还出了一种说法——"南有桂诗春，北有刘润清"，让我好生羞愧，我哪能与桂老先生相提并论。但是，真就是这个缘分，让我受邀主持了不少大型外语考试项目。

当我初次浏览罗凯洲主编的《语言测试重点问题研究》目录时，感觉这个领域似乎发生了翻天覆地的变化。细读各章介绍，又觉得它仍然是围绕测什么（构念界定）、如何评分（自动评分）、如何实施与验证（验证模式、测试反拨作用、伦理与公平性、道德准则模式）、测试类型（课堂评估、翻译测试）、教师教育（教师语言能力、评价素养）、测量理论（认知诊断、Rasch模型）那些经典话题展开的。但是，看看大部分篇章中的"当今视角""问题与挑战""发展方向"几节，我不得不承认，我是真的out（落伍）了，而且再也赶不上了。

其实，一个学科的问题无法穷尽，总有挂一漏万之嫌。所谓普通问题，因时因地变化也许就成了重点问题，反之亦然。此外，你的研究方向或工作性质一变，重点的顺序很快就变。建议读者阅读时不必拘泥于本书的重点问题，而是把本书当作"工具"，通过研读感兴趣的章节，培养自己发现"真问题"的能力。

《语言测试重点问题研究》是外研社"全国高等学校外语教师丛书·理论指导"系列中的一本。把这样一本偏重理论的书编好，做到内容翔实又深入浅出，并非易事。本书的作者均为从事语言测试开发与研究的青年力量，好几位是我们的博士生或博士后，听过我讲的语言学经典解读和语言哲学课。他们大都是各自章节那一领域的行家，不仅理论功底扎实，还有丰富的实操经验。本书不仅关注国际最新进展，也涵盖了中国学者的研究成果。兼备上述特色的语言测试理论图书，在我国似乎并不多见。此外，我发现每章"研究资源"推荐的文献中,既有该领域影响深远、引用率高的经典文本,也有不少最新发表的文献,似有读一篇抵十篇的效果,是拓展研究视野的好资料。

  我和本书主编罗凯洲可以算是忘年交。他上学的时候选过我的语言哲学课程,他为人敦厚、做事认真,当时就给我留下了深刻印象。后来他留在北京外国语大学中国外语与教育研究中心工作,我俩办公室仅几步之遥,因此总有交流的机会。我愿意向广大读者推荐这本书。

  是为序。

刘润清

北京外国语大学外国语言研究所

2021 年 8 月

前　言

"语言测试"常有不同指代。它可以指语言测评活动，教师在教学过程中隐性或显性地使用测评活动，根据学生表现做出形成性或总结性决策，达到促学目的。它可以指语言测评工具，测评结果可成为资格认定、人才选拔、编班分级、监督进展、诊断优劣等决策的主要依据，同时也是落实语言政策的重要手段。它还可以指语言测试学科，与语言教学、语言习得、教育与心理测量等学科关系紧密、相互促进、融合发展。

顾名思义，《语言测试重点问题研究》关注语言测试这门学科中的重要研究议题。有别于主要讲授测评工具研发与使用的教科书，本书选取了12个研究"切片"，力求以小见大、以点带面，帮助读者深入了解当下语言测试学科中的核心议题。因此，本书特别适合有志于从事语言测试研究的高校教师、研究生以及相关从业人员，是掌握学科动态、厘清争议焦点、寻找研究选题的有益参考。

全书共12章。第一章"效度验证模式"由北京外国语大学罗凯洲撰写。效度是测试领域最重要的议题之一，效度验证模式对测试开发与使用均有指导作用。本章概述了整体效度观下的几种验证模式及其在语言测试领域中的应用，比较了各模式的优势与劣势，旨在厘清人们对效度及其验证模式的误解。

第二章"构念界定方式"由北京师范大学高淼撰写。构念界定既是测试任务开发的依据，也是成绩解读的基础，其重要性不言而喻。本章评析了语言测试构念界定的主流方式及其理论背景，分析了信息技术、话题内容等因素对语言测试构念界定及后续成绩解读带来的挑战。

第三章"课堂评估研究"由广东外语外贸大学王伟强撰写。课堂评估是语言教学的要素，其促教、促学作用近年来备受关注。本章剖析了课堂评估的种类与目的，评述了课堂评估背景下的效度、信度理论，阐释了以学习为导向的二语课堂评估框架及其应用前景。

第四章"翻译测试现状"由北京外国语大学林薇撰写。翻译测试的实证研究并不多见，与翻译测试举办的热烈程度很不相称。正因如此，翻译测试研究亟待开垦。本章介绍了国际知名的翻译测试及其研究现状，分析了高质量翻译测试研究匮乏的原因，梳理了国内外翻译测试的构念界定、测试方法、评分方式及效度验证等方面的进展。

第五章"教师能力测评"由北京第二外国语学院曲鑫撰写。外语教师的"语言能力"似乎并未成为当下的研究热点，但教师的语言能力直接关系到外语教育的质量。如何培养、提升、巩固、评价外语教师语言能力是我国外语教育需要解决的课题。本章依托语言学与语言教学相关理论，分析了教师语言能力测评的历史演进，呼吁尽快制定适合我国国情的外语教师专业能力标准。

第六章"语言评价素养"由北京师范大学林敦来撰写。评价素养是教师重要的专业能力，评价素养缺失会导致测试的误用，后果不堪设想。本章详述了语言评价素养的各种定义与框架，分析了评价素养的测量与提升方式，介绍了有代表性的评价素养项目。

第七章"自动评分技术"由对外经济贸易大学江进林撰写。人工智能的进步也带动了教育测评革新，自动评分正是测评领域最引人瞩目的智能技术。本章概述了写作、口语、翻译的知名自动评分系统，剖析了各系统背后的原理，综述了各系统的应用现状和尚需改进的问题。

第八章"认知诊断测试"由浙江大学闵尚超、熊笠地撰写。认知诊断被誉为"认知水平范式"的新一代测量理论，近十几年来常被用于语言测试的诊断信息提取、效度验证等方面。本章介绍了认知诊断的发展背景和几个典型的模型，详细阐述了认知诊断在语言测试领域中的应用。

第九章"Rasch 模型应用"由华北电力大学李久亮撰写。Rasch 是应用极其广泛的测量模型，是从事语言测试研究的必备工具。本章综述了 Rasch 在国内外语言测试任务分析、评分、等值等方面的研究。

第十章"测试反拨作用"由南京信息工程大学王旭和北京外国语大学王佳雨撰写。无论教师主导的课堂评估还是大规模标准化测试无不希望为教与学带来正面影响，因此，反拨作用研究在效度验证研究中始终占有一席之地。本章从 20 世纪 90 年代初进行的经典反拨作用研究谈起，介绍了反拨作用的理论模型与研究范式，列举了主要的研究方法。

第十一章"伦理与公平性"由墨尔本大学范劲松撰写。伦理与公平性是不少从业者经常忽视的议题。本章详述了语言测试领域的伦理与公平性（框架）概念，介绍了国际语言测试学术团体与机构的道德规范与行为准则，是我国制定相关政策的重要参考。

第十二章"准则评价模式"由北京外国语大学罗凯洲、张富平撰写。准则评价模式是基于道德准则的评价模式的简称，一经推出就受到了不少追捧。本章剖析了该模式的理论背景，介绍了模式的构成和可能存在的问题，并对公平与正义研究提出了建议。

本书大部分篇章基本由引言、历史观点、当今视角、问题与挑战、发展方向以及研究资源六小节组成。引言简要界定本章议题与关键概念，概括各小节主要内容；历史观点介绍本章议题的理论与实践背景；当今视角解读该议题的最新进展；问题与挑战分析研究争议；发展方向则给出未来研究的建议；研究资源包括推荐的核心书目、必读文章、精选网站，是拓展阅读、了解议题全貌不可多得的参考资料。

主编学术著作，看似寻常，实则艰辛。《语言测试重点问题研究》能顺利付梓，要感谢全体作者近四年来所付出的辛劳。各章作者不仅在各自研究领域有一定建树，且均有测试开发的实际经验，理论联系实践是作者们始终秉持的写作思路。作者们根据审稿意见多次修改，从无任何怨言。此外，感谢北京外国语大学韩宝成教授和徐浩老师、上海财经大学张洁老师、河北师范大学黄永亮老师、北京交通大学冯蕾老师以及外研社高英分社李会钦老师、段长城老师、解碧琰老师在选题策划、内容设计方面提出的宝贵建议。由衷感谢耄耋之年的刘润清教授对部分章节提出的中肯意见。最后，感谢我的研究生张雯、图尔苏古丽·托合提、崔胜兰、李娴、刘莹、马也等同学对全书细致入微的校对工作。

尽管每章都进行了多次修改，全书也进行了数次统稿与校对，仍免不了疏漏，望读者赐教，以便修订时完善。本书在撰写之初就制订了一份"英汉对照常用术语参考表"，但各章作者均有自己的译法及使用习惯（如高利害测试与高风险测试、测评素养与评价素养）。不同译法或用法总体上并不影响阅读，也是当下术语运用的真实反映。经反复商议，我们决定尊重各章作者的习惯，只对个别影响理解的措辞进行了调整。

本书出版受中央高校基本科研业务费专项资金和北京市社科基金项目（16YYB016）资助。

罗凯洲
北京外国语大学中国外语与教育研究中心
2021 年 8 月

第一章　效度验证模式[1]

罗凯洲　北京外国语大学

1.1 引言

效度[2]是教育与心理测量领域最引人注目的议题，其重要性在语言测试学科中也不例外。不同学者对效度的定义不尽相同，所采用的效度验证模式也各有差异，但人们普遍认可效度是一种表示程度的属性（AERA et al., 1985, 1999, 2014；Anastasi, 1986；Cronbach, 1971；Cureton, 1951；Kane, 2006, 2016；Messick, 1989；Newton, 2012）。问题在于效度究竟是谁的程度属性？怎样才能确定程度的高低？其实，第一个问题触及效度的本质，第二个问题牵涉到效度如何验证。

效度真正引起教育与心理测量领域关注是在20世纪20年代后，从业人员秉持了一种朴素观念，笃信相关即有效（孙晓敏、张厚粲，2004）。50年代中期后的20年逐步形成标准效度（criterion validity）、内容效度（content validity）与构念效度（construct validity）三足鼎立的局面。70年代中后期，整体效度思想初现端倪。Messick（1980，1981，1988，1989）明确主张用构念效度指代效度，原先的效度类型均被"降级"为效度验证时的证据，整体效度思想一直影响至今。然而，无论效度理论（概念）如何演变，只有被转化为有实施步骤的效度验证模式后才算有真正价值（O'Sullivan & Weir, 2011: 26）。

本章称20世纪20年代至70年代初期为"分类效度观"时期，70年代中

---

[1] 本章为国家社科基金一般项目"复合型国际化高端外语人才沟通能力测评研究"（项目批准号：20BYY110）的阶段性成果。

[2] 限于篇幅，本章重点讨论效度（validity）及其验证模式（validation approach/model），未过多涉及效度验证的具体方法（validation method）（即获取效度证据的量化或质性方法）。遵循教育与心理测量领域的表达习惯，本章没有刻意区分approach、model与framework等词的用法，均指效度验证的模式。

后期至今为"整体效度观"时期。[1] 两大时期对效度本质的探讨和效度实践（效度验证）的摸索不尽相同。分类效度观将效度当作测试自身质量的程度属性，效度验证好似证据罗列；而整体效度观则把效度当作测试成绩解释与使用合理性的程度属性，效度验证倾向推理论证（罗凯洲，2019）。

总体上看，语言测试学科的效度研究追随了上述历程。然而，新概念和新模式应用到某一个新学科终究需要时间，语言测试学科对待效度及其验证模式就存在"迟滞"，甚至"误解"。弄清教育与心理测量领域的效度观与验证模式的发展，才能理顺语言测试效度研究。本章将在第二小节探讨分类效度观时期效度及其验证模式的演变；在第三小节讨论整体效度观时期的效度概念，以及在语言测试学科常见的四种效度验证模式；最后，讨论效度及其验证模式的困惑以及未来的发展趋势。

1.2 历史观点

1.2.1 分类效度观及其验证模式

20 世纪 20 至 50 年代初期，教育与心理测量界普遍认为效度是一项测试原本要测量东西的程度（Bingham, 1937: 3; Kelly, 1927: 3; Ruch, 1924: 13）。效度验证的主要模式是对测试与其他同类"标准"之间的相关性进行统计分析。Cureton (1951: 623) 在《教育测量》[2] 第一版中直接把效度定义为"测试实得分数"与"真实标准分数"之间的相关程度。按此逻辑，对一项测试进

---

[1] 也有学者（如 Brennan, 2006: 2; Chapelle, 2013; Chapelle et al., 2010; Newton & Shaw, 2014: 16; 韩宝成、罗凯洲，2013；李清华，2006）对效度及其验证模式的发展历程做了更详细的划分或采用不同的命名方式。例如，把效度发展初期称为单一效度观时期，把 Kane 提出的效度理论及框架称为"效度论证观"或"新理论"等。本章认为上述划分与命名略显繁复，依照对效度本质的看法（到底是谁的程度属性），本章只分为两个时期，即"分类效度观"时期和"整体效度观"时期。

[2] 教育与心理测量领域公认对效度、验证模式以及证据来源进行权威阐释的两本文献是《教育测量》(*Educational Measurement*) 与《教育与心理测量标准》(*Standards for Educational and Psychological Testing*)。《教育测量》已经出版四版 (1951, 1971, 1989, 2006)，《教育与心理测量标准》已经出版六版 (1954, 1966, 1974, 1985, 1999, 2014)。

行效度验证的主要方法就是计算实得分数与标准分数之间的相关系数。所以，这个相关系数（也称为效度系数）也由此成为最重要的效度证据，结果越接近于1，效度越高。Kane（2006：18）把此类效度验证模式称为"标准模式"（criterion model）。所谓"标准"，是用作参照的"可靠"依据，可以是专家对考生能力的排序，也可以是考生实际表现，但更重要的是考生参加被认可的同类测试后的数值结果。名为"标准"，实为"数值"。效度系数看似客观，但用于计算效度系数时对标准进行的选择往往又偏向主观。所以，"标准模式"的难点在于如何确定标准自身的质量，通常只适用于有现成标准可以参照的情况。

编制学业成就测试（achievement test）时所参照的标准往往是教学大纲，这类测试很难用"标准模式"验证效度。因此，有些教育测量界的学者倾向于采用逻辑分析的方法来确定成就测试的效度。所谓逻辑分析，就是请相关专家对测试内容与教学大纲内容之间的匹配程度进行判断，相似程度越高，效度越高。Kane（2006：19）把此类效度验证模式称为"内容模式"（content model）。"内容模式"的最大问题在于过度依赖主观判断。如果这些判断都是测试开发方主导，那很有可能得出对开发方有利的结果。此外，无论"标准模式"还是"内容模式"都无助于（基于理论的）人格测试（personality test）的效度验证。

20世纪50年代后期至70年代初，人们对效度本质的看法并未发生根本性转变，始终认为效度是测试质量的程度属性。然而，在这一时期，效度验证模式却倒逼了效度类型的划分。1954年美国出版的《关于心理测量和诊断技术的建议》（也就是《教育与心理测量标准》第一版，下文简称《标准》），直接将效度划分为预测效度（predictive validity）、共时效度（concurrent validity）、[1] 内容效度（content validity）。此外，这份重要文献还引入了一种新的效度类型，即构念效度（construct validity）。在这一时期，构念[2]指人通过测试表现出来的某种假定存在的特质，反映的是依照心理学理论（或假说）构建出的概念，无法直接观察或测量（Cronbach & Meehl，1955：283）。1966年第二版《标准》

---

[1] 所谓预测效度是指一次测试结果与后来的"标准"测试结果（如真实的工作表现）进行的"比较"，由此来判定测试的预测力，而共时效度是指在同一时间段完成的两次测试的"比较"，由此判定测试在当下的质量。预测与共时效度其实是标准效度（criterion validity）的两种不同形式。

[2] 在整体效度观下，绝大多数学者或机构（如 AERA et al.，2014；Bachman，1990；Bachman & Palmer，1996，2010；Kane，2016；Messick，1989；Sireci & Sukin，2013）倾向于用 construct 指代任何被测量的（理论）概念或（可观测）特质（trait/attribute）。

把预测效度和共时效度合并,统称为标准相关效度(criterion-related validity)(也称标准效度)。标准效度主要为以能力倾向测试(aptitude test)为代表的选拔类测试服务,内容效度主要为学业成就测试服务,而构念效度则主要为以人格测试为代表的基于理论的测试服务,效度三分模式(trinitarian model of validity)从此确立(Guion, 1980)。1966年版《标准》还提到,当一项测试找不到合适标准时,再考虑采用构念效度(APA et al., 1966:13)。引入构念效度的初衷是为了解决基于理论编制的测试效度验证问题,对构念效度的验证主要借助标准和内容效度验证时所采用的方法与证据。所以,构念效度在20世纪60年代中期前仍处于边缘地位。

构念效度验证好似自然科学的理论(假说)检验;与自然科学不同的是,它主要依靠统计结果来检验测试成绩与所测构念之间的关系。如果结果支持,则说明测试成绩有解释力,从另一个角度来看,测量工具的构念效度也得到证实(Cronbach & Meehl, 1955)。Kane(2006:19)把此类验证模式称为构念模式(construct model)。这一时期以经典测量理论为代表的各类心理统计方法也得到了极大发展,为构念效度验证提供了方法论支持。例如,因子分析方法(factor analysis)、多质多法(multitrait-multimethod)都在这一时期逐渐成熟,一度成为构念效度验证的专属方法。

1.2.2 Lado 等人的效度观及其验证模式

一般认为,1961年是现代语言测试的开山之年。Lado 在 1961 年出版《语言测试》(*Language Testing*)被视为标志性事件之一,该书也是第一本系统论述语言测试的著作(Kunnan, 2014:xiii)。Lado 从教育与心理测量领域引入了"效度"(如内容效度、标准效度)、"信度"等有关测试(评分)质量的概念。他认为:"效度本质上是一种关联(relevance)。一项测试测量到了它原本要测的东西了吗?如果答案是肯定的,那么它就是有效的"(Lado, 1961:321)。他在书中还介绍了效度验证的方法。例如,建议考生参加新开发的测试和可作为标准的已有测试,根据两次测试的成绩计算相关系数来确立新测试的效度(Lado, 1961:30)。Lado 对语言测试效度及其验证方式的阐述同教育与心理测量领域的观点一脉相承,对后人产生了深远影响。20世纪六七十年代语言测试著作纷纷效仿 Lado 的观点来阐释效度概念（如 Harris, 1969; Heaton, 1975; Valette, 1967）。80 年代甚至 90 年代出版的语言测试教材和专著以及有关效度验证的研究，大都采用了分类效度观（如 Henning, 1987; Hughes, 1989; Wood, 1993），这些著作几乎无一例外地把效度与信度看作测试质量属性的代名词。

1.3 当今视角

1.3.1 Messick 的整体效度观

20 世纪 70 年代后，不少学者（如 Guion, 1977; Messick, 1975; Tenopyr, 1977）都提议采用整体视角看待效度概念，但效度验证的方式可以多样，仍可为不同测试类型服务。这一时期，构念效度验证方法愈发灵活，效度证据来源愈发多元，都使得构念效度地位不断攀升。Cronbach（1971）曾强调构念这一概念对各类教育或心理测量具有普遍意义，为效度从分类走向整合埋下了伏笔。十余年后，Cronbach（1984: 126）更是明确提出"所有的效度验证其实都是构念效度验证"，这一理念在 1985 年版《标准》中也有所体现。构念一词的含义也悄然发生着变化，由原先专指依理论构建的概念，发展到可以指代任何被测量的东西（AERA et al., 1985, 1999）。20 世纪 80 年代，构念效度已逐步统领了其他效度（标准效度、内容效度），甚至囊括信度概念。从某种意义上说，正是构念效度验证模式（包括各类验证方法与证据）促使构念效度成为整体效度概念的代名词（Kane, 2006: 21）。

Messick（1988, 1989）正式提出了整体效度观（unified/unitarian view）。这一思想在他为第三版《教育测量》撰写的"效度"一章中得到了充分阐释："效度是一个整体概念，是实证证据（empirical evidence）和理论依据（theoretical rationale）对测试成绩[1]解释与使用合理性的支持程度"（Messick, 1989: 13）。简言之，上述定义蕴含着对效度本质看法的转变；虽然效度仍是一个程度概

---

[1] Messick 话语体系下的"成绩"是一个较笼统的概念，可以指用数值表示的分数或等级，也可以指其他能被观测并记录的测试行为表现（Messick, 1989: 13）。

念,但已不再是测试质量的程度,而是有关成绩解释与使用的充分性与合理性程度。所谓对成绩的解释与使用实际上都是人们做出的推断(inference),推断好似假设(hypothesis),因此需要检验。对推断的效度验证过程实际上就是对假设的检验过程,这一观点对后来出现的基于论证的效度验证模式产生了深远影响。Messick(1989:20)随后用多面效度模式(facets of validity)来阐述"一元多维"的整体效度思想(见表1.1)。

表 1.1 多面效度模式(基于 Messick,1980,1989,1995)

	测试(成绩)解释	测试(成绩)使用
(解释与使用的)证据基础	构念效度	构念效度 +(成绩的)相关性 / 有用性
(解释与使用的)后果基础	构念效度 + 价值内涵	构念效度 + 价值内涵 +(成绩的)相关性 / 有用性 + 社会后果

多面效度模式好似一个"渐进矩阵"(progressive matrix),两个纵向维度分别是测试(成绩)解释和使用,各自包含不同要素,可看作成绩解释和使用的"操作定义"。评价这些要素的程度则需要不同类型的证据支撑,由横向维度表示,分为传统意义上的证据类型(如与内容和标准有关的证据类型)以及Messick 个人特别强调的体现价值观和成绩使用后果的证据类型。所以,渐进矩阵从左上构念效度出发,向右下的社会后果演进,每次演进增加一个或多个新的要素。

整体效度观下的多面效度模式有如下特点。首先,构念效度永远处于核心地位,但其含义不同于分类效度观下的构念效度概念。传统的标准效度、内容效度、构念效度均被统一到构念效度概念之下,分类效度的各种验证方法和证据类别从此也只为构念效度验证服务。其次,一元多维的整体效度观,特别强调了测试成绩解释的价值内涵(value implications)以及成绩使用所带来的社会后果(social consequences),使测试开发者和使用者都肩负举证责任。由于强调测试成绩使用后果(也称影响力),语言测试学科自20世纪90年代中期到21世纪初炒红了"反拨作用"研究。

然而,也正是这些特点导致效度验证的实践中出现了新问题。首先,既然效度是一个整体,又何必单独强调构念效度的核心地位呢?在渐进矩阵中出现的所谓"构念效度"其实应该算作成绩解释合理性需要证明的一个方面。Messick 可能实在找不到更合适的概念来表示这一方面,于是把分类效度观下的构念效度概念移植于此。对构念效度的含混解读,使后来进行的不少效度验证研究都偏离了整体效度观的初衷。其次,很多学者至今仍不赞同把"伦理"议题(包括测试成绩解释的价值观取向及成绩使用所引发的社会后果)纳入效度概念框架及效度验证实践,他们认为怎么使用成绩和带来什么后果是决策者的事情,测试设计者干涉不了。最后,如果效度验证是一个永无止境的过程,从何开始、何时结束对从业人员不具备操作性。1999 年版《标准》正式采纳了 Messick 整体效度观思想,把效度定义为"证据或理论对依照测试既定使用目的得到的成绩解释的支持程度"。2014 年版《标准》也基本延续了上述定义。1999 年版和 2014 年版《标准》均未采纳 Messick 一元多维的效度模式,但对证据源的划分却吸收了该模式中的相关表述。例如,这两版《标准》所列证据收集的类型中,都出现了测试后果证据。值得注意的是,20 世纪 90 年代中后期,Messick 自己都不再强调多面效度模式对效度理论的意义,转而强调模式对证据来源的指导。然而,如何整合这些证据,使效度验证变成一个有始有终的过程,Messick 本人并未给出令人信服的答案,整个教育与心理测量界都期待出现一种新的模式。

Messick 苦心构建的多面效度理论不仅太过抽象,而且理论本身也有前后表述不一甚至自相矛盾之处,并未对效度验证起到实质的指导作用,但他提倡的整体效度思想却深入人心。效度理论研究的知名学者 Newton & Shaw(2014:21)甚至认为 1974 年到 1999 年的二十余年可称为"Messick 时代",其影响力可见一斑。Kunnan(1998:4-5)曾用多面效度模式对语言测试学科在 20 世纪八九十年代所做的典型效度研究进行梳理,拓展了语言测试从业人员对效度证据来源的认识。

1.3.2　Bachman & Palmer 的 TUM 模式

在语言测试学科最先引入整体效度思想的是 Lyle Bachman,他在 1990 年出版的《语言测试要略》(*Fundamental Considerations in Language Testing*)一书中详细讨论了 Messick 的多面效度模式。随后,Chapelle & Douglas(1993)、

Cumming（1996）以及 Kunnan（1998）等人的介绍与讨论也促使整体效度观更为语言测试学界所熟知。然而，了解效度概念是一回事，如何进行效度验证则是另一回事。为解决 Messick 遗留的效度实践问题，Bachman & Palmer（1996）提出了"测试有用性模式"（test usefulness model，简称 TUM），用以指导语言测试的效度验证（见图 1.1）。

测试有用性 ＝ 信度 ＋ 构念效度 ＋ 真实性 ＋
交互性 ＋ 影响力 ＋ 可行性

图 1.1 测试有用性模式

该模式由表示测试质量的各要素构成。其中，信度指测量的一致性程度；构念效度指分数解释的合理性程度，真实性指测试任务特征和目标语言使用特征之间的吻合程度；交互性指测试构念与测试任务之间的关联程度；影响力则指测试对社会、教育制度以及个人带来的各种影响。前五个方面与测试成绩使用密切相关，而可行性主要指在测试设计、开发和使用过程中的可操作性程度，可用已有资源和所需资源之间的差异表示。这些要素与多面效度模式相比更加通俗易懂，使效度验证更易操作，一度成为语言测试效度验证的权威模式（Weigle，2002）。

Bachman & Palmer（1996：18）曾指出，运用上述模式时应追求整体上的有用性，对待各质量要素应通盘考虑，不能厚此薄彼。然而，质量要素之间有何逻辑关联、证据如何整合与呈现等关键问题，他们并未给出明确回答。有用性模式突出了直观、易懂的特点，却牺牲了理论的连贯性（McNamara，2003），甚至错误地解读了 Messick 的整体效度观。[1] 尽管如此，有用性模式使语言测试界意识到了"构念效度""影响力"（测试后果）的重要性，使从业人员从关注传统的信度指标，转而关注语言测试的核心问题——构念如何界定以及测试的反拨作用等。值得注意的是，Bachman & Palmer（1996）仍然把效度看作测试自身的属性，与 Messick 的初衷多少有些背离。总体来看，虽然有用性模式是在整体效度观下诞生的，但它并不能算是真正的为整体效度观服务的验证模式。

---

[1] 这一表述来自 Bachman 教授于 2009 年 4 月 16 日在广东外语外贸大学所做的讲座。

1.3.3 Weir 的 SCF 模式

Weir 也受整体效度观的影响，在其专著《语言测试与效度验证》(*Language Testing and Validation*) 中提出了社会认知模式（socio-cognitive framework，简称 SCF 模式）（见图 1.2）。O'Sullivan & Weir（2011：20）认为，SCF 是第一个把语言使用的社会、认知维度与评分维度系统地融入测试开发与效度验证的模式。

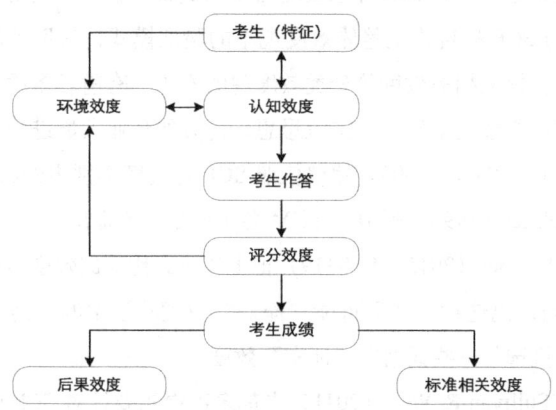

图 1.2 社会认知模式（基于 Weir，2005：44；O'Sullivan & Weir，2011：21）

SCF 模式由六项要素（element）和两类结果（outcome）组成。"考生（特征）"指考生个体自身的心理、生理、经验等特征，与 Bachman & Palmer（1996：64-65）在语言使用框架中对考生个体特征的阐释类似。"认知效度"也称作基于理论的效度，指考生在答题过程中的认知加工过程，通常以语言学或心理学理论为基础，近似测试有用性模式中的"构念效度"，其内容与 Bachman & Palmer（ibid.：65-75）在语言使用框架中对话题知识、语言知识以及策略能力的阐述类似。"环境效度"与测试任务特征及施考环境有关，近似 Bachman & Palmer（ibid.：23-24）测试有用性模式中的"真实性"以及分类效度观下的"内容效度"。"评分效度"与评分质量有关，包括评分标准制定与评分方式选择等议题，也囊括了传统意义上的信度概念。以上四大要素是 SCF 模式的核心内容，体现了对被测量个体测什么、怎么测、如何评等，构成了"整体效度"（即构念效度）最核心的内容（O'Sullivan & Weir，2011：23）。"认知效度"体现的是考生个体在作答试题时的认知加工过程,体现了模式中的认知维度,与考生个体以及"评分效度"一道都受到体现语言使用社会维度的"环境效度"制约。"后果效度"与"标准相关效度"在 Weir 的话语体系中属于"外部效度"(external validity)。前者主要指测试对考生等利益攸关者的影响,近似测试有用性模式中的"影响力";后者则与分类效度观时期的定义无异。两类结果分别是考生作答(response)以及考生成绩(score/grade)。

正如前文所述,分类效度观与整体效度观的本质区别在于前者把效度当作测试自身的质量属性,而后者把效度当作测试成绩解释与使用合理性程度的属性。TUM 与 SCF 都自称是整体效度观下的验证模式,却用了信度、构念效度、后果效度、标准相关效度等分类效度观的术语,有前后矛盾的嫌疑,不太符合当今教育与心理测量领域的主流思想。为方便从业人员进行相对全面且标准化的效度验证,Weir(2005)建议依照 SCF 各效度类别中的参数收集证据,Bachman & Palmer(1996)则根据 TUM 各类质量要素提出了 42 个问题,来指导证据收集。Fulcher(2015:117-119)把上述方式比喻成效度验证的"核对清单"(checklist),说这种方式很可能"掩盖"效度验证中的真问题,因为测试开发者总能"挑选"一些证据来"证实"效度。

诚然,O'Sullivan & Weir(2011)也都多次提到要针对 SCF 模式中的核心问题进行效度论证,但如何进行论证,他们并未给出令人信服的解答。SCF 模式并没有类似 Kane(2006)及 Bachman & Palmer(2010)的论证手段,将各类证据整合进推理论证链条,形成证据链。所以,SCF 与 TUM 一样,都没有说清要素(或属性)之间到底是如何关联的。Weir(2005)提出的 SCF 分别为读、听、说、写等不同的语言技能测量服务,这蕴含着对测试设计理念以及语言测试构念定义的本质看法。Bachman & Palmer(1996,2010)明确反对考查所谓的语言"技能",在他俩的话语体系下,技能都被看作活动。目前,剑桥五级英语考试进行的效度研究均遵循 SCF 模式,以四项语言技能为纲,编写了关于考试设计和效度验证的专著(Geranpayeh & Taylor,2013;Khalifa & Weir,2009;Shaw & Weir,2007;Taylor,2011)。英国文化委员会主推的普思英语考试(Aptis)也遵照 SCF 进行设计和效度研究(O'Sullivan,2015:6)。总体来看,TUM 与 SCF 均未彻底解决效度验证从何处开始、怎样进行、何时结束的问题。SCF 虽在整体效度观下诞生,但也只能算作过渡产物。

1.3.4 Kane 的 IUA 模式

Kane（1992，2002）在 Messick 的整体效度观指导下，以哲学家 Stephen Toulmin（1958/2003）的实用论证（practical reasoning）模型为理论依据，提出了基于论证的"效度验证模式"（argument-based approach to validation）。[1] 这一模式在 Kane 为第四版《教育测量》撰写的《效度验证》一章中得到了充分阐释。该模式包含两步论证。第一步是"解释/使用论证"（interpretation/use argument，简称 IUA）[2]，目的是搭建一个环环相扣的推理链，每次推理过程都有待论证，这一步好似构建理论模式（见图 1.3）。第二步是"效度论证"（validity argument），就是对理论模式的检验过程。

图 1.3 IUA 推理链（基于 Kane et al., 1999; Kane, 2006, 2016）

由"考生表现"（performance）到"可观测成绩"（observed score，即考试分数或等级）的评分推理过程中，考生表现是事实（data），可观测成绩是主张（claim），经过论证后，主张即成结论（conclusion），又可作为下一推理阶段的事实使用。"事实→（结论）主张"的实用论证模型（图 1.4）认为推理过程需要有理据（warrant）来支撑，理据自身必须有证据（backing）加以证明。然而，理据往往不具备百分之百的确定性，可能存在例外（exception），即反驳情况（conditions of rebuttal），所以被推导出的（结论）主张通常会有限定条件（qualifier）加以约束。

---

[1] 也有学者（如 Aryadoust, 2013；Chapelle et al., 2008；Chapelle et al., 2010）用"效度论证"（validity argument）直接指代"基于论证的效度验证模式"。请读者注意，在 Kane（2006, 2013, 2016）的话语体系下，"效度论证"专指对"解释/使用论证"框架的检验。

[2] 解释/使用论证原被称作解释性论证（interpretive argument，简称 IA）（Kane, 1992, 2001, 2002, 2006）。后来 Kane（2013）正式声明把 IA 改名为 IUA，以此表示对测试成绩使用（use）的重视程度。此后的一些专业人士，甚至 Kane 本人都倾向于使用 IUA 来指代基于论证的效度验证模式。

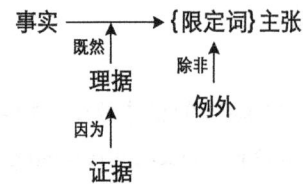

图 1.4 实用论证模型（基于 Toulmin，2003：97）

仍以评分推理过程为例。构建这段 IUA 时，需要列出假定的（结论）主张：可观测成绩（考试得分）能较准确地反映考生实际语言运用水平；理据：评分标准制定合理、评分过程严格依照标准进行；预期的证据来源：专家对评分标准的评价、评分一致性统计结果等。当概化推理、类推推理以及决策推理中的各段论证逐一构建完毕后，IUA 才算构建完成。Kane 所列的上述四种推理过程并不是一成不变的，从业人员可依照现实条件适当增删推理环节。构建 IUA 时，应该尽量清晰、连贯、合理，既不能"轻描淡写"（understate），也不能"小题大做"（overstate）（Kane，2012，2016：79）。

如果仅简单地把 IUA 视为对证据整合的另一种方式，那就背离了 Kane 的初衷。基于论证的效度验证模式使效度验证的机理发生了实质变化，一定程度上解决了"何处开始、怎样进行、何时结束"的难题。因为构建 IUA 就是起点，论证 IUA 就是过程，而论证完毕 IUA 就是终点。Kane（2016：64）强调没有列出的 IUA 推理环节及主张无须论证。换言之，从业人员只需要收集与既定 IUA 密切相关的证据即可，并不需要把与测试质量、成绩解释和使用相关的证据全部列出。效度验证过程变得有始有终，这或许是 IUA 与以往效度验证模式的最大不同。美国教育考试服务中心（Educational Testing Service，简称 ETS）曾耗费近十年时间，运用 Kane 的模式对新托福考试进行效度验证，收效良好，这也是大规模高利害语言测试首次采用基于论证的效度验证模式进行的大型效度研究（Chapelle et al.，2008；Chapelle et al.，2010；Xi & Sawaki，2016）。

1.3.5 Bachman 的 AUA 模式

对测试设计者而言，测试研发与效度研究都是必不可少的工作。如果一项测试在设计之初就构建了效度验证模式，并将之作为指导测试开发的重要依据，那测试的开发与效度研究就不会成为"两张皮"。Kane（2006，2016）提出的 IUA 目前更适合于专业考试机构进行效度验证，因为如何构建 IUA 推理链确实需要专业性，只懂得一点测评常识的人不一定能驾驭。Bachman 针对上述现实需求，于 2003 年提出了专门针对语言测试的"测试使用论证"（assessment use argument，简称 AUA）模式（见图 1.5）。AUA 借鉴并吸收了 Messick（1989）的整体效度思想、Kane（2002，2006）的基于论证的效度验证模式以及 Toulmin（1958/2003）的实用论证模型，历经 90 余次修订，最终在《语言测评实践》（*Language Assessment in Practice*）（Bachman & Palmer, 2010）一书中得到了系统阐释。

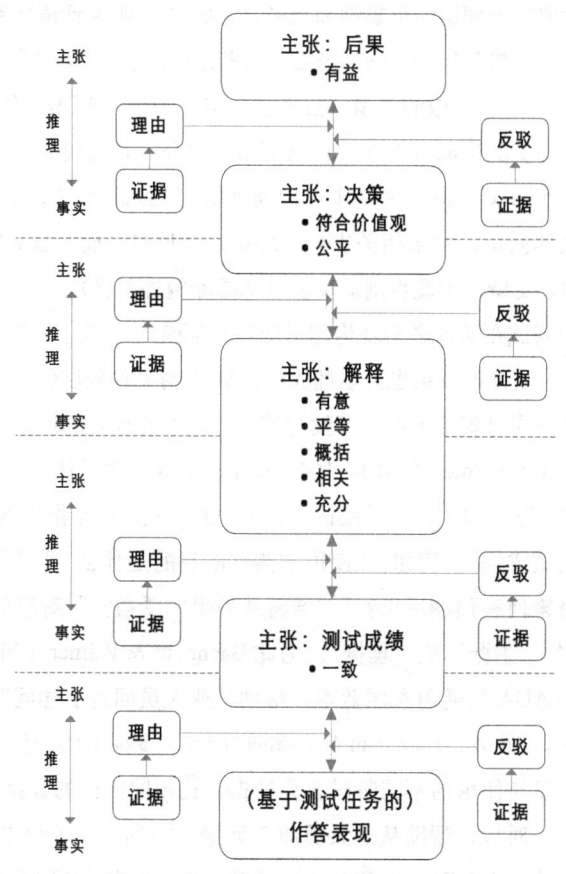

图 1.5 AUA 模式（基于 Bachman & Palmer, 2010：100）

Bachman & Palmer 在构建 AUA 时，甄别了较为核心的四类"主张"（claim），即"后果"（consequence）、"决策"（decision）、"解释"（interpretation）、"测试成绩"（assessment record）。按照 Bachman & Palmer（2010）的观点，"后果"与我们做出的"决策"紧密关联，"决策"又与语言能力及分数的"解读"有关系，这些解读又是依照"测试成绩"做出的，而"测试成绩"又要依照考生完成语言测试任务的"作答表现"（performance）得出。"作答表现"是不言自明的"事实"，无须论证。所以，从考生的"作答表现"到由决策而引发的"后果"形成了逐层推理的过程。如同 Kane 的 IUA 一样，AUA 每次推理也需要论证，上一推理过程中的"主张"经论证也会变成下一推理过程中的"事实"。推理的可靠性取决于理据的可靠性和反驳是否成立。AUA 话语体系中的"主张"由两部分构成："结果"（outcome）与描述这些结果的各类"属性"（quality）（如测试的后果"有益"、所做的决策"公平"）。AUA 中的"理据"是针对"主张"延伸出的更为翔实的声明（如本次口语测试的评分一致性较高，不因场地或施考群体而改变）。AUA 也分为两步：构建 AUA 与验证 AUA。所谓构建 AUA 是针对某一具体测试，列出相关主张、理据以及反驳；而验证 AUA 就是提供证据对理据加以支持，由此也削弱反驳（即排除例外情况）。

如果一项测试在研发之初就构建了效度验证模式，那这项考试的质量一定有保证，各类效度证据收集也会顺理成章。AUA 与其他效度验证模式最大不同在于，它是真正同时服务于测试开发与使用（效度验证）的模式。为指导测试开发，Bachman & Palmer（2010：164）提出了如何针对具体测试构建 AUA 的各类关键问题。这些问题始于对测试"后果"的探究，逐步推进到"决策""解释"以及"测试成绩"。例如，"使用本测试的目的是什么？""依照测试成绩所做决策将带来何种预期后果？""谁将从后果中受益？"对这些问题的回答就是 AUA 中的"主张"或"理据"，为此 Bachman & Palmer（ibid.：158-161）还提供了一个 AUA 的通用参照蓝本，帮助从业人员回答上述问题，构建具体情境下的 AUA。此外，Bachman & Palmer（ibid.：394-410）还专门探讨了如何针对测试开发与使用的不同阶段收集证据，让不同阶段的证据与 AUA 中的主张和理据一一对应，帮助从业人员厘清证据的类别、来源和作用。Wang 等（2012）就曾运用 AUA 对培生 PET（学术类）考试的使用合理性进行论证，取得了很好的效果。

IUA 与 AUA 一样，都是基于论证的效度验证模式，其论证的理论依据都是 Toulmin 的实用论证模型。实用论证模型把反驳的"举证责任"转嫁给了挑战主张的人（Kane，2013）。然而，AUA 较 IUA 更强调"反驳"的重要性，Bachman & Palmer（2010）建议在 AUA 中列出可能出现的"反驳"情况，以起到警示作用。此外，AUA 区分了测试开发者和决策制定者在"举证"方面的不同责任：开发者应对 AUA 中"解释"和"测试成绩"论证负主要责任，而决策者应对 AUA 中的"决策"与"后果"论证负主要责任。

1.4 问题与挑战

1.4.1 术语使用的混乱

效度一词是教育与心理测量词库中最重要、最复杂的词汇，人们对该词的含义始终有争议（Newton & Shaw，2016）。Newton & Shaw（2014：7-8）曾做过一个有趣的统计，在教育与心理测量领域的文献中，能梳理出 28 种效度分类方式，而用于修饰效度的词汇居然有 151 个。效度在过去几十年中都被看作是"质量"的代名词，所以，说"测试的效度"，就如同说"测试的质量"一样顺理成章。欧洲测试者协会（Association of Language Testers in Europe）（2001）仍认为效度是测试质量最重要的属性，与当今（英美）主流观点有根本不同。[1] 主流观点认为，"测试的效度"（validity of the test）这一说法是"不准确的表达"（如 AERA et al.，2014：11）。此外，还有少数学者坚持把测试（成绩）"使用"要素从效度中剥离出去，以保护效度的"纯洁性"。这一观点显然不契合实际，因为测试的影响力真切存在，如果不考虑测试的使用（尤指依照成绩所作决策），那被"误用"的"优质"测试仍会带来负面影响。针

---

[1] 本章主要反映的是美国和英国教育与心理测量界的主流观点。之所以采取这一策略，主要是因为美国出版的以《标准》和《教育测量》等专业文献对国际教育与心理测量领域的实际影响力（Zumbo，2014），也因为以美国教育考试服务中心和英国剑桥测评中心（Cambridge Assessment）为代表的大型专业考试机构在理论构建、测试研发（尤其是语言测试研发）、效度研究等领域的丰富实践经验。

对效度术语的混用，Newton & Shaw（2016）提出了三种解决方案：消除歧义（eliminate ambiguity）、接受歧义（embrace ambiguity）以及停用效度一词（retire validity）。第一种方案连 Newton & Shaw 也觉得不太可行，他俩建议接受效度含义混乱的现实，并尝试"乍听起来荒诞"的第三种方案。

事实上，在语言测试学科，Bachman & Palmer（2010）已经尝试构建了一套全新的话语体系——AUA。AUA 放弃了传统的信度和效度概念，因为信度的含义太窄，而效度的含义过宽。[1] 取而代之的是用来表示 AUA 主张和理据属性的"一致性""概括性""关联性""充分性"等词汇。

1.4.2 效度与信度的关系

效度概念自身的复杂程度已经让测评新手无所适从，效度与信度的关系更是"剪不断、理还乱"。在分类效度观下，所谓的效度系数其实就是"复本信度"或"再测信度"，效度甚至被视为信度的一部分（信度减去独特性变异数剩余的部分）（Alderson & Banerjee, 2002；余民宁, 2011：325）。后来，效度与信度被同时当作衡量测试质量的重要指标，各自都有专门的评价（或计算）方式。在整体效度观下，信度则被降格为效度证据来源的一个方面，是评价成绩准确性的重要维度。

解读信度概念时，可从广义和狭义两个视角进行。从广义上看，信度泛指测试成绩的"一致性"（consistency），可由经典测量理论下的信度系数（reliability coefficient）、概化理论下的概化系数（generalizability coefficient）、项目反应理论（item response theory，简称 IRT）下的信息函数（information function）等指标来刻画；从狭义上看，信度专指经典测量理论下的信度系数（AERA et al., 2014：33）。在整体效度观下，上述刻画信度的各类指标均被视为效度证据的重要来源（AERA et al., 2014：16-17；Jones, 2012：350；Kane, 2006；Messick 1989）。如同不存在所谓的"测试的效度"一样，信度也不是测试的信度，而应该是"测试成绩的信度"（Chapelle, 2013）。

然而，"一致"（信度高）不等于"合理"或"准确"（效度高）。试想某

---

[1] 根据本章作者 2013 年 5 月 15 日与 Bachman 教授的通信。

人在自家体重秤上称两次体重刚好都是 65 千克，能否由此得出体重秤准确的结论？殊不知，他前一天在单位体检时所称的体重是 85 千克。再如，有两块走时一致的手表，却各慢了两个小时，我们不能仅凭走时一致，就认定报时精准。如今，信度（成绩的一致性）通常被看作是效度（成绩解读和使用合理性程度）的前提，用更为准确的语言表达就是：信度是效度的"必要但不充分条件"（necessary but not sufficient condition）（Cizek, 2016；Kane, 2013；Newton & Shaw, 2014：14；Sireci, 2016）。

语言测试常见的四种效度验证模式，在处理效度与信度关系时采用了不同策略。TUM 模式直接沿用了分类效度时期的观点，把效度、信度同时当作测试质量的两个重要方面。SCF 模式则将信度（即评分效度）当作效度的一个分类。IUA 与 AUA 都把信度当作效度证据的来源。IUA 中的评分推理与概化推理过程都与信度有关。AUA 更是回避了"信度""效度"等词语，取而代之的是用以形容"主张"的各类"属性"。

1.5 发展方向

测试研发与效度验证如同一枚硬币的两面，缺一不可。从业人员无论采用多么精巧的量化或质性方法收集效度证据，对一项原本就糟糕的测试，也不可能得出正面的效度结论。所以，与其说信度是效度的前提，不如说测试质量（测试目的明确、构念定义合理、任务设计得当、评分结果准确）才是效度的前提。然而，即便拥有高质量的测试，若设计者错误地解读了测试成绩，或决策者错误地使用了测试成绩，那依然是无效的。

由此看来，明确测试利益攸关者各自的责任成了当务之急。测试设计者不仅要对测试质量负责（包括评分与成绩解读），还应该在设计之初就依照一定的效度验证模式做好效度证据的收集计划。此外，测试设计者还应甄别潜在的决策者（即成绩使用者），为引导决策者正确理解与使用成绩做好准备。教师和考生作为重要的利益攸关方也应该具备一点测评常识，才能更合理地应对测试。唯有设计者、决策者以及教师和考生肩负起各自的职责，测试才会产生积极影响。

在各方职责中,测试设计者的责任最为重大,不仅担负研发职责,还要肩负效度验证的主要职责。语言测试和其他教育类测试没有明显区别,越是高利害测试,对效度验证的要求就越高(Weir,2005:47)。或许,在教育与心理测量领域(包括语言测试学科),人们如何定义效度、如何进行效度验证可能永远无法达成一致。但是,收集一些效度证据总比置之不理强,采用一定模式系统地进行效度验证又比零敲碎打方式强。我们有理由相信,采用基于论证的模式进行效度验证,有助于规避"证实主义"(verificationism)倾向。正如Cronbach(1980:103)所说,效度验证的最终目的并不是找到证据支持某种论断(主张),其价值反而体现在发现论断中的"错误",只有当论断通过了严苛的"证伪"(falsificationism),我们才能说,在某种程度上它是可信的、合理的。

1.6 研究资源

1.6.1 推荐书目

Bachman, L. F., & Palmer, A. S. (2010). *Language assessment in practice: Developing language assessments and justifying their use in the real world*. Oxford: Oxford University Press.

Chalhoub-Deville, M., & O'Sullivan, B. (2020). *Validity: Theoretical development and integrated arguments*. London: Equinox.

Chapelle, C. A. (2020). *Argument-based validation in testing and assessment* (Vol. 184). London: Sage.

Chapelle, C. A., Enright, M. K., & Jamieson, J. M. (Eds). (2008). *Building a validity argument for the Test of English as a Foreign Language*. New York & Oxford: Routledge.

Chapelle, C. A., & Voss, E. (2021). *Validity argument in language testing: Case studies of validation research*. Cambridge: Cambridge University Press.

Cizek, G. J. (2020). *Validity: An integrated approach to test score meaning and use*. New York: Routledge.

Weir, C. J. (2005). *Language testing and validation: An evidence-based approach*. Oxford: Palgrave Macmillan.

1.6.2 推荐文章

Chapelle, C. A., Enright, M. K., & Jamieson, J. M. (2010). Does an argument-based approach to validity make a difference? *Educational Measurement: Issues and Practice*, *29*(1), 3-13.

Kane, M. (2006). Validation. In R. L. Brennan (Ed.), *Educational measurement* (4th ed., pp. 17-64). Washington, D. C.: Rowman & Littlefield.

Kane, M. (2013). Validating the interpretations and uses of test scores. *Journal of Educational Measurement*, *50*(1), 1-73.

Messick, S. (1989). Validity. In R. L. Linn (Ed.), *Educational measurement* (3rd ed., pp. 13-103). New York: American Council on Education and Macmillan.

1.6.3 推荐网站

AUA 模式的应用举例：https://www.ets.org/toeic/organizations/research/topics
IUA 模式的应用说明：https://www.ets.org/s/about/pdf/exported_assessments.pdf
SCF 模式的应用举例：https://www.beds.ac.uk/crella/about/socio-cognitive-framework/

参考文献

AERA, APA, & NCME. (1985). *Standards for educational and psychological testing.* Washington, D. C.: AERA.

AERA, APA, & NCME. (1999). *Standards for educational and psychological testing.* Washington, D. C.: AERA.

AERA, APA, & NCME. (2014). *Standards for educational and psychological testing.* Washington, D. C.: AERA.

Alderson, J. C., & Banerjee, J. (2002). Language testing and assessment (Part 2). *Language Teaching*, *35*(2), 79-113.

Anastasi, A. (1986). Evolving concepts of test validation. *Annual Review of Psychology*, *37*(1), 1-16.

APA, AERA, & NCME. (1966). *Standards for educational and psychological tests and manuals.* Washington, D. C.: AERA.

Aryadoust, V. (2013). *Building a validity argument for a listening test of academic proficiency.* Newcastle upon Tyne: Cambridge Scholars Publishing.

Bachman, L. F. (1990). *Fundamental considerations in language testing.* Oxford: Oxford University Press.

Bachman, L. F. (2003). Constructing an Assessment Use Argument and supporting claims about test-taker assessment interactions in evidence-centered assessment design. *Measurement: Interdisciplinary Research and Perspectives, 1*(1), 63-91.

Bachman, L. F., & Palmer, A. S. (1996). *Language testing in practice: Designing and developing useful language tests* (Vol.1). Oxford: Oxford University Press.

Bachman, L. F., & Palmer, A. S. (2010). *Language assessment in practice: Developing language assessments and justifying their use in the real world.* Oxford: Oxford University Press.

Bingham, W. V. D. (1937). *Aptitudes and aptitude testing.* New York: Harper & Brothers.

Brennan, R. L. (2006). Perspective on the evolution and future of educational measurement. In R. L. Brennan (Ed.), *Educational measurement* (4th ed., pp. 3-16). Washington, D. C.: American Council on Education.

Chapelle, C. A. (2013). Reliability in Language Assessment. In C. A. Chapelle (Ed.), *The encyclopedia of applied linguistics* (pp. 4918-4923). Oxford: Wiley-Blackwell.

Chapelle, C. A., & Douglas, D. (1993). Foundations and directions for a new decade of language testing. In D. Douglas, & C. A. Chapelle (Eds), *A new decade of language testing research* (pp. 1-22). Alexandria: TESOL.

Chapelle, C. A., Enright, M. K., & Jamieson, J. M. (Eds). (2008). *Building a validity argument for the Test of English as a Foreign Language.* New York & Oxford: Routledge.

Chapelle, C. A., Enright, M. K., & Jamieson, J. M. (2010). Does an argument-based approach to validity make a difference? *Educational Measurement: Issues and Practice, 29*(1), 3-13.

Cizek, G. J. (2016). Validating test score meaning and defending test score use: Different aims, different methods. *Assessment in Education: Principles, Policy & Practice, 23*(2), 212-225.

Cronbach, L. J. (1971). Test validation. In R. L. Thorndike (Ed.), *Educational measurement* (2nd ed., pp. 443-507). Washington, D. C.: American Council on Education.

Cronbach, L. J. (1980). Validity on parole: How can we go straight? In W. B. Schrader (Ed.), *New directions in testing and measurement: Measuring achievement over a* decade. *Proceedings of the 1979 ETS Invitational Conference* (pp. 99-108). San Francisco: Jossey-Bass.

Cronbach, L. J. (1984). *Essentials of psychological testing* (4th ed.). New York: Harper & Row.

Cronbach, L. J. & Meehl, P. E. (1955). Construct validity in psychological tests. *Psychological Bulletin*, *52*(4), 281-302.

Cumming, A. (1996). Introduction: The concept of validation in language testing. In A. Cumming, & R. Berwick (Eds), *Validation in language testing* (pp. 1-14). Clevedon: Multilingual Matters.

Cureton, E. E. (1951). Validity. In E. F. Lindquist (Ed.), *Educational measurement* (pp. 621-694). Washington, D. C.: American Council on Education.

Fulcher, G. (2015). *Re-examining language testing: A philosophical and social inquiry*. London & New York: Routledge.

Geranpayeh, A., & Taylor, L. (Eds). (2013). *Examining listening: Research and practice in assessing second listening. Studies in Language Testing* (Vol. 35). Cambridge: Cambridge University Press.

Guion, R. M. (1977). Content validity: Three years of talk – what's the action? *Public Personnel Management*, *6*(6), 407-414.

Guion, R. M. (1980). On trinitarian doctrines of validity. *Professional Psychology*, *11*(3), 385-398.

Harris, D. P. (1969). *Testing English as a second language*. New York: McGraw-Hill.

Heaton, J. B. (1975). *Writing English language: A practical guide for teachers of English as a second or foreign language*. London: Longman.

Henning, G. A. (1987). *A guide to language testing: Development, evaluation and research*. Cambridge: Newbury House.

Hughes, A. (1989). *Testing for language teachers*. Cambridge: Cambridge University Press.

Jones, N. (2012). Reliability and dependability. In G. Fulcher, & F. Davidson (Eds), *The Routledge handbook of language testing* (pp. 350-362). Abingdon: Routledge.

Kane, M. (1992). An argument-based approach to validity. *Psychological Bulletin*, *112*(3), 527-535.

Kane, M. (2001). Current concerns in validity theory. *Journal of Educational Measurement*, *38*(4), 319-342.

Kane, M. (2002). Validating high-stakes testing programs. *Educational Measurement: Issues and Practice*, *21*(1), 31-41.

Kane, M. (2006). Validation. In R. L. Brennan (Ed.), *Educational measurement* (4th ed., pp. 17-64). Washington, D. C.: Rowman & Littlefield.

Kane, M. (2012). Validating score interpretations and uses. *Language Testing, 29*, 3-17.

Kane, M. (2013). Validating the interpretations and uses of test scores. *Journal of Educational Measurement, 50*(1), 1-73.

Kane, M. (2016). Validation strategies: Delineating and validating proposed interpretations and uses of test scores. In S. Lane, M. R. Raymond, & T. M. Haladyna (Eds), *Handbook of test development* (2nd ed., pp. 64-80). New York: Routledge.

Kane, M., Crooks, T., & Cohen, A. (1999). Validating measures of performance. *Educational Measurement: Issues and Practice, 18*(2), 5-17.

Kelley, T. L. (1927). *Interpretation of educational measurement.* New York: World Book Company.

Khalifa, H., & Weir, C. J. (2009). *Examining reading: Research and practice in assessing second language reading. Studies in Language Testing* (Vol. 29). Cambridge: Cambridge University Press.

Kunnan, A. J. (1998). Approaches to validation in language assessment. In A. J. Kunnan (Ed.), *Validation in language assessment* (pp. 1-16). Mahwah: Lawrence Erlbaum Associates.

Kunnan, A. J. (2014). Introducing the companion to language assessment. In A. J. Kunnan (Ed.), *The companion to language assessment* (pp. xli-xlvi). Hoboken: Wiley-Blackwell.

Lado, R. (1961). *Language testing.* London: Longman.

McNamara, T. F. (2003). Looking back, looking forward: Rethinking Bachman. *Language Testing, 20*(4), 464-473.

Messick, S. (1975). The standard problem: Meaning and values in measurement and evaluation. *American Psychologist, 30*(10), 955-966.

Messick, S. (1980). Test validity and the ethics of assessment. *American Psychologist, 35*(11), 1012-1027.

Messick, S. (1981). Evidence and ethics in the evaluation of tests. *Educational Researcher, 10*(9), 9-20.

Messick, S. (1988). The once and future issues of validity: Assessing the meaning and consequences of measurement. In H. Wainer, & H. Braun (Eds), *Test validity* (pp. 33-45). Hillsdale: Lawrence Erlbaum Associates.

Messick, S. (1989). Validity. In R. L. Linn (Ed.), *Educational measurement* (3rd ed., pp. 13-103). New York: American Council on Education and Macmillan.

Messick, S. (1995). Validity of psychological assessment: Validation of inferences from person's responses and performances as scientific inquiry into score meaning. *American Psychologist, 50*(9), 741-749.

Newton, P. E. (2012). Clarifying the consensus definition of validity. *Measurement: Interdisciplinary Research & Perspective, 10*(1-2), 1-29.

Newton, P. E., & Shaw, S. D. (2014). *Validity in educational and psychological assessment*. London: Sage.

Newton, P. E., & Shaw, S. D. (2016). Disagreement over the best way to use the word "validity" and options for reaching consensus. *Assessment in Education: Principles, Policy & Practice, 23*(2), 178-197.

O'Sullivan, B. (2015). Aptis test development approach: Technical report. (British Council Validation Series, TR/2015/001). London: British Council.

O'Sullivan, B., & Weir, C. J. (2011). Language testing and validation. In B. O'Sullivan (Ed.), *Language testing: Theory and practice* (pp. 13-32). Oxford: Palgrave Macmillan.

Ruch, G. M. (1924). *The improvement of the written examination*. Chicago: Scott, Foresman and Company.

Shaw, S. D., & Weir, C. J. (2007). *Examining writing: Research and practice in assessing second language writing. Studies in Language Testing* (Vol. 26). Cambridge: Cambridge University Press.

Sireci, S. G. (2016). On the validity of useless tests. *Assessment in Education: Principles, Policy & Practice, 23*(2), 226-235.

Sireci, S. G., & Sukin, T. (2013). Test validity. In K. F. Geisinger (Ed.), *APA handbook of testing and assessment in psychology* (pp. 61-84). Washington, D. C.: American Psychological Association.

Taylor, L. (Ed.). (2011). *Examining speaking: Research and practice in assessing second language speaking. Studies in Language Testing* (Vol. 30). Cambridge: Cambridge University Press.

Tenopyr, M. L. (1977). Content-construct confusion. *Personnel Psychology, 30*(1), 47-54.

Toulmin, S. E. (1958/2003). *The uses of argument*. Cambridge: Cambridge University Press.

Valette, R. M. (1967). *Modern language testing*. New York: Harcourt, Brace & World.

Wang, H., Choi, I., Schmidgall, J., & Bachman, L. F. (2012). Review of Pearson test of English academic: Building an assessment use argument. *Language Testing, 29*(4), 603-619.

Weigle, S. C. (2002). *Assessing writing*. Cambridge University Press.

Weir, C. J. (2005). *Language testing and validation: An evidence-based approach*. Oxford: Palgrave Macmillan.

Wood, R. (1993). *Assessment and testing: A survey of research*. Cambridge: Cambridge University Press.

Xi, X., & Sawaki, Y. (2016). Methods of test validation. In E. Shohamy, & N. H. Hornberger (Eds), *Encyclopedia of language and education*: *Language testing and assessment* (3rd ed.). New York: Springer.

Zumbo, B. D. (2014). What role does, and should, the test standards play outside of the United States of America? *Educational Measurement: Issues and Practice*, *33*(4), 31-33.

韩宝成、罗凯洲，2013，语言测试效度及其验证模式的嬗变，《外语教学与研究》(3)，411-425。

李清华，2006，语言测试之效度理论发展五十年，《现代外语》(1)，87-95。

罗凯洲，2019，整体效度观下语言测试四种效度验证模式：解读、评价与启示，《外语教学》(6)，76-81。

孙晓敏、张厚粲，2004，效度概念演进及其新发展，《心理科学》(1)，234-235。

余民宁，2011，《教育测验与评量：成就测验与教学评量》(第三版)。台北：心理出版社。

第二章 构念界定方式

高淼　北京师范大学

2.1 引言

对测试设计者和研究者来说，首先要解决的问题就是对拟测的特征或能力做出一个清晰、确切且被广为接受的界定（Thorndike，1997：11），这个"拟测的特征或能力"便是构念。《教育与心理测量标准》将其定义为测验所测量的概念或特性（AERA et al.，1999，2014）。Hughes（2003：31）将语言测试领域的构念定义为语言能力理论所假设的待测量的属性或特质。

构念是语言测试的核心概念，与测试内容、测试方式及分数解释息息相关，也是测试开发的重要方面。Bachman（1990）、Bachman & Palmer（2010）认为构念界定是测试开发的第一步，清楚地界定测试的构念是效度验证的核心，亦是构建评价使用论证的关键一环。在 Fulcher（2010）的测试开发流程框架中，构念界定是仅次于测试目的和标准划定的关键一步。人们普遍认为如果对测试的构念不清楚，则无法解释测试分数的意义（Bachman，2007；Fulcher，2003；Read & Chapelle，2001）。只有明确地界定要测什么，才可以考虑通过某种方式来获取考生的表现并为其评分。

语言学习者的体貌特征（如身高、体重）属于可被直接观测的构念。然而，学习者的语言能力这样的抽象构念无法直接观测，只能通过一定的测试手段（方法）来获得其语言表现，并基于对语言表现的评价来推测语言能力的高低。二语测试中最大的挑战莫过于对语言能力构念的界定。构念与观测到的考生表现之间的关联是我们依据分数对考生能力进行推断的基础。只有厘清了所测的这个"语言能力"究竟是什么，我们才能够对分数做出合理解释，并依据测试结果做出决定（Purpura，2016）。本章将在第二小节中介绍三种界定构念的基本观点，也可称为视角、方式或途径；在第三小节中探讨当前较为普遍采用的构念界定方式；最后，讨论构念界定中的困惑和问题以及未来的发展趋势。

2.2 历史观点

随着研究者对语言能力认识的深化，对构念的界定也在不断发展和深化。对构念的界定体现了语言测试领域的一个重要议题，即对特质（trait）、情境（context）以及二者之间互动关系的理解，这二者都影响考生的测试表现及对分数的解释（Bachman，2007；Chapelle，1998，2012；Messick，1981，1989；Skehan，1998）。Chapelle（1998）从测试所能提取出的考生作答的稳定性表现出发，提出三种界定构念的视角：特质观（trait perspective）、行为主义观（behaviorist perspective）、互动观（interactionalist perspective）。

Bachman（2007）基于不同研究者对特质和语境二者的认识，提出了关注特质/能力（trait/ability-focused）、关注任务/语境（task/context-focused）以及互动的（interactional）视角，基本对应于上述 Chapelle（1998）的分类。但是 Bachman（2007）的互动视角内涵更为丰富，其构念不仅涵盖了通过策略能力联结的语境下的语言运用能力（Chapelle，1998），也包括社会文化理论及会话理论视角下的依赖语境并由语境中的会话人共建的互动能力这一构念（He & Young，1998；Young，2001）。具体来说，Bachman（2007）梳理出七种界定测试构念的视角，即测试范畴，并指出每一种构念的关注点（能力/特质与任务/内容/语境）和具体成分，整理如下（见表2.1）。

表 2.1 Bachman（2007）总结的七种构念界定

	构念	界定构念的关注点	
	界定构念的视角（测试范畴）	构念的属性	具体内容
1	技能和语言成分（Lado，1961；Caroll，1961；Davies，1977）	能力/特质	语言成分/方面/水平；综合语言技能
2	直接测试/表现性评价（Clark，1972；Jones，1985）	任务/内容/情境	反映或复制真实生活中的任务特征的语言测试任务；具有真实性的语言表现
3	语用语言测试（Oller，1979）	能力/特质	语用预期语法（pragmatic expectancy grammar）

（待续）

(续表)

构念	界定构念的关注点	
界定构念的视角（测试范畴）	构念的属性	具体内容
4	交际语言测试（Canale & Swain, 1980；Canale, 1983；Alderson & Hughes, 1981）	能力/特质	交际能力；语言能力
5	互动-能力（Bachman, 1990；Bachman & Palmer, 1996）	能力/特质	交际语言能力；语言能力
6	基于任务的表现性评价（1）（Brindley, 1994；McNamara, 1996；Skehan, 1998）	能力/特质	语言运用能力
	基于任务的表现性评价（2）（Norris et al., 1998；Brown et al., 2002）	任务/内容/情境	在具体的任务或任务类型上的表现
7	最简互动视角（Chapelle, 1998；Kramsch, 1986；McNamara, 2001）	能力/特质	互动能力
	最强互动视角（He & Young, 1998；Young, 2001）	能力/特质	互动能力
	温和互动视角（Chalhoub-Deville, 2003）	二者互动	在特定语境中个体的语言能力

Purpura (2016) 综述了基于特质的 (trait-based)、基于任务的 (task-centered)、互动的 (interactionist) 以及社会互动的 (sociointeractional) 四种视角，其中后两种互动视角均可以归入 Bachman (2007) 的互动的视角。

Bachman (2007) 的总结最为全面，因此，本章将借鉴 Bachman 的话语体系，从特质视角、任务/语境视角和互动视角来介绍构念界定的具体内容及其对测试各层面的影响。

2.2.1 特质视角下的构念界定

这一视角将考生的测试表现解释为考生能力的体现，具体包括知识、技能和能力 (knowledge, skills and abilities，简称 KSAs)。测试任务的设计是从目标语言使用域 (target language use domain) 里的大量测试任务中抽样的结果，通过对任务特征的具体控制，使我们基于考生的答题表现，可以做出有关考生能力的推断。典型的测试形式如语法测试以及完形填空、听写等。许多学者在这一视角下对语言能力进行界定，提出了非常有影响力的框架或模型。由于构念是模型的成分，因此语言能力这一构念体现在对语言能力的界定的模型中，也可称之为"构念模型"（construct model）（Fulcher & Davidson, 2009）。自 Lado（1961）于20世纪60年代首次提出语言能力框架以来，对语言能力的理解和研究不断发展，相关框架不断涌现。

Lado（1961）认为语言的不同构成成分（语音、语法结构、词汇、文化意义）是彼此分离的，统一被整合在说、听、读、写这些语言技能中。所以，根据不同的测试目的，一项语言测试或是考查语言成分，或是考查将各种语言成分整合在一起的语言技能。这种"技能＋成分"（skill-and-component）的语言能力观也得到了 Caroll（1961）和 Davies（1968, 1977）的支持。第二个特质观视角下的语言能力框架是 Oller（1979）的"语用预期语法"。他认为语言能力不是各个分离的部分的组合，而是与感知（理解）和产出这两个认知能力融合在一起的一种统一的、整体的能力，至今我们仍能看到这一理解语言能力的视角的影响。强调特质的视角下的第三个语言能力框架由 Canale & Swain（1980）以及 Canale（1983）提出，即交际能力（communicative competence，简称 CC），语言能力被定义为使用语法资源有效地理解和得体地产出口头的或书面的语言，具体包括语法能力、社会语言能力、语篇能力以及策略能力这四个方面。在此基础上，Bachman（1990）提出了"交际语言能力框架"（communicative language ability，简称 CLA）并不断更新和完善（Bachman & Palmer, 1996, 2010）。Bachman & Palmer（2010）将语言能力描述为，语言使用者在完成目标语言使用域中的语言使用任务时，在与其他语言使用者或情境特征等的各种互动中使用语言进行表达和理解的能力。这一能力主要包括语言知识和策略能力两部分。其中语言知识包括组构能力层面和语用能力层面的一系列知识，如图2.1所示。策略能力指管理和实现个体能力（如语言知识、话题知识、情感图式等个体特质）与特定语境或任务之间的交互的一组元认知策略，具体包括目标设定、评估和计划三种。

第二章 构念界定方式

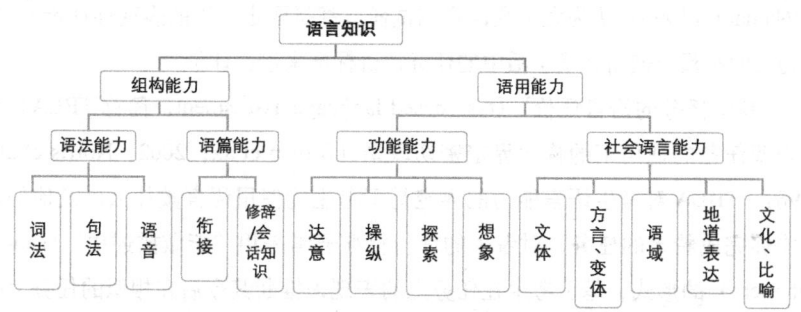

图 2.1 语言能力的组成部分（Bachman & Palmer，2010：45）

需要指出的是，Chapelle（1998）将 Bachman（1990）对语言能力的界定归为互动观，原因是 CLA 通过策略能力将学习者个体能力与具体的语境（测试任务）联结了起来；正如表 2.1 所示，Bachman（2007）称 CLA 为"互动 - 能力"（interaction-ability）。由于笔者从个体语言能力的研究（始于 Lado，1961）发展着手，所以将 CLA 归为能力/特质观下的构念界定，同时也体现了对构念界定的划分并不是一个绝对的、断层式的分类体系，而是有所交融的连续体。在具体的测试开发中，要依据测试目的来确定构念的界定方式，根据具体情况通盘考虑不同视角下构念成分的确定和测试方法的选择。

2.2.2 语境/任务视角下的构念界定

这一视角也可称为"基于任务的"（task-based）、"以任务为中心的"（task-centered）、"基于表现的"（performance-based）视角下的构念界定。对应于表 2.1 里的第六种构念界定方式。在这里，受到关注的是考生在特定任务上的做题表现，基于这一表现进而推断考生具有的语言能力。通常而言，测试任务是开放性的、接近于真实生活中的语言使用任务。这些测试称为表现性评价（performance assessment），我们所熟悉的口语测试便是其中一种。对于表现性评价，McNamara（1996：43）区分了表现性评价的"强定义"（strong sense）与"弱定义"（weak sense）。前者强调任务的真实性，评判标准主要指真实任务的完成情况（task fulfillment）；后者强调任务中的语言表现（language performance），评判标准多是描述语言能力的指标，如口语测试。基于此，

McNamara（1996）认为大多数语言测试任务都是弱定义下的表现性评价形式，因为它们都没有使用真实生活中的任务评价标准来进行评价。

"基于任务的语言评价"（task-based language assessment，简称 TBLA）也和强调任务的视角下的构念界定密切联系（Brown et al.，2002；Norris et al.，1998）。TBLA 对考生语言能力的界定基于考生能使用语言做什么以及他们是否能够完成特定的任务，对考生的评价标准通常采用"能做描述语"（can-do statement）的形式，基于考生在任务上的表现来推断其今后在相似的任务上的表现，所以更加关注的是完成任务需要调动的知识、技能和能力，而不是基于一个既定的语言能力框架（上述第一种视角）。而在 Skehan（1998）所界定的 TBLA 中，任务是获取考生的语言使用情况以及使用语言的认知过程的手段，所以侧重于语言、任务、各认知变量以及交际压力之间的互动，而不是诸如场景、目的之类的任务因素（contextual feature）；此外，对学生表现的评价也不是通过"能做描述语"的形式，而是通过描述产出语言的复杂度、准确度和流利度，或称为"使用语言的能力"（ability-for-use）。随着任务教学的推广，TBLA 也越来越多地受到关注。

2.2.3 互动视角下的构念界定

互动视角下的构念界定又可以细分为 Chapelle（1998）与 Chalhoub-Deville（2003）互动观下的构念界定，以及 Purpura（2016）社会互动视角下的构念界定。

Chapelle（1998）与 Chalhoub-Deville（2003）互动观下的构念界定

这一视角由 Chapelle（1998）提出，她认为特质/能力不能脱离语境来界定；语境的界定也不能孤立于其能直接影响到的语言能力。所以，互动观的构念界定不仅同时考虑考生的语言能力和语言使用的语境（或语言测试任务）的影响，同时也把将语言能力与具体测试任务相联结的元认知策略的作用（或称作策略能力的影响）考虑在内。Bachman（2007）认为这一构念界定思路属于最简互动视角，如 CLA 一样，仅探究语境中的个体如何使用语言能力完成任务。

Chapelle（1998）还指出，效度研究者首先应对考生测试表现发生的语境 - 任务特征有更深入的了解，基于此才可更好地理解该视角下构念界定的本质和内涵。此外，研究者还应明确何谓构念相关因素（construct-relevant variable），何谓构念无关因素（construct-irrelevant variable），进而依据测试构念设计测试任务，尽可能降低构念无关因素对考生答题及分数解释的干扰和负面影响。Bachman（1990：82）指出，无论出于何种测试目的，如果要开发和合理使用测试，就必须对意欲测试的语言能力和用来观察与测量这些能力的测试方法进行明确、清晰的界定。如托福考试的构念为涵盖语言知识、程序性能力以及由文本、任务和背景组成的学术英语语境，是典型的互动视角下的构念界定（Chapelle et al., 2008：43）。在互动视角下的表现性评价构念界定中，测试设计者需要对构念和情境以及二者之间的互动情况都进行界定。比如，对于属于表现性评价的口语测试来说，构念的界定可依据已有的交际语言能力框架，并结合特定的任务来界定（Messick, 1989）。Kim（2009：31）将情境定义为"环绕交际事件并影响交际中会话人理解和产出语言的一系列（任务）特征"，并探究了情境因素对考生二语口语能力的影响，其研究结果支持互动论视角：特质（语法能力、语篇能力、社会语言学能力、表达清晰度和适切性等）和情境特征或任务特征对界定和解释考生的口语能力都起关键作用，但二者的结合可以从最大程度上解释考生的口语表现。

Chalhoub-Deville（2003）进一步把语言能力直接界定为"个体在语境中的能力"（ability-in-individual-in-context）。这一模式更加具体、直观地将互动视角下的构念界定方式展现得淋漓尽致。可见，互动视角从一定程度上扩大了二语语言能力这一构念，不仅仅是能力层面，也包括了情境因素层面。如Douglas（2000）的特殊用途语言测试的构念界定，即把背景知识作为构念的一部分。Bachman（2007）将这一思路归为温和互动视角。此外，Purpura（2004, 2014）指出，语言交际的实现不仅需要语法形式，同时需要了解这些语言形式独立使用时或者在不同的情境中使用时的意义潜能。在这一互动视角下，Purpura提出了一个二语语言能力框架：考生的测试表现不仅是使用语法形式来表达和理解字面意义、词汇的语义以及不同话题下的命题意义（propositional meaning），也包括在不同的交际情境下所意欲表达或隐含的语用意义潜势（如社会语言的、社会文化的、心理/情感的以及修辞层面的）。Purpura指出，在现有的语言能力框架中，对意义潜势的关注过少，即使在 Bachman & Palmer

（2010）的语言能力框架中，虽然有"功能知识"（functional knowledge）这一内容，但是它仅仅包含意义传递的目的，而没有涉及意义传递的具体内容，所以在互动视角下界定构念时，应该也关注话题、主题以及内容（话题的、学科性的）这些元素对语言产出/表现的影响，从而凸显对"意义"这个层面的评价。

Purpura（2016）社会互动视角下的构念界定

这一视角由 Purpura（2016）提出，强调特定情境下的互动性。学习者在目的性明确的语言任务中，通过充满互动的意义构建，实现特定的交际目的。

Purpura（2016）举了三个例子来说明这一视角下的构念界定及具体测试形式。首先是和具体职业素养相关的测试（indigenous assessment）。如在研究生研讨会上，物理学学者们对研究生的口头学术汇报的表现从创新性、表达清晰度、内容准确度、呈现技术、整体表现这些方面来评分，并基于此为研究生在学术报告方面的表现提供反馈和指导意见。在这一测试任务中，互动发生在语言能力与具体的学科知识中，构念体现在上述评分标准的维度中。第二个例子是 He & Young（1998）关于会话的研究。基于 Kramsch（1986）所提出的互动能力理论（interactional competence，简称 IC），考生的表现不仅是个体能力的体现，而且是由参与特定任务的会话各方的能力、行为以及行动共同构建的表现。在这里，互动是考生展现能力的前提，互动本身就是构念（Bachman，2007），也即 Bachman（2007）所讲的最强互动观。由于这一互动能力由会话双方在特定任务中"共建"生成，那么基于这一表现所做的推断首先很难确定为某一个体的能力，另外也很难概化到其他任务上，这一点是互动观视角下构念界定面临的一个大问题（Bachman，2007；Fulcher，2010）。第三个例子是动态评估（dynamic assessment，简称 DA）。教师或评估者通过为考生设计不同的具有干预性的任务，动态地观测学生的学习变化，促进学生的进步，这一例子体现了语境和考生之间互动的丰富性和动态性。

总之，采用任何一种视角来界定构念的过程同时也是检验该视角的可行性和有效性的过程（Mislevy，2009）。只单纯采用一种视角的做法是对如何界定构念这一复杂问题的简单化处理，研究者应该根据测试目的、测试的性质以及设计测试的理念来确定对构念的界定。

2.3 当今视角

在语言测试的每一个发展阶段，对构念界定的讨论都是一个历久弥新的话题。以上对界定构念的不同视角的梳理和讨论既体现了历史观，也指出了当今构念界定研究中的问题和趋势。

（1）效度验证新视角下的构念界定

构念这一概念的发展和界定与效度的定义和效度验证密不可分。本书第一章《效度验证模式》介绍了"效度和效度验证"的两个较新的视角，一个是"基于论证的效度验证模式"，一个是"评价使用论证"框架。在基于论证的效度验证模式中，构念界定是构建解释/使用论证的核心，为基于测试分数做出关于考生能力的推断提供依据。在评价使用论证框架中，在构建主张"分数解释"时，测试开发者需要确定测试的构念，并在对应的"有意义"这一属性的相关理据中对构念进行界定。

（2）互动视角下的构念界定

互动观涉及语言使用能力和情境两个方面以及二者之间的互动，也叫"基于情境的构念界定"（contextualized construct definition）。"情境"这一概念内涵丰富、外延广大，宏观层面可指社会环境、政策背景等，微观层面可指测试任务、测试条件等（Jin，2017）。如何使这个由测试任务所测出的"意欲测的能力"与真实生活场景中完成语言使用任务所需要的能力尽可能相一致，一直是构念界定所面临的挑战，互动视角下的构念界定也因此被越来越多的测试所采用。如在托福考试的解释/使用论证中，对构念的界定既包括考生的语言能力也包括测试任务及相关的层面（Chapelle et al.，2010）；大学英语四、六级考试的构念界定将交际任务发生的情境因素（机考情境、自动化评分）也考虑在内，采用互动观来界定构念；中国英语能力等级量表的构念界定更多地体现了从国情等宏观方面来考虑情境对构念界定的影响（Jin，2017）。

2.4 问题与挑战

2.4.1 构念的扩充引起的问题

上文构念界定从强调特质的视角到互动视角的嬗变，实质上体现了构念的内容不断被扩充的过程，这也是测试任务的设计越来越能体现真实语言使用域下的任务特征的一个必然结果，这也对究竟如何界定具体测试的构念提出了挑战。如 Wagner（2008）在实证研究层面探究了是否应该扩展对基于视频输入材料的听力测试的构念的界定。有声思维实验结果表明，由于视频这一情境因素的加入，学生在完成测试任务时对视频中非语言信息的关注和处理会影响测试结果，因此基于分数的推断不仅应该包括对考生听力能力的推断，还应该包括其他方面。Wagner（2008）认为，在听和看这二者越来越不可分的当今社会，扩展对听力构念的传统界定方式是合理的。同样，在针对少儿英语学习者的测试任务中，图片的使用一直存在争议。有研究者指出，使用图片会带来构念不相关因素，因为考生的读图能力不应该是考查的语言能力的构念之一；但也有研究者认为，从认知角度来看，图片更符合低龄学习者的个体认知特征，鼓励使用图片（Weir, 1993）。在这样的情况下，究竟应该如何使用图片？使用多少图片？如何界定构念？如何解释分数？上述问题均值得从业人员认真思考。

此外，在涉及职业素养及专业化知识的语言使用测试中，对学科性知识的考查在所难免。在上文所举的研究生学术报告能力测试的例子中，对学习者用英文做学术报告能力的考查难免涉及学科知识内容，那测试的构念，即"语言能力"，是否应该涵盖这一内容？又如，越来越多的学者指出英语专业学生的"思辨能力缺席"这一问题（黄源深，2010；孙有中，2011），呼吁在英语专业教学中重视学生思辨能力的培养，提倡基于内容的教学方式，在提高学生语言能力的同时促进思辨能力的发展。那么，在这一教学理念和教学大纲指导下，在对学生进行测试时，构念的界定是否也应该涵盖思辨能力？具体应该将思辨能力界定到什么层面和程度？如何处理思辨能力和听说读写这些技能的关系？如何评价使用语言完成任务中体现的思辨能力？这些都是需要思考的问题。

或许在互动观的构念界定视角下，充分考虑情境因素的作用和影响，可以从一定程度上回答这些问题，但究竟如何界定，如何验证，是需要和值得测试开发者和研究者关注和思考的；此外，互动观下的构念界定所涉及的情境因素和互动类型具有独特性，因此如何基于分数将其概化并外推至其他情境？这都是构念界定与测试开发时需要面临和解决的重要问题。

2.4.2 信息技术和人工智能的发展对构念界定带来的挑战

Bachman（2000）指出，多媒体和计算机技术为测试带来的新题型以及施测方式的更新要求我们重新审视效度这一基本问题，并建议我们重新界定所测的构念。例如，基于计算机的阅读测试，考生可以在做题中直接使用在线词典或依凭其他多模态辅助（图片等）答题，其中所需要的阅读策略能力与传统的纸笔测试下的阅读任务是不同的，所以测试开发者如何界定所要考查的策略能力成了一个需要进一步研究的问题。基于任务观视角，Chapelle（2003）指出，如果考生在完成实际语言使用任务（即阅读）的真实场景中，的确有必要查词典或查询其他信息，那么施考时也应该允许考生这样做，对构念的界定便应是"有效使用在线资源帮助完成阅读任务的能力"。

此外，Chapelle & Voss（2017）指出，在基于自然语言处理技术来对考生的口头语言表现进行描述、评价或获取诊断性的反馈信息时，通常我们所界定的诸如"口语能力"这一比较宏观的构念已不符合这类口语测试的目的和满足反馈的需求，因为它无法清晰地界定到底何谓"不流利"，无法指出究竟什么样的错误或类型更值得关注，更值得诊断和反馈。Coniam（1996）指出，基于计算机对学生听写表现的反馈信息的精细度，远远超出听写测试开发之初对所测构念的界定。从这一层面来说，关注语言微观层面的二语习得和语言测试的接口研究依然具有重要的现实意义（Alderson，2005；Bachman & Cohen，1998；Fulcher，2003）。

随着人工智能的日益兴起和快速发展，技术与语言测试的融合和渗透也进一步深化。基于网络的个性化测试、自动化评分和诊断性反馈是未来语言测试的发展趋势，而这势必要求我们在更广泛的层面上考虑如何更准确地对测试的构念进行界定，从而使基于测试分数所做出的解释更加有效。

2.5 发展方向

首先，可以进一步探究"互动能力"（interactive competence）能否用来作为口语测试的构念。Kramsch（1986）首次指出培养互动能力的重要性，强调人际交流是一个动态的过程，是参与者以交流为目的进行合作和意义协商的过程，互动能力是成功交际的基础；在口语测试中，考生个人的表现是由其自身的口语能力以及与会话对象的能力互动的结果。互动能力这一构念如实反映了口语互动中考生和会话人的表现，但是如果基于这一能力来界定构念，则会给评分标准的设定以及评分的信度带来挑战。互动观下的构念界定如何在语言测试实际操作中实现是一个需要认真考虑的问题。在这方面，有关研究者在将测试构念界定为互动能力时，深入研究了测试任务下考生在互动模式（Galaczi，2008）和交际策略（May，2009）方面的表现；对考生个人性格特征的探究也是一个研究重点，研究结果表明，不同的性格特征（如内向与外向）会影响考生在二人会话或小组会话中的表现，进而影响测试分数；也有研究探究了能有效检测互动能力某些层面的测试任务（van Batenburg et al., 2018）。未来研究在测试任务的多样性以及互动策略的评价方面大有可为。

其次，互动视角仍会是构念界定的主要视角。而随着更多职业场合下的表现性评价的开发和研究的进行，以及动态评价的发展，社会互动视角下的构念界定也会受到更多的关注，成为研究的一个方向。在如火如荼的语言能力量表开发和研究领域，在进行量表的对接研究时，如何在构念层面探究不同量表所评估的能力和进行链接也是值得关注的问题。

最后，在探究测试的构念时，研究手段会越发多样化和跨学科化，如越来越多的研究借鉴心理学实验手段（眼动实验等）来探究题型所测试到的能力等。

2.6 研究资源

2.6.1 推荐书目

Bachman, L. F., & Palmer, A. S. (2010). *Language assessment in practice: Developing language assessments and justifying their use in the real world*. Oxford: Oxford University Press.

Fulcher, G. (2010). *Practical language testing*. London: Hodder Education.

Fulcher, G., & Davidson, F. (2007). *Language testing and assessment: An advanced resource book*. London & New York: Routledge.

Yu, Guoxing., & Jin, Yan. (2016). *Assessing Chinese learners of English: Language constructs, consequence and conundrums*. London: Palgrave Macmillan.

2.6.2 推荐文章

Bachman, L. F. (2007). The dialectic of abilities and contexts in defining constructs in language assessment. In J. Fox, & M. Wesch (Eds), *Language testing reconsidered* (pp. 41-71). Ottawa: University of Ottawa Press.

Chapelle, C. A. (1998). Construct definition and validity inquiry in SLA research. In L. F. Bachman, & A. D. Cohen (Eds), *Interfaces between second language acquisition and language testing research* (pp. 32-70). Cambridge: Cambridge University Press.

Cronbach, L. J., & Meehl, P. E. (1955). Construct validity in psychological tests. *Psychological Bulletin, 52*(4), 281-302.

Purpura, J. E. (2016). Second and foreign language assessment. *The Modern Language Journal, 100*(S1), 190-208.

Fulcher, G., & Davidson, F. (2009). Test architecture, test retrofit. *Language Testing, 26*(1), 123-144.

2.6.3 推荐网站

测试构念与测试设计：https://onlinelibrary.wiley.com/doi/abs/10.1002/9781118411360.wbcla062

构念效度介绍：https://en.wikipedia.org/wiki/Construct_validity

参考文献

AERA, APA, & NCME. (1999). *Standards for educational and psychological testing.* Washington, D. C.: AERA.

AERA, APA, & NCME. (2014). *Standards for educational and psychological testing.* Washington, D. C.: AERA.

Alderson, J. C. (2005). *Diagnosing foreign language proficiency: The interface between learning and assessment.* London: Continuum.

Alderson, J. C., & Hughes, A. (1981). *Issues in language testing.* ELT Documents 111.

Bachman, L. F. (1990). *Fundamental considerations in language testing.* Oxford: Oxford University Press.

Bachman, L. F. (2000). Modern language testing at the turn of the century: Assuring that what we count counts. *Language Testing, 17*(1), 1-42.

Bachman, L. F. (2007). The dialectic of abilities and contexts in defining constructs in language assessment. In J. Fox, & M. Wesch (Eds), *Language testing reconsidered* (pp. 41-71). Ottawa: University of Ottawa Press.

Bachman, L. F., & Cohen, A. D. (Eds). (1998) *Interface between second language acquisition and language testing research.* Cambridge: Cambridge University Press.

Bachman, L. F., & Palmer, A. S. (1996). *Language testing in practice: Designing and developing useful language tests* (Vol. 1). Oxford: Oxford University Press.

Bachman, L. F., & Palmer, A. S. (2010). *Language assessment in practice: Developing language assessments and justifying their use in the real world.* Oxford: Oxford University Press.

Brindley, G. (1994). Task-centred assessment in language learning: The promise and the challenge. In Bird, N., Falvey, P., Tsui, A., Allison, D., & McNeill, A. (Eds), *Language and learning: Papers presented at the Annual International Language in Education Conference* (Hong Kong, 1993) (pp.73-94). Hong Kong: Hong Kong Education Department.

Brown, A., Iwashita, N., McNamara, T., & O'Hagan, S. (2002). *Getting the balance right: Criteria in integrated tasks.* 24th Language Testing Research Colloquium, Hong Kong.

Canale, M. (1983). On some dimensions of language proficiency. In Jr. J. W. Oller. (Ed.), *Issues in language testing research.* (pp. 333-342). Rowley: Newbury House.

Canale, M., & Swain, M. (1980). Theoretical bases of communicative approaches to second language teaching and testing. *Applied Linguistics, 1*(1), 1-47.

Carroll, J. B. (1961). Fundamental considerations in testing for English proficiency of foreign students. In H. B. Allen, & R. N. Campbell (Eds), *Teaching English as a second language: A book of readings* (2nd ed., pp. 313-321). New York: McGraw-Hill.

Chalhoub-Deville, M. (2003). Second language interaction: Current perspectives and future trends. *Language Testing, 20*(4), 369-383.

Chapelle, C. A. (1998). Construct definition and validity inquiry in SLA research. In L. F. Bachman, & A. D. Cohen (Eds), *Interfaces between second language acquisition and language testing research* (pp. 32-70). Cambridge: Cambridge University Press.

Chapelle, C. A. (2003). *English language learning and technology: Lectures on applied linguistics in the age of information and communication technology.* Amsterdam: John Benjamins.

Chapelle, C. A. (2012). Conceptions of validity. In G. Fulcher, & F. Davidson (Eds), *The Routledge handbook of language testing* (pp. 21-33). Abingdon: Routledge.

Chapelle, C. A., & Voss, E. (2017). Using technology in language assessment. In C. Caroline, & C. David (Eds), *Encyclopedia of language and education: Language testing and assessment* (pp. 149-161). New York: Springer.

Chapelle, C. A., Enright, M. K., & Jamieson, J. M. (Eds). (2008). *Building a validity argument for the Test of English as a Foreign Language.* New York & Oxford: Routledge.

Chapelle, C. A., Enright, M. K., & Jamieson, J. M. (2010). Does an argument-based approach to validity make a difference? *Educational Measurement. Issues and Practice, 29*(1), 3-13.

Clark, J. L. D. (1972). *Foreign language testing: Theory and practice.* Philadelphia: Center for Curriculum Development.

Coniam, D. (1996). Computerized dictation for assessing listening proficiency. *CALICO Journal, 13*(2-3), 73-85.

Davies, A. (1968). Introduction. In J. B. Carroll, & A. Davies (Eds), *Language testing symposium: A psycholinguistic approach* (pp. 1-18). London: Oxford University Press.

Davies, A. (1977). The construction of language tests. In J. P. B. Allen, & A. Davies (Eds), *Testing and experimental methods: The Edinburgh course in applied linguistics* (Vol. 4, pp. 38-104). Oxford: Oxford University Press.

Douglas, D. (2000). *Assessing language for specific purposes: Theory and practice.* Cambridge: Cambridge University Press.

Fulcher, G., & Davidson, F. (2009). Test architecture, test retrofit. *Language Testing, 26*(1), 123-144.

Fulcher, G. (2003). *Testing second language speaking.* London: Longman.

Fulcher, G. (2010). *Practical language testing.* London: Hodder Education.

Galaczi, E. D. (2008). Peer-peer interaction in a speaking test: The case of the First Certificate in English examination. *Language Assessment Quarterly, 5*(2), 89-119.

He, A. W., & Young, R. (1998). Language proficiency interview: A discourse approach. In R. Young, & A. W. He (Eds), *Talking and testing: Discourse approaches to the assessment of oral proficiency* (pp. 1-24). Amsterdam: John Benjamins.

Hughes, A. (2003). *Testing for language teachers.* Cambridge: Cambridge University Press.

Jin, Y. (2017). Construct and content in context: Implications for language learning, teaching and assessment in China. *Language Testing in Asia, 7*(1), 1-18.

Jones, R. L. (1985). Second language performance testing: An overview. In P. C. Hauptman, R. LeBlanc, & M. B. Wesche (Eds), *Second language performance testing* (pp. 15-24). Ottawa: University of Ottawa Press.

Kim, H. J. (2009). *Investigating the effects of context and task type on second language speaking ability.* Unpublished Ph. D. thesis. New York: Columbia University.

Kramsch, C. (1986). From language proficiency to interactional competence. *The Modern Language Journal, 70*(4), 366-372.

Lado, R. (1961). *Language testing.* New York: McGraw-Hill.

May, L. (2009). Co-constructed interaction in a paired speaking test: The rater's perspective. *Language Testing, 26*(3), 397-421.

McNamara, T. F. (1996). *Measuring second language performance.* London: Longman.

McNamara, T. F. (2001). The roots of applied linguistics in Australia. *Australian review of applied linguistics, 24*(1), 13-29.

Messick, S. (1981). Evidence and ethics in the evaluation of tests. *Educational Researcher, 10*(9), 9-20.

Messick, S. (1989). Validity. In R. L. Linn. (Ed.), *Educational measurement* (3rd ed., pp. 13-104). New York: Palgrave Macmillan.

Mislevy, R. (2009). Validity from the respective of model-based reasoning. In R. W. Lissiz (Ed.), *The concept of validity: Revision, new directions, and application* (pp. 83-110). Charlotte: Information Age Publishing Inc.

Norris, J. M., Norris, J. M., Brown, J. D., Hudson, T., & Yoshioka, J. (1998). *Designing second language performance assessments*. Honolulu: Second Language Teaching & Curriculum Center, University of Hawaii.

Oller, J. W. (1979). *Language tests at school: A pragmatic approach.* London: Longman.

Purpura, J. E. (2004). *Assessing grammar.* Cambridge: Cambridge University Press.

Purpura, J. E. (2014). Assessing grammar. In A. J. Kunnan (Ed.), *The Companion to language assessment* (pp. 100-124). Oxford: John Wiley & Sons.

Purpura, J. E. (2016). Second and foreign language assessment. *The Modern Language Journal, 100*(S1), 190-208.

Read, J., & Chapelle, C. A. (2001). A framework for second language vocabulary assessment. *Language Testing, 18*(1), 1-32.

Skehan, P. (1998). *A cognitive approach to language learning.* Oxford: Oxford University Press.

Thorndike, R. M. (1997). *Measurement and evaluation in psychology and education* (6th ed.). Upper Saddle River: Merrill.

van Batenburg, E. S. L., Oostdam, R. J., van Gelderen, A. J. S., & de Jong, N. H. (2018) Measuring L2 speakers' interactional ability using interactive speech tasks. *Language Testing, 35*(1), 75-100.

Wagner, E. (2008). Video Listening Tests: What are they measuring? *Language Assessment Quarterly, 5*(3), 218-243.

Weir, C. J. (1993). *Understanding and developing language tests.* New York: Prentice Hall.

Young, R. F. (2001). *The entextualization of talk.* In a joint symposium on Defining and Assessing Speaking Ability held at the annual meeting of the American Association for Applied Linguistics and the Language Testing Research Colloquium.

黄源深，2010，英语专业课程必须彻底改革——再谈"思辨缺席"，《外语界》（1），11-16。

孙有中，2011，突出思辨能力培养，将英语专业教学改革引向深入，《中国外语》（3），49-58。

第三章 课堂评估研究[1]

王伟强　广东外语外贸大学

3.1 引言

课堂评估源起于教育评估（educational assessment），通常被视为大规模测试（large-scale testing）的一种"替代性评估"（alternative assessment）（Brown & Hudson，1998）。在过去 30 年间，课堂评估作为普通教育研究的一个分支，其理论与实践得到了极大的发展。二语教育领域也对课堂评估表现出较大的兴趣，近年来在二语写作、语言测评等领域涌现出一批以课堂评估为主题的实证研究，但二语教育领域中课堂评估理论和实践的发展相较于普通教育领域仍较为滞后。本章节旨在厘清课堂评估的重要概念（如形成性评估、终结性评估、效度、反馈、信度、效度验证框架等），梳理课堂评估理论发展的历史脉络，并对二语教育领域课堂评估理论的进展进行介绍。

课堂评估是教学活动不可或缺的组成部分，因为仅仅关注教师如何教、教得好不好并不能确保学习确已发生，也不能提供关于学生学习成效的证据。如 Sadler（2010）所言，学生并不会因教师不厌其烦地讲授或反馈某些知识而自动获取该知识点。为确认学生在多大程度上如所期望的那样掌握了传授的知识或技能，教师需要对此做出评估并依据评估产生的信息进行相应的教学调整（Ausubel，1968），而这些用于确认学生学习效果的正式或非正式的活动就构成了课堂评估。换言之，课堂评估构成了日常教学活动中不可或缺的一部分，因此"教师不仅要学习如何上课，更重要的是要学习如何评价"（崔允漷，2013：15）。

正因为课堂评估兼具评价学生学习效果和调整教学以促进学生学习的双重功能，课堂评估又可分为"终结性评估"（summative assessment）和"形成性评估"（formative assessment）两类（Scriven，1967）。Bloom（1969：48）认

---

[1] 本章撰写得到 2020 年教育部人文社会科学研究青年基金项目"基于《中国英语能力等级量表》的学生英语阅读自评研究"（项目批准号：20YJC740064）的资助。

为，终结性评估被用于判断学习者在一门课程或者教学项目结束时的收获，而形成性评估则指"在教与学的每个阶段中提供反馈和纠错"。Scriven（1991）用"做菜"形象比喻形成性评估和终结性评估之间的差异：如果厨师在做菜的过程中不时通过品尝菜肴的味道决定是否增加作料，那么这个过程就是形成性评估；而菜肴在做完之后，送给食客品尝味道时，则是终结性评估。Bennett（2011）则认为，形成性评估和终结性评估并非二元对立的关系，二者的界定应以评估目的与功能为标准，即形成性评估主要是"促进学生学习的评估"（assessment *for* learning）（表 3.1 中的大写字母 X），同时兼具对学生学习表现的判断（表 3.1 中的小写字母 x）；终结性评估主要是"对学生学习的评估"（assessment *of* learning），次要目的是"促进学生学习"（见表 3.1）。

表 3.1 课堂评估的种类与目的

评估种类	评估目的	
	对学生学习的评估	促进学生学习的评估
终结性评估	X	x
形成性评估	x	X

注：X 指评估的主要目的；x 指评估的次要目的

由此可见，决定某项具体类型的评估是形成性评估还是终结性评估的关键在于对评估结果的解读与运用。如果对一项测评结果的解读与运用被用于评估学生的学习成效并以此为依据做出排名、学分甚至学位授予等决定，则这项测评应被视为终结性评估；如果对该项测评结果的解读与运用主要用于发现学生对学习内容掌握的局限性并采取教学改进措施，则该项测评应当被视为形成性评估。举例来说，在英语写作课中，形成性评估通常以教师给定的写作任务形式出现，这类任务既能使学生展示其学习效果，又可作为教师对学生写作表现给予反馈、促进学生英语写作进步的依据，由此达到促学目的。与此同时，教师对学生作业的评分也可作为对学生平时学习情况的阶段性总结而计入课程的总评成绩，从而实现终结性评估的目的。另一方面，英语写作课中的终结性评估通常以期中或期末试题的形式出现，用于确定该学生的写作能力是否达到了相应的课程要求，以此作为判断学生能否通过课程考核的依据。但教师也能通过学生在期中或期末考试的表现对教学进行反思和调整，从而使考试结果具备形成性评估的功能。

清晰界定终结性评估和形成性评估对于课堂评估实践和理论发展具有重要意义，原因有四：(1) 由于终结性评估和形成性评估的目的不同，二者的理论基础也不同，关于终结性评估的理论未必可被直接照搬至形成性评估；(2) 终结性评估因为其对教学产生的负面影响而被诟病，这些负面影响包括学生由于过分关注分数和竞争从而相互攀比，教师为了提升学生成绩而一味迎合某项考试的要求，忽视对学生能力的培养等，因此，在课堂评估实践层面，应当尽力避免终结性评估的负面影响；(3) 如果一项课堂评估需要兼具终结性评估的评分功能和形成性评估的促学功能，则该项评估的效果可能在满足两项互不兼容甚至互相抵触的目标中大打折扣，无法很好地实现各自功能；(4) 终结性评估的影响易使形成性评估实施流于形式，导致教师仅将形成性评估视为课堂范围内多次小规模终结性评估（如课堂小测）得分的简单叠加，从而导致形成性评估无法发挥其应有的作用。

上述四点原因在深受大规模、高风险考试影响的东亚教育环境中尤其值得关注。Kennedy 等 (2008) 和 Carless (2011) 均认为，在东亚教育文化的课堂环境中无视终结性评估的影响而盲目推进形成性评估的实施反而会适得其反，因为终结性评估在利益相关者，如家长、教师和学生心目当中具有更加牢固的地位。出于上述考虑，Carless (2011) 综合对相关地区校本评估（school-based assessment）的观察及 Biggs (1996) 和 Black 等 (2003) 的观点，提出了终结性评估和形成性评估有效融合机制（productive synergies），具体包括两方面的举措：(1) 在设计校本为基础的终结性评估的任务时，通过采用多种类型的评估任务覆盖教学目标，并在教学目标、教学方法和评估方法上实现一致（alignment）；(2) 对终结性评估（数据和结果）的"形成性运用"，如教师和学生通过学生在终结性评估中的表现了解学生学习的优势和弱项，进而采取相应改进策略以促进学生学习的发展。教师亦可采用"预防式"（preemptive）形成性评估的方式，基于他们对学生的深入了解，及时调整教学，以规避学生对学习目标掌握不充分及由此导致在后续终结性评估中的失分（Carless, 2007）。此外，师生对于终结性评估的备考行为，如包含较多促学的内容也可被视为有效融合终结性评估及形成性评估的活动（Lam, 2013）。值得关注的是，教育评估学界关于终结性评估和形成性评估融合的探讨的核心在于如何运用终结性评估有效促学，而非如何确保对学生的形成性评估具备终结性评估的公正性

(fairness) 和社会责任 (accountability)。这个基本立场对形成性评估的理论发展具有重要影响,在本章关于形成性评估的效度及信度理论的阐述中会有详细介绍。

由于目前教育评估学界普遍认为课堂评估的主要目的是促进学生学习,而非对学生的学业表现进行评分及依据评分结果做出排名、成绩报告、升学等决定(Carless, 2007, 2015; Joughin et al., 2017; Shepard, 2000),本章关于课堂形成性评估的研究主要关注以促进学生学习为目标的评估,文中所指的课堂评估即为"形成性评估"或"以学习为导向的评估"(learning-oriented assessment),由于这些术语所指内容一致,在文中可以互用(如本章的3.2节)。根据Hopster-den Otter等(2019:2)的分类,形成性评估包括以下三类:(1)即时性评估(on-the-fly assessment);(2)课堂内计划性互动(planned-for-interaction);(3)嵌入课程的评估(curriculum-embedded assessment)。这三者之间的正式程度从低到高排列,即时性评估最低,而嵌入课程的评估最高。即时性评估通常作为教学活动的一部分而发生,如教师在课堂上临时的提问行为。课堂内计划性互动指教师有意在授课过程中通过暂停授课、采用问答的方式确定学生的学习情况进而决定是否调整教学。嵌入课程的评估则指将事先设计的评估任务嵌入课程内容,通过这些任务掌握学生的学习情况,进而针对学生的学习问题调整教学。

本章内容安排如下。"历史观点"部分首先介绍形成性评估所关注的三大核心问题及相应的七项实施策略,然后对比大规模测试与课堂形成性评估的效度与信度理论,并对课堂形成性评估的关键理论(即反馈理论)的发展进行梳理。"当今视角"部分首先呈现针对课堂形成性评估进行效度验证的模型,该模型基于教育评估领域大规模测试效度验证模型(Kane, 2016),然后介绍Turner & Purpura(2015)提出的第二语言课堂中以学习为导向的评估理论框架。在"问题与挑战"部分,作者指出了术语定义混淆、研究对象单一、大规模测试与课堂评估研究的接口研究匮乏、教师参与的质性研究不足、现有理论建构对学习和反馈理论及应用语言学理论的关注不够等二语课堂评估研究的不足之处。"发展方向"部分则从教师发展、研究设计和跨学科理论融合等视角提出应对现有研究不足的解决方案。

3.2 历史观点

3.2.1 形成性评估的核心问题

尽管形成性评估是教学中不可或缺的一部分，但通常仅被视为一种课堂教学活动来对待，关于形成性评估的理论建构则长期滞后。本章认为，形成性评估理论的体系化应以 Sadler（1989）发表的题为"形成性评估与教学系统设计"（Formative assessment and the design of instructional systems）的文章为开端。该文提出了形成性评估有效实施的三个条件，确立了"反馈"（feedback）概念在形成性评估中的核心地位，由此对后续的课堂形成性评估的效度理论产生了较大的影响。

Sadler（1989）认为，有效实施形成性评估需要满足三个条件：(1) 学生具备对于所期望达到的目标或者要求的理解；(2) 学生将现有或者真实的表现与该目标或标准进行比价；(3) 学生采取行动缩小现有表现与期望目标之间的差异。该三项条件被发展为形成性评估所需回答的三个核心问题：(1) 我（学生）要去哪儿？（Where am I going?）(2) 我（学生）正在哪儿？（How am I going?）(3) 我（学生）怎样去到要去的地方？（Where to next?）（Hattie & Timperley, 2007; Wiliam & Thompson, 2008）。毫不夸张地说，对于上述三个问题的回答构成了形成性评估的实践和理论基础，包括有关形成性评估的效度和信度概念的定义。在实践层面，第一个问题涉及形成性评估的目标定义，第二个问题有关对学生学习情况的反馈，第三个问题对应针对学习情况的反馈采取的行动。Chappuis（2014）以上述三个问题为基础，丰富了有效实施形成性评估所需的条件，并提出了在课堂环境中的实施策略（见表3.2）。这些条件包括：(1) 评估工具或活动的设计与课程标准对应；(2) 评估工具或活动的题目或任务与教学内容相匹配；(3) 评估工具或活动针对具体的问题能提供足够的细节信息，例如对概念的误解，教师能够根据上述信息做出采取什么行动以及针对哪些学生采取行动的决策；(4) 评估结果具有时效性，以确保教师能及时进行教学调整；(5) 教师和学生需要根据评估结果采取行动（Chappuis, 2014: 6）。

表 3.2 形成性评估的核心问题与实施策略

形成性评估的 核心问题	形成性评估的实施策略
我（学生）要去哪儿？ (Where am I going?)	1. 为学生提供清晰的、可被理解的学习目标
	2. 使用好的、尚有待提高的学生作答范本
我（学生）正在哪儿？ (How am I going?)	3. 在学生学习过程中提供有规律的、描述性的反馈
	4. 教会学生进行自我评估并为下一步的学习设定学习目标
我（学生）怎样去到要去的地方？ (Where to next?)	5. 使用关于学生学习需求的证据，确定教学中接下来的步骤
	6. 设计有针对性的指导，辅之以针对反馈的训练
	7. 为学生提供跟踪、反思和分享学习进展的机会

Chappuis（2014：11-13）对形成性评估实施的七条策略进行了解释。策略 1 回答了"什么是学习"的问题，对于提升学生的学习动机和成效有积极影响；策略 2 的实施可以通过精心挑选的作业样本帮助学生理解"高质量的学习表现是什么"及"应当规避哪些错误"；策略 3 有助于学生了解自身的学习强项和弱项以及针对弱项应采取的补救措施；策略 4 旨在帮助学生获得自我评估的能力，帮助他们回答如"我接下来应当怎么做"等问题；策略 5 通过及时调整教学，帮助学生实现对某个特定学习目标的掌握或者纠正他们对某个知识点的误解；策略 6 与策略 5 相似，指给予学生纠正自身学习错误的机会，而且纠错对象应当与一定数量、可操作的学习目标相对应；策略 7 凸显了学生反思对提升其长期的学习效果和学习动机的益处，引导学生对学习过程进行回顾并与同伴分享学习经历。

3.2.2 形成性评估的效度理论

效度是衡量任何评估质量的核心标准，对形成性评估而言也不例外。本部分着重阐述 Brookhart（2003）与 Stobart（2012）提出的关于形成性评估效度理论。对任何评估的效度衡量均需以下列问题为指导：(1) 该项评估对其目的是否合适？(2) 该项评估是否达到了其所期望达到的目标？由于形成性评估的目标是促进学生学习,对形成性评估的效度定义即指评估所产生的信息及对该信息(如分数或文字描述性反馈)的运用是否真正促进了学生的学习(Stobart,2012)。

作为从大规模测试中衍生出的概念,效度未必适用于在课堂环境中开展的形成性评估,因为二者对于评估与被评估者或学生之间的关系及情境因素影响的界定大相径庭。Brookhart(2003)就曾对大规模测试和课堂评估中的效度概念进行了对比(见表3.3)。

表 3.3 效度概念:大规模测试与课堂评估[1]

	大规模测试中的效度概念	课堂评估中的效度概念
评估与被评估者、学生之间的关系	评估对于学生能力的推测及采取的后续行动而言是外部(external)因素。 1. 学生是被评估的、被观测的"对象"(subject); 2. 效度的目标是根据学生在评估中的表现对其能力的有意义的推论及将评估的信息用于某一特定目的。	评估对学生能力的推论及依据评估信息采取的后续行动,对于评估过程而言是内在(internal)因素。 1. 学生与教师共同组成了评估的观察者(observer);被评估的学生在形成性评估的过程中对自己的能力进行推论并采取行动; 2. 学生对评估信息的意识(awareness)及从中的获益构成了评估信息的部分内容; 3. 效度的目标在于理解学生的学习产品与"理想化产品"(ideal work)对比及对由比较产出的评估信息的有效运用;运用的目的是促进学习。
评估与情境因素之间的关系	1. 对评估内容的说明描述了评估所对应的领域; 2. 评估的实施一般是标准化的,即与具体教学情境无关; 3. 评估的分数可以在多个环境或评估形式之间做到对等。	1. 评估是教学的一部分,一个好的评估(活动、场景)即一个"真实的学习发生的场景"; 2. 关于评估的具体说明既反映了评估所指向的具体能力领域(由学习目标界定),也反映了具体的教学模式与活动; 3. 教师信念、教学实践活动以及对所教授的内容和学生的理解(包括学生在文化和语言上的差异)都是与课堂评估效度相关的考虑话题。

---

[1] 原表还包含对大规模测试和课堂评估中的信度概念对比。由于本章下一节对此有专项论述,在此对相关部分进行了删减。

从表 3.3 可以看出，被测试者相对于大规模测试而言仅是"客体"；而对于课堂评估而言，学生构成了评估的"主体"，不仅是被评估的对象，更重要的是，学生对于评估信息的运用成为衡量形成性评估效度的关键。与此同时，大规模测试追求"标准化"效果，力求消除具体的教学情境对测试实施的影响，而课堂评估则嵌入"让学习真实发生的场景"。由此可见，用于衡量大规模测试质量的效度理论不宜简单迁移至课堂评估领域。

Stobart（2012：234）结合有关大规模测评的效度理论（如 Kane，2006），也提出了关于课堂形成性评估的效度理论，主要包括以下三点内容：（1）对形成性评估的效度探讨的核心是，对评估信息的解读及运用在多大程度上能促进学生的学习，而弱化形成性评估的促学效果的因素即可被视为影响效度的负面因素；（2）教师和学生均需对学习目标有清晰的了解；（3）相较于效度而言，信度在形成性评估中处于次要地位，因为对学习者开展的评估结果会因人而异，即两个相似表现的学习者可能收到不同的反馈，形成性评估中的信度概念更多是关于反馈信息的质量。在上述三点内容中，形成性评估的效度探讨主要考虑第一点，即对评估信息的运用和解读在多大程度上能促进学生的学习及影响该促学效果的因素。

Stobart（2012）进一步将影响课堂形成性评估效度的因素分为两类：（1）课堂内外的学习环境；（2）反馈的有效性。课堂内的环境因素包括课堂氛围，如师生之间的相互信任关系、师生互动的质量、学生的学习动机，而这些因素又受不同社会环境（如深受高风险考试传统影响的教育环境）以及学习目标的明晰性（既不能太模糊，又不宜太具体）等因素的影响。反馈作为促成学生从其现有的学习水平向所期望的水平发展的重要步骤，既包含向学生提供的信息，也包括学生对反馈的反应与后续行动，其有效性有赖于多种相互作用的因素：学生的学习动机、任务复杂度、学生的学习能力、反馈所作用的层面及其质量；上述因素使反馈的作用随环境变化而发生改变。此外，Stobart（2012）概述了形成性评估领域具有较大影响力的反馈四层面理论模型（Hattie & Timperley，2007）。

（1）任务层面，指关于学生所完成的任务是否正确，是否需要更多的信息改善任务表现及形成更多的表层知识的信息。任务层面的反馈对复杂度不高的任务更有效。通过对既往关于反馈研究的回顾发现，90% 的教师反馈仅关注任务层面。该层面的反馈对学生有关知识的错误理解（faulty interpretation）较为有效，如果学生缺乏某一方面的知识（lack of understanding），任务层面的反馈效果则不佳。

（2）任务处理层面，针对学生在完成任务或在不同任务之间发生关联和拓展的过程的信息，涉及对学生完成复杂的任务时出现的错误的纠错性信息及有关任务完成的策略信息。

（3）自主学习层面，该层面反馈的有效性受以下因素的影响：学生产生内生性反馈和进行自我评估的能力；学生寻求和运用反馈信息的意愿；学生对任务完成情况的自信心及有关任务表现准确性的确定程度；学生对任务完成情况（成功或者失败）的归因；学生寻求帮助的能力。

（4）自我层面，该层面反馈指对学生本人的积极或者消极评价，如"这个学生真棒！"等言语反馈，这类反馈与前面三类反馈不同，几乎不具备促学作用。

上述关于反馈的四个层面分类对反馈中的"奖励"或"表扬"成分提出了质疑，因为"奖励"或"表扬"本身仅作用于自我层面。对学生表现的评分也存在同样的问题，因为"分数"并未给学生提供下一步该如何做的指导，而经常会被解读为针对自我层面的反馈，甚至导致学生之间的相互比较，而非促发其自主学习的过程。

仅仅关注四个层面的反馈对了解其效用是不够的，因为学生有选择如何对待反馈的自主权。如果学生对反馈本身具有抵触情绪，或者对反馈的有效运用耗费其大量精力，反而会适得其反。因此，对反馈的效果研究还需要考虑反馈发生的环境，包括学生对反馈的动机及情感反应。

3.2.3 形成性评估的信度理论

与效度一样，信度也是衡量大规模测试质量的一项重要指标。在传统测量领域，信度指"在不同测试场合中被测试者得分或者评分员给分的一致性"。信度概念的三大基础包括：(1) 复本信度，即在多种场合对被测试者行为的稳定观察；(2) 对所观察对象（被测试者）的纯统计学意义的抽样；(3) 单一维度假设，即从任何一项测试中所得出的分数代表了单一的性质（Parkes, 2013；

107)。在传统测量领域中信度作为一项"纯统计学意义"的标准,是否可照搬至形成性评估中呢?如果形成性评估也需要考虑信度,适用于形成性评估的信度的内涵是什么?如何建构适用于第二语言课堂形成性评估的信度理论?王少非、周文叶(2014)和许悦婷(2015)在梳理国外有关课堂评估信度研究的文献基础上提出了部分解决方案。下文以这两篇文献为基础,对比传统测量领域与课堂评估领域信度的内涵(见表 3.4),提出了未来形成性评估信度研究的方向。

表 3.4 信度概念:大规模测试与课堂评估

	大规模测试中的信度概念	课堂评估中的信度概念
理论基础	"原子化"的累积性学习观和行为主义的学习理论	建构主义学习观和社会文化发展理论
目标	学生在常模参照的评分量表上稳定的排名,或在标准参照的成就连续体中的稳定的分类	获得学生相对于预定的学习目标的学习状况的准确信息,并运用该信息促进学生学习或调整教学,排名并非其主要关注点
数据类型	量化数据,即学生在测试中的分数	多元化数据,基于学生在评估任务中表现得出的信息,可以是量化信息,如学生在评估任务中的得分,但更多是教师基于任务表现给出的口头或书面反馈
情境因素	标准化测验,测验过程中排除情境因素的影响,需要保证测验情境的一致性	不追求测验的标准化,因为评价总是发生在特定的情境之中,学习情境即评价情境,不可能也无必要排除情境因素的影响
重测信度	不同时间点采用同一项测试所得出的结果是否一致,遵循所测的属性,如学生的某项语言能力在某段时间内保持稳定这一假设	在不同时间点重复同一项测试的可行性和必要性较小,所评估的属性,如学生的某项语言能力,在不同时间点可能已经发生变化,并且教师往往乐见这种属性出现积极的变化,如学生的该项语言能力得到了发展

(待续)

(续表)

	大规模测试中的信度概念	课堂评估中的信度概念
复本信度	采用对等而形式不同的测试产生的结果是一致的	课堂评估的任务往往随着教学进程和内容的变化而改变,针对不同阶段的教学目标需要采用不同类型的评估任务,因此无必要亦不可能采用完全对等的评估任务
内部一致性	整套试题内部各试题之间的内部一致性,通过试题得分的相关性来判定	课堂评估由在不同的课堂情境中实施的不同评估任务组成,尽管评估任务之间相对于整体课程大纲而言存在相关性,但不存在严格意义上的内部一致性
评分一致性	评分员之间或评分员内部对同一个学生表现评价结果的一致性	课堂评估通常由教师个人完成,而且可能会在课堂环境中以即兴提问等即时方式完成,评分一致性难以验证

如表 3.4 所示,与效度理论类似,大规模测试中的信度理论不能被简单迁移至课堂评估环境,因为二者在对目标、数据类型等关键概念的理解上均存在较大差异。既往关于形成性评估的信度研究主要聚焦于教师评分和学生同伴及自我评分的一致性,而几乎未涉及对内部一致性、复本信度和重测信度等方面的探讨(许悦婷,2015),这从另一方面证明了大规模测试的信度理论缺乏对课堂评估实践与研究的适用性。但是,是否如部分教育评估专家(Moss, 2004; Stiggins, 2001)所认为的那样,课堂评估可以完全摒弃信度的概念,只需要保证其具有较高的效度即可呢?抑或需要从形成性评估的实践与需求出发,重构信度理论?本章采取与王少非、周文叶(2014)及许悦婷(2015)等一致的立场,认为可从研究目标和情境化特色视角丰富形成性评估信度理论的内涵,具体包括以下三方面的内容。

(1)课堂评估的信度包括评估信息的稳定性和准确性,但该稳定性和准确性均指"关于学生当前表现与理想或期望表现间差距信息的可靠性"(王少非、周文叶,2014:16),即评估信息的提供应当严格参照理想或期望的表现给出,其中理想或期望的表现可被理解为学习目标在具体任务中的体现。

(2)评估信息的稳定性和准确性在技术层面上的保证可以采用形式多样、能从不同侧面反映学生学习情况的评估任务,既包括传统的多项选择题,也包括行为测试(performance assessment);信息越充分,越能确保评估信息的稳定性和准确性，但在评估任务的数量和评估工作量方面，需要考虑避免因盲目追求信息的充分性而导致教师工作量增加等问题（许悦婷，2015）。

（3）对教师和学生的评估素养，尤其是反馈素养培训也是保障课堂评估信度的重要途径；培训应当侧重教师和学生对学习目标的一致性理解及依据目标给出具体的、描述性的反馈，而非强调师生评分的准确性和一致性；在评估活动设计中，尽可能多地让学生参与对自身任务表现的评估，通过系统的评估体验提升学生产出的同伴及自我评估信息（主要为反馈）的准确性和稳定性。

3.3 当今视角

3.3.1 基于评估结果的解释与运用的形成性评估效度验证框架

Hopster-den Otter 等（2019）依据 Kane（2006）的效度观，将形成性评估的效度验证定义为"收集与衡量关于评估所产生的信息及对信息的运用是否促进了学生学习的证据的过程"（Hopster-den Otter et al., 2019; Stobart, 2012）。从历史发展的角度来看，尽管形成性评估的效度概念与传统大规模测试的效度概念在内涵上有较大差异，但是形成性评估效度验证框架仍然在系统化、理论化方面较多借鉴大规模测试的效度验证思路，其中较为典型的是 Bennett（2011）关于形成性评估的效度验证的观点及 Hopster-den Otter 等（2019）对该观点的发展。

与部分教育测评学者笃信形成性评估仅作为教学的一个部分的观点有所不同，Bennett（2011）认为，形成性评估的效度不仅体现在促进学生学习上，也需要通过科学严谨地设计评估工具，确保评估信息的有效性，而且评估信息的有效性是确保促学效果的前提。基于这个立场，Bennett（2011）对形成性评估的效度验证框架提出了两个论证：（1）关于学生任务表现推论的效度论证（validity argument）；（2）关于评估信息促学作用的有效论证（efficacy argument）。关于学生任务表现推论的效度论证，其作用在于为推论和教学调整的质量提供支撑；而关于评估信息促学作用的有效论证，则用于为评估信息对促进学习和教学的质量提供证据。

Hopster-den Otter 等（2019）依据 Bennet（2011）关于形成性评估的两个论证，结合 Kane（2013，2016）关于大规模测试的效度验证框架，系统提出了适用于课堂形成性评估的效度验证框架。该框架与 Stobart（2012）关于应当避免在形成性评估中给定分数的看法不同，认为对形成性评估的效度验证既包括对学生在评估任务中的表现赋分，也包括对其表现的质性评价（见图 3.1）。

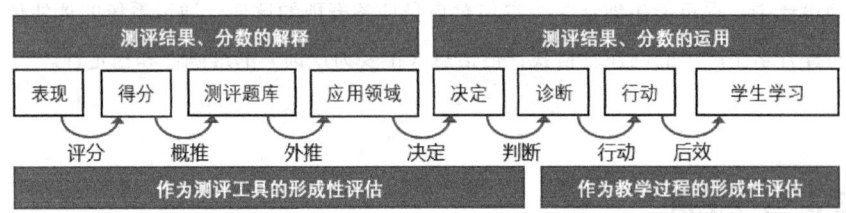

图 3.1 基于评估结果、分数的效度验证框架

该效度验证框架由对分数的解释及运用的推论构成。效度验证的过程环环相扣、分阶段进行，具体包括两个阶段：构建阶段，用于建构测评结果、分数的效度验证框架；评估阶段，基于效度验证框架的论证，即审辩性地对测评结果、分数的阐释及运用做出评价（Kane，2004，2006，2013）。关于分数解释的推断包含针对学生在测评工具上的表现的论断，而对分数运用的推断则包括针对学生表现所做的决定及由此产生的对学习过程的后效。

框架中的前面三个步骤构成了"测评结果、分数的解释"，后面三个步骤构成了"测评结果、分数的运用"。框架的第一步为"评分推论"（score inference），即将学生的"表现"转化为可被解读的有关学生思考过程的信息。由于测评过程中仅有有限的评估任务被用于评估学生的学习情况，因此需要采取第二步，即"对学生的测评表现进行概推"（generalization）。概推是指依据学生在有限的评估任务（样本）上的"得分"对其在"测评题库"，即测试同一种能力的试题域（test domain）的表现进行推论。第三步"外推推论"（extrapolation inference）则是依据学生在测评构念上的表现推断至所谓的"应用领域"。从理论上来说，"应用领域"就是我们在测评领域中所说的"构念"，也可被理解、定义为我们试图做出决策的领域。第四步"决定推论"（decision inference）是指根据学生在应用领域中的表现做出相应的"决定"，该步骤连接了"测评结果、分数的解释"和"测评结果、分数的运用"。"测评结果、分数的运用"由第五至第七步构成,该部分内容在框架中不可或缺,因为教师和学生对上述决定的实际运用是形成性评估的必要部分(Bennett,2011;Kane,2016)。第五步"判断推论"(judgment inference)的提出是基于以下考虑:对决定的不准确的理解会导致不恰当的行为。"判断推论"将关于学生表现的决定与教师或学生本人所做的"诊断"联系起来。第六步"行动推论"(action inference),指教师和学生使用诊断信息采取恰当的"行动"(Bennett,2011;Black & Wiliam,2009),该推论将"诊断"与"行动"相联系。第七步"后效推论"(consequence inference),则将"行动"与"学生学习"相联系。上述推论的提出和逻辑链条的成立依赖相应的假设,对于每一项推论相对应的假设说明如下。

评分推论(表现-得分)。学生在形成性评估任务上的得分应当转化为可解释的信息,如分数、评分标准、质性描述,或者是具有分项评分的图表等。为了确保这项推论的有效性,需要事先提供一套评分规则或者算法对学生的学习策略和学习的错误做出分析。

概推推论(得分-测评题库)。为了从分数中做出概推,选取用于评估的任务需要在内容、难度上能代表被评估的领域,即其答案类型能对学生的学习策略和错误提供洞见。因此,我们会假定评估的任务反映了学生的学习深度。此外,我们也假定评估任务的样本足够大,可以控制抽样误差(Kane,2013)。

外推推论(测评题库-应用领域)。对外推而言,我们假定用于评估的领域反映了应用领域中特定的学习目标。这意味着评估任务包含了学习目标的方方面面,这些方面对在不同学生的任务表现之间做出区分具有相关性,不存在构念代表不充分或与构念无关的情况。此外,这些测评任务还须触发我们感兴趣且期待发生的学生的思维过程。

决定推论(应用领域-决定)。决定推论从一个决策规则做出,该决策规则说明了如何做出该项决策。决策的临界分数与学生对一项学习目标的掌握有关。此外,学生对知识、能力、技能掌握的理解误区和学习策略的错误划分的情况应被控制至最少。

判断推论(决定-诊断)。对于判断推论,假设教师和学生能够准确理解从测评工具当中得出的决定。这意味着决定的呈现符合教师和学生的测评素养水平。除此以外,也需要假定教师和学生都能将决定与学生个体的环境,如所投入的精力、在一定时间内的进步和具体的环境相结合（Bennett，2011）。这意味着形成性评价是以学生为参照的（Harlen & James，1997），具备对行动做出调整以适应个体学生的需求并增强其学习动机的可能。

行动推论（诊断 – 行动）。为了选取恰当的行动，假定评估信息与课程相联系并且符合教师和学生的知识基础，该基础包括相关专业知识和教学内容知识。具备上述知识基础将允许教师或学生在确定学习目标已经达到时选择一项新的学习目标。如果他们诊断出学习目标并未达到，则学生可以决定完成更多的练习，或者教师可以选择提供最少的反馈，再次讲授学习目标，或者试图了解清楚学生的理解误区。

后效推论（行动 – 学生学习）。为了使后效发生，假定所采用的形成性评估方式会促进学生的学习。然而，对学习的影响依赖教育环境（Bennett，2011）。即使教师、学生采取恰当的行动，教育环境仍然可以将（形成性评估对学生学习的）影响降至最低（Bennett，2011；Goertz et al.，2009）。因此，这个论点也需要假定环境具有足够的支撑性，包括提供获取数据的工具、学校领导支持形成性评估的使用、教师们相互分享学习目标、学生积极参与并具备足够的学习动机等。

本章认为，Hopster-den Otter 等（2019）吸收了 Kane（2006, 2013）关于大规模测试的效度验证框架和形成性评估效度中对促进学生学习的核心观点，将课堂环境中评估的工具设计及评估结果的解读和运用进行了有效衔接，为形成性评估的实践和效度验证均提供了很好的指导。但如 Hopster-den Otter 等（2019）所言，该项效度验证框架仅针对"嵌入课程的形成性评估"，而对另外两种类型的形成性评估，如即时性形成性评估和教师计划的课堂内互动则不适用。

3.3.2 以学习为导向的第二语言课堂评估

近年来，二语教育界越来越多地融合了普通教育领域课堂评估研究的成果，并在此基础上提出了基于第二语言课堂的课堂评估研究框架。目前在二语教育领域中较为有影响力的课堂评估理论框架包括 Turner & Purpura（2015）和 Jones & Saville（2016）分别提出的"以学习为导向的评估"（learning-oriented assessment）和 Bachman & Damböck（2018）"基于评估效用论"（assessment use argument)的课堂评估实施框架。其中 Turner & Purpura（2015）及 Jones & Saville（2016）的框架更偏重理论层面的宏观建构，而 Bachman & Damböck（2018）的框架则更侧重对教师的课堂评估实践指导。Li & Gu（2018）对 Jones & Saville（2016）的框架做了介绍；Lewkowicz（2020）对 Bachman & Damböck（2018）的框架也做了评介。此外，李清华、孔文（2015）运用"基于评估效用论"梳理了第二语言课堂形成性评估所需回答的问题及其研究方法。限于篇幅，本章仅介绍 Turner & Purpura（2015）的以学习为导向的评估。

Turner & Purpura（2015：260）将"以学习为导向的评估"定义为"通过清晰、明白无误地获取各种第二语言学习环境中的（学习）证据以促进学生学习的评估"。如本章引言部分所述，以学习为导向的评估与前文中的形成性评估内涵一致，都是特指以促进学生学习为目的的评估，因此，这两个术语在文中互用。

以学习为导向的评估具有以下特征：(1) 发生在课堂教学活动（含网络课堂环境中的交流）当中；(2) 凸显学习者、学习过程和学习结果在教育环境中的核心地位；(3) 通过调动学生的参与和主动性服务于学习过程；(4) 通过学生的任务表现获取有关他们学习的信息，发现学生学习的不足并找到弥补不足的解决方案；(5) 使用嵌入教学中的有计划的正式评估（如随堂小测、测验、练习活动）促进学生学习；(6) 通过课堂教学对话中的即时性、非正式评估促进学生学习；(7) 认识到参与评估的各方主体的潜力，这些主体包括学生本人、同伴、教师、材料与课程大纲、教育技术等。Turner & Purpura（2015：261）系统提出了第二语言课堂中的以学习为导向的评估的理论框架（见图3.2）。

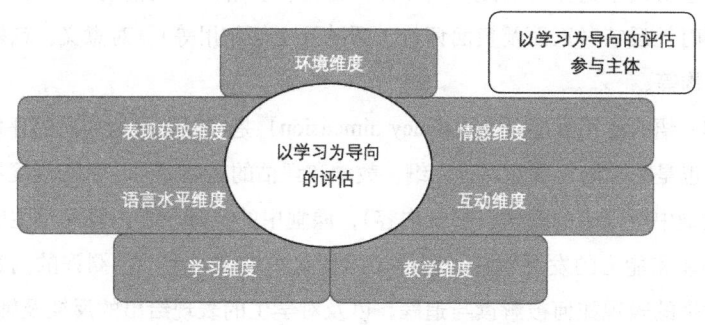

图 3.2 以学习为导向的评估的框架

Turner & Purpura（2015：261）对上图做了如下解释：由于"以学习为导向的评估"包含多个相互关联的维度，对上述框架的理解需要关注每一个维度及其相互关系，并且关注参与评估的各类主体（如学生本人、同伴、教师、教材与课程大纲、教育技术等）。该框架将"以学习为导向的评估"分为七个维度：（1）环境维度；（2）表现获取维度；（3）语言水平维度；（4）学习维度；（5）教学维度；（6）互动维度；（7）情感维度。

（1）环境维度（contextual dimension）是"以学习为导向的评估"中的一个关键维度，因为环境维度为教学、学习和评估在社会、文化和政治环境中如何发挥作用设定了参数。该维度既涵盖宏观层面的因素，如社会政治、文化规约等，又包括微观层面的环境因素，如教师的评估行为和学生的个人特质（如学生的投入程度）等。

（2）表现获取维度（elicitation dimension）是指在课堂环境中不同的行为主体采用不同的方式获取学习者的语言表现。学习者的语言表现包含以下三个方面内容：知识（knowledge）、技能（skills）、能力（abilities）。反馈是对学习者语言表现关注、讨论、反思及回应的主要形式。对这些表现的反馈又被用于指导下一步采取的行动。表现获取活动可以在学习之前、之中和之后进行，也可分为"有计划的评估"（planned assessment）和"自发性评估"（spontaneous assessment）(Turner & Purpura，2015：264)。有计划的评估包含两类：学业能力测试（如随堂小测、单元测试、期中及期末考试等）和教师自主编制的测试（如课本上的活动、课堂观察、有计划的口头提问、课堂讨论、项目、学习档案袋、课后作业、具有同伴反馈的小组活动、学生自我评估等）。自发性评估包括课堂对话中的即时性提问（如即兴讨论、讲解、小组活动等）、课堂交谈中的即时性反馈（正面及负面评价、帮助及支架作用等）、对意义、话题、形式的同构等。

（3）语言水平维度（proficiency dimension）是"以学习为导向的评估"的基石，也是第二语言课堂课程大纲、教学和评估的基础。语言水平维度用于指课程大纲中所规定的教学目标（内容），课堂中的实际教学内容和学生的语言知识技能和能力的发展轨迹。同样，语言水平维度还用于指测评的内容或对象、学生的表现如何被解读与追踪，以及对学生的表现给出的反馈及辅导等。教师和学生均应对学习和测评目标有稳定、清楚的认识，因为在第二语言课堂中的目标如果过多，学生会产生认知负荷过载（cognitive overload）和混乱。

（4）学习维度（learning dimension）是"以学习为导向的评估"的另一个重要基石。学习维度包含对第二语言学习者处理语言信息及学习语言的方式、这些方式对教学和评估的影响、如何解读学生的语言表现、如何根据学生的语言表现做出恰当的推断并提供相应的反馈或者辅导等。Turner & Purpura（2015）指出，目前并不存在适用于一切第二语言课堂的学习或认知理论，教师在实施"以学习为导向的评估"时，会凭直觉同时引用多个关于学习或者认知的理论。Turner & Purpura（2015）重点介绍了关于学习维度的两个重要组成部分：反馈和自主学习。

（5）教学维度（instructional dimension）包括教师关于第二语言的内容知识（L2 content knowledge）、对话题的背景知识和教学法知识。"以学习为导向的评估"对教学维度的研究探讨以下问题：1）这些知识如何影响教师对教学内容的处理，如在开发、修改或采用学习任务时如何使用这些知识？2）教师关于上述类别知识在多大程度上并以何种方式影响第二语言学习者的语言处理和习得？

（6）互动维度（interactional dimension）关注课堂环境中的教学对话（talk-in-interaction），通常由二至三个话轮构成。"以学习为导向的评估"尤其关注参照教学目标的对学生学习或者表现的积极或负面评价，以及后续来自教师或同伴的帮助。研究者期望这些对话（主要是指出学生学习情况的不足）能够帮助学生意识到自己目前的水平与学习目标之间的差距，并采取措施缩小或者消除这种差距。

（7）情感维度（affective dimension）是指学习者的社会心理倾向（predisposition）影响学习者如何经历及参与评估过程（Hall & Goetz：2013）。情感维度与学习者的情绪、关于学习和能力的理念、性格特点（如外向型性格）、对待学习和表现的态度（如坚持）和学习动机等因素有关。Turner & Purpura（2015）指出，尽管目前已有大量研究探讨上述因素对语言学习的影响（如 Dörnyei，2005），但关于课堂评估中的情感维度研究仍较为缺乏。

通过 Turner & Purpura（2015）对以上七个维度的详细解释可以看出，第二语言课堂中的以学习为导向的评估理论框架与教育评估领域中的相关理论具有较高的一致性。举例来说，环境维度对社会文化因素影响的关注与 Shepard

(2019）提出的以社会文化理论为基础建构课堂形成性评估的理论的观点一致。教学维度中对教师教学知识、话题背景知识和第二语言的内容知识的强调与 Bennett（2011）的观点类似，但 Bennett（2011）还指出了教师对教育测量基本概念掌握的重要性。表现获取维度和互动维度与形成性评估理论中反馈的核心地位相对应（如 Hattie & Timperley：2007；Sadler, 1989）。语言水平维度和学习维度是 Turner & Purpura（2015）的理论框架中与教育评估领域相关理论不同之处，原因在于二语教育自身的学科独特性，如受到应用语言学尤其是第二语言习得相关理论的影响。此外，值得关注的是，Turner & Purpura（2015）的框架包括了对学生情感维度的探讨，而非囿于对学生第二语言能力发展的考察，从而为二语教育领域的课堂评估理论和实践提供了有益的补充。

3.4 问题与挑战

经过三十余年的发展，普通教育类形成性评估研究取得了丰硕的成果，但二语教育领域的形成性评估理论和实践仍处于起步阶段，对我国的二语教育领域而言尤为如此。具体来说，二语教育领域的形成性评估研究尚处于结合普通教育类形成性评估和应用语言学相关领域理论，形成自身学科特色的阶段。该研究目前面临以下问题与挑战。

一、术语定义混淆导致的操作误区。目前，尽管课堂评估较多被用于特指形成性评估（即课堂评估的任务主要用于促进学生的学习），终结性评估多指在学习发生一段时间后对学生学习表现的回顾和总结，但二者并非存在本质差异，两者的不同之处主要与两种评估所实现的功能或目的有关。在第二语言课堂环境中，对形成性评估和终结性评估的实施仍存在较多误区。例如，简单地认为形成性评估仅仅是布置平时学生作业，评估的结果仅仅是教师对作业的评分，终结性评估仅代表对平时作业得分的加权总分。因此，帮助教师厘清二者之间的关系对有效实施课堂形成性评估十分重要。

二、研究对象单一。受传统大规模语言测试研究影响，第二语言课堂形成性评估研究也较多关注学生评估分数与教师评估分数的匹配度（如 Ross, 1998），而对形成性评估的促学效果关注不够。在为数不多的关注促学效果的研究中，研究目的较多局限于评估对学生语言能力（language proficiency）的提升作用，而仅有少量研究考察评估对语言学习相关的因素，如学习动机、自我效能、自主学习等方面的影响。

三、大规模测试与第二语言课堂形成性评估研究的接口研究缺乏。尽管大规模测试与形成性评估在理论基础、研究对象、研究方法上的关注点不同，但如 Carless（2015）等所言，二者之间存在着一定的转化关系。具体来说，学生在课堂评估的任务表现可为实现描述其学业成就、进行排名等终结性测评的目标提供依据。大规模测试的题目设计，尤其是试题的构念分析（construct investigation）[1]，亦可为其设计具体的课堂评估任务提供理据。对二者之间的转换机制和实施步骤的研究将丰富人们对"教""学""评"三者关系的认知。然而，目前在二语课堂形成性评估领域，对大规模测试和课堂形成性评估的接口研究较为匮乏，而这类接口研究对至今仍深受高风险考试传统影响的东亚社会（如中国、日本、韩国）尤为重要。

四、教师开展的质性研究缺乏。作为日常教学的一部分，形成性评估的主要目标是促进学生的学习（包含与学习有关的因素），评估的实施是在具体的课堂教学中开展。有关形成性评估的研究自然需要对其促学效果及影响促学效果的因素，包括学生个体及环境因素等进行探讨。因此，第二语言课堂形成性评估研究与具体的课堂环境联系紧密，同时具有个性化、复杂性、动态性的特点。教师开展的质性研究对深入了解、描述、解读这种动态性具有优势。然而，除少数研究（如 Hill & McNamara，2012；Schissel et al.，2019；Wang，2017；Yin，2010）以外，第二语言课堂形成性评估中采用民族志（ethnographic）、课堂观察（class observation）、访谈、反思性写作等方法探讨形成性评估促学效果动态变化的研究仍较为有限。我国具有庞大的第二语言学习者群体，其学习环境、学习需求、语言水平等存在较大差异，对不同学段（尤其是基础教育阶段）和类型的第二语言课堂开展的形成性评估研究不仅能丰富其实证研究基础（experiential base），而且能从社会文化视角丰富现有的形成性评估理论。

五、对普通教育领域中学习和反馈理论的关注不足。相较于普通教育领域

---

[1] "构念分析"是语言测评领域的核心话题，通常是指对语言测评中的试题所测试的语言能力构念进行系统分析；"构念分析"用于课堂评估的理念由 Alderson 等（2017）提出，该理念主张运用分析方法对普通教育评估中的各类评估任务进行系统性的探讨。

中的形成性评估研究对学习和反馈理论的广泛运用，二语课堂形成性评估领域对学习和反馈理论的借鉴较为匮乏。举例来说，尽管第二语言课堂形成性评估研究的一个重点是教师反馈、同伴反馈和学生自我反馈，但对普通教育评估中反馈理论进展的关注与融合则较为欠缺。

六、对语言学及应用语言学的理论借鉴不足。如 Alderson 等（2017）所言，二语课堂形成性评估与普通教育类课堂评估的一大区别在于前者具有鲜明的"语言学及应用语言学"的传统。然而，目前对第二语言课堂形成性评估的理论构建对系统功能语法、第二语言习得、心理语言学等相关领域理论的融合不够。引入语言学及应用语言学的理论，对丰富和发展第二语言课堂形成性评估，凸显其学科特色具有重要意义。

3.5 发展方向

对应于第二语言课堂形成性评估面临的问题与挑战，其发展方向体现在教师发展、研究设计、跨学科理论融合等方面。

一、将教师发展与形成性评估的实践及理论创新相结合。第二语言课堂形成性评估的理论发展有赖于一线教师在具体的语言教学活动中系统地实施形成性评估的策略并对其促学效果进行检验与评估，从而丰富形成性评估的实证研究基础并推动现有理论的发展。同时，形成性评估的复杂性和动态性又需要教师掌握一定的测评素养和研究方法。此外，形成性评估的实施有赖于教师的测评素养、教研素养、教学知识和学科知识。因此，第二语言课堂形成性评估研究的一大增长点就是对教师进行上述知识和技能的系统培训，或采用"评估研究者＋一线教师"合作的模式，使教师具备在各自的语言课堂中独立或合作开展行动研究的意愿与能力（Torrance & Pryor, 2001）。通过采用课堂观察、学生访谈、开放式问卷调查等方法收集有关形成性评估实施的数据，形成"教师-研究者"评估实践与教研共同体。

二、丰富第二语言课堂形成性评估的研究对象。第二语言课堂形成性评估研究不能仅以学生和教师评估分数的匹配度为主要研究对象，亦不能囿于形成性评估对学生语言能力的影响，而应当考虑各类形成性评估策略对学生的元认知、学习动机、自我效能、自主学习等方面的影响。国内研究者可以结合国家语言文字工作委员会于 2018 年正式颁布与实施的《中国英语能力等级量表》对听、说、读、写、译等技能的各级别描述语，设计针对各学习单元的具体语言学习目标；还可以结合我国自身的社会文化及学生学习需求多样性特点，从社会文化的视角丰富对于第二语言课堂形成性评估实践的认知。

三、积极吸纳普通教育领域相关的学习及反馈理论成果，融入语言学及应用语言学的相关理论。第二语言教学和评估研究的复杂度远远高于许多其他学科（Brown & Hudson，1998），而且第二语言学习和评估深受语言学及应用语言学的影响（Alderson et al.，2017）。第二语言课堂形成性评估因为其跨学科属性，可以引入系统功能语法、第二语言习得、心理语言学等有关语言本质和语言学习的理论，同时吸收普通教育领域（或教育心理学）中有关元认知、学生学习动机、自我效能、自主学习等方面的理论，丰富第二语言课堂形成性评估的理论基础，并借用大规模语言测试中的效度验证、构念分析（Alderson et al.，2017）等方法为评估任务的设计提供理据及效度验证证据。

3.6 研究资源

3.6.1 推荐书目

Andrade, H. L., & Cizek, G. J. (2010). *Handbook of formative assessment.* New York: Routledge.

Bachman, L., & Damböck, B. (2018). *Language assessment for classroom teachers: Assessment for teachers.* Oxford: Oxford University Press.

Brookhart, S. M., & McMillan, J. H. (2019). *Classroom assessment and educational measurement.* New York: Routledge.

Carless, D. (2011). *From testing to productive student learning: Implementing formative assessment in Confucian-Heritage settings.* New York: Routledge.

Cheng, L., & Fox, J. (2017). *Assessment in the language classroom: Teachers supporting student learning.* London: Palgrave Macmillan.

3.6.2 推荐文章

Black, P., & Wiliam, D. (1998). Assessment and classroom learning. *Assessment in Education: Principles, Policy, and Practice, 5*(1), 7-74.

Heritage, M., & Kingston, N. M. (2019). Classroom assessment and large-scale psychometrics: Shall the twain meet? (A conversation with Margaret Heritage and Neal Kingston). *Journal of Educational Measurement, 56*(4), 670-685.

Nicol, D. J., & Macfarlane-Dick, D. (2006). Formative assessment and self-regulated learning: A model and seven principles of good feedback practice. *Studies in Higher Education, 31*(2), 199-218.

Pellegrino, J. W., DiBello, L. V., & Goldman, S. R. (2016). A framework for conceptualizing and evaluating the validity of instructionally relevant assessments. *Educational Psychologist, 51*(1), 59-81.

3.6.3 推荐网站

迪肯大学教育评估与数字化学习研究中心官网：https://blogs.deakin.edu.au/cradle/
教育测量学会课堂评估网站：https://www.ncme.org/about/classroom-assessment
教师测评素养提升网站：http://taleproject.eu/

参考文献

Alderson, J. C., Brunfaut, T., & Harding, L. (2017). Bridging assessment and learning: A view from second and foreign language assessment. *Assessment in Education: Principles, Policy & Practice, 24*(3), 379-387.

Ausubel, D. (1968). *The psychology of meaningful verbal learning: An introduction to school learning*. New York: Grune & Stratton.

Bachman, L., & Damböck, B. (2018). *Language assessment for classroom teachers: Assessment for teachers*. Oxford: Oxford University Press.

Bennett, R. (2011). Formative assessment: A critical review. *Assessment in Education: Principles, Policy & Practice, 18*(1), 5-25.

Biggs, J. (1996). *Testing: To educate or to select?* Hong Kong: Hong Kong Educational Publishing Corporation.

Black, P., Harrison, C., Lee, C., Marshall, B., & Wiliam, D. (2003). *Assessment for learning: Putting it into practice*. Maidenhead: Open University Press.

Black, P., & Wiliam, D. (2009). Developing the theory of formative assessment. *Educational Assessment, Evaluation and Accountability, 21*(1), 5-31.

Bloom, B. S. (1969). Some theoretical issues relating to educational evaluation. In R. W. Tyler (Ed.), *Educational evaluation: New roles, new means. The 63rd yearbook of the National Society for the Study of Education, Part 2* (Vol. 69, pp. 26-50). Chicago: University of Chicago Press.

Brookhart, S. M. (2003). Developing measurement theory for classroom assessment purposes and uses. *Educational Measurement: Issues and Practice, 22*(4), 5-12.

Brown, J. D., & Hudson, T. (1998). The alternatives in language assessment. *TESOL Quarterly, 32* (4), 653-675.

Carless, D. (2007). Conceptualizing pre-emptive formative assessment. *Assessment in Education: Principles, Policy & Practice, 14*(2), 171-184.

Carless, D. (2011). *From testing to productive student learning: Implementing formative assessment in Confucian-Heritage Settings*. New York: Routledge.

Carless, D. (2015). Exploring learning-oriented assessment processes. *Higher Education, 69*(6), 963-976.

Chappuis, J. (2014). *Seven strategies of assessment for learning*. Boston: Pearson.

Dörnyei, Z. (2005). *The psychology of the language learner: Individual differences in second language acquisition*. Mahwah: Lawrence Erlbaum Associates.

Goertz, M. E., Olah, L. N., & Riggan, M. (2009). Can interim assessments be used for instructional change? *CPRE Policy Briefs*. Retrieved June 15, 2021, from http://repository.upenn.edu/cpre_policybriefs/39.

Hall, N. C., & Goetz, T. (2013). *Emotion, motivation, and self-regulation: A handbook for teachers*. Bingley: Emerald.

Harlen, W., & James, M. (1997). Assessment and learning: Differences and relationships between formative and summative assessment. *Assessment in Education: Principles, Policy & Practice, 4*(3), 365-379.

Hattie, J., & Timperley, H. (2007). The Power of Feedback. *Review of Educational Research, 77*(1), 81-112.

Hill, K., & McNamara, T. (2012). Developing a comprehensive, empirically based research framework for classroom-based assessment. *Language Testing, 29*(3), 395-420.

Hopster-den Otter, D., Wools, S., Eggen, T. J. H. M., & Veldkamp, B. P. (2019). A general framework for the validation of embedded formative assessment. *Journal of Educational Measurement, 56*(4), 715-732.

Jones, N., & Saville, N. (2016). *Learning-oriented assessment: A systematic approach*. Cambridge: Cambridge University Press.

Joughin, G., Dawson, P., & Boud, D. (2017). Improving assessment tasks through addressing our unconscious limits to change. *Assessment & Evaluation in Higher Education, 42*(8), 1221-1232.

Kane, M. (2004). Certification testing as an illustration of argument-based validation. *Measurement: Interdisciplinary Research and Perspectives, 2*(3), 135-170.

Kane, M. (2006). Validation. In R. L. Brennan (Ed.), *Educational measurement* (4th ed., pp. 17-64). Westport: American Council on Education and Praeger.

Kane, M. (2013). Validating the interpretations and uses of test scores. *Journal of Educational Measurement, 50*(1), 1-73.

Kane, M. (2016). Explicating validity. *Assessment in Education: Principles, Policy and Practice, 23*(2), 198-211.

Kennedy, K. J., Chan, J. K. S., Fok, P. K., & Yu, W. M. (2008). Forms of assessment and their potential for enhancing learning: Conceptual and cultural issues. *Educational Research for Policy and Practice, 7*(3), 197-207.

Lam, R. (2013). Formative use of summative tests: Using test preparation to promote performance and self-regulation. *The Asia-Pacific Education Researcher, 22*(1), 69-78.

Lewkowicz, J. (2020). Why, what, when and how of assessment in the language classroom. *Language Assessment Quarterly, 17*(1), 125-127.

Li, Y., & Gu, X. (2018). Learning oriented assessment: A systematic approach. *Innovations in Education and Teaching International, 55*(4), 497-498.

Moss, P. A. (2004). The meaning and consequences of "reliability". *Journal of Educational and Behavioral Statistics, 29*(2), 245-249.

Parkes, J. (2013). Reliability in classroom assessment. In J. H. McMillan (Ed.), *Sage handbook of research on classroom assessment* (pp. 107-123). Los Angeles: Sage.

Ross, S. (1998). Self-assessment in second language testing: A meta-analysis and analysis of experiential factors. *Language Testing, 15* (1), 1-20.

Sadler, D. R. (1989). Formative assessment and the design of instructional systems. *Instructional Science, 18*(2), 119-144.

Sadler, D. R. (2010). Beyond feedback: Developing student capability in complex appraisal. *Assessment & Evaluation in Higher Education, 35*(5), 535-550.

Schissel, J. L., López-Gopar, M., Leung, C., Morales, J., & Davis, J. R. (2019). Classroom-based assessments in linguistically diverse communities: A case for collaborative research methodologies. *Language Assessment Quarterly, 16*(4-5), 393-407.

Scriven, M. (1967). The methodology of evaluation. In R. E. Stake (Ed.), *Curriculum evaluation* (pp. 39-83). Chicago: American Educational Research Association.

Scriven, M. (1991). *Beyond formative and summative evaluation.* Chicago: University of Chicago Press.

Shepard, L. A. (2000). The role of assessment in a learning culture. *Educational Researcher, 29*(7), 4-14.

Shepard, L. A. (2019). Classroom assessment to support teaching and learning. *The Annals of the American Academy of Political and Social Science, 683*(1), 183-200.

Stiggins, R. J. (2001). *Student-involved classroom assessment* (3rd ed.). Upper Saddle: Merrill-Prentice Hall.

Stobart, G. (2012). Validity in formative assessment. In J. Gardener (Ed.), *Assessment and learning* (2nd ed., pp. 233-242). London: Sage.

Torrance, H., & Pryor, J. (2001). Developing Formative Assessment in the Classroom: Using action research to explore and modify theory. *British Educational Research Journal, 27*(5), 615-631.

Turner, C. E., & Purpura, J. E. (2015). Learning-oriented assessment in the classroom. In D. Tsagari, & J. Banerjee (Eds), *Handbook of second language assessment* (pp. 255-273), Berlin/Boston: Mouton de Gruyter.

Wang, X. (2017). A Chinese EFL Teacher's classroom assessment practices. *Language Assessment Quarterly, 14*(4), 312-327.

Wiliam, D., & Thompson, M. (2008). Integrating assessment with learning: What will it take to make it work? In C. A. Dwyer (Ed.), *The future of assessment: Shaping teaching and learning* (pp. 53-82). New York: Lawrence Erlbaum Associates.

Yin, M. (2010). Understanding classroom language assessment through teacher thinking research. *Language Assessment Quarterly, 7*(2), 175-194.

崔允漷，2013，教师，请你先学会评价再来学上课，《江苏教育：小学教学》（6），15。

李清华、孔文，2015，外语形成性评估的效度验证框架，《外语教学理论与实践》（1），24-31。

王少非、周文叶，2014，课堂评价需要什么样的信度，《教育发展研究》（8），13-17。

许悦婷，2015，课堂评估信度研究述评，《外语测试与教学》（3），30-43。

第四章 翻译测试现状

林薇　北京外国语大学

4.1 引言

　　翻译与语言存在着天然联系，翻译测试也起源于语言测试。时至21世纪初，翻译测试仍然很少受到关注，语言测试的研究成果也很少被应用到翻译测试领域（Campbell & Hale, 2003）。翻译测试作为一个专门的研究领域直到近年才开始出现（Angelelli, 2013）。就国内的情况而言，尽管翻译测试实践历史悠久，最早记载可追溯至清代科举考试（马祖毅，1998），但专门针对翻译测试的研究却为数寥寥。有学者统计，国内"1978—1997年间专论翻译测试的文章共14篇，在4万余篇（中华人民共和国成立近50年内）外国语言研究论文中，真可谓沧海一粟"（黄忠廉，1998：55），研究成果也与当前翻译学科和翻译专业的蓬勃发展不相适应（王克非、杨志红，2010）。不过，近十年来，随着语言服务业和翻译职业化的发展，学界对翻译测试的关注和研究迅速增加。翻译测试研究越来越多地呈现出独立学科的性质，而不再被作为是传统语言测试的一个种类（王鸣妹，2017）。

　　在现有的翻译研究文献里，"翻译测试"（translation/interpreting assessment）这一术语常常与"翻译考试"（translation/interpreting testing/test）、"翻译评估"（translation/interpreting evaluation）、"翻译批评"（translation/interpreting criticism）等表述互相换用，从而成为一个有多种含义的术语。人们用"翻译测试"对翻译成品进行评鉴，对翻译过程（特别是翻译教学过程）进行评估，对译者能力进行评判，对翻译服务质量进行评价（Eyckmans et al., 2016）。不难看出，"翻译测试"这一术语可包含的概念众多，各概念互相交织，容易导致指代不明的现象，一定程度上影响了研究的开展（穆雷，2007）。

　　在语言测试领域，测试（assessment）被宽泛地定义为一项收集信息的活动或过程（Bachman, 2004）。根据不同的作用和目的，测试可分为水平测试（考查受试是否达到了某一水平）、成就测试（考查受试是否完成了某一阶段的学习目标）和潜能测试（考查受试的某些能力以便用来预测其是否有潜力完成某项课程）(Bachman, 1990)。在翻译测试领域，Campbell & Hale (2003) 认为当前的翻译测试主要分为资格认证和翻译教学两大类，Hatim & Mason (1997：199) 则指出，翻译测试中既有关注学业进展的"形成性测试"(formative assessment)，也有衡量翻译水平（或能力）的"终结性测试"(summative assessment)。中国学者宋志平 (1997)、黄忠廉 (1998) 也提出，人才需求的多层次性决定了翻译测试的多层次性，不同的翻译测试具有不同的测试目的和手段。

本章着重介绍面向所有翻译从业者、有一定区域或国家影响力的专业翻译水平（能力）测试，即人们常说的翻译水平（资格/证书）考试（下文简称翻译水平考试），并由此出发梳理翻译测试的研究状况，探讨研究的趋势和所面临的挑战，以期推动今后的翻译测试研究与实践。

4.2 实施现状

目前国际上通过举办翻译水平考试来确定考生翻译能力、遴选职业译员的国家主要有澳大利亚、美国、加拿大、英国和中国。这些国家均设立或委托专业机构来组织和开展翻译水平考试。本节将简述现今国内外具有一定规模和影响力的翻译水平考试。

4.2.1 澳大利亚 NAATI 考试

澳大利亚 NAATI 考试是澳大利亚国家口笔译认证局（National Accreditation Authority for Translators and Interpreters，简称 NAATI）组织的翻译考试。NAATI 是澳大利亚唯一官方认可的职业翻译资格认证机构，于 1984 年注册成立。通过 NAATI 的翻译考试可获得相应的专业翻译证书，并在申请移民澳大利亚时获得翻译职业分和附加分。澳大利亚政府部门和企业在聘用职业翻译时大都要求应聘者持有 NAATI 翻译证书。2018 年 NAATI 进行了改革，取消了原先授权各个院校自己组织的内部考试，取而代之的是由 NAATI 直接组织考生报名、考试出题和阅卷的统一考试（Endorsed Qualification）。NAATI 的笔译考试分为不同的语言方向（如英译汉或汉译英），各方向单独进行考试。时长三小时，要求选择完成两篇各 250 字左右的文章翻译（备选的文章题材包括文化、科技、医疗、商务等非文学类题材）（满分 90 分）；另外要求完成职业道德准则考试（满分 10 分）；笔译考试满分为 100 分，及格分数为 70 分。口译考试包括四种题型：对话翻译（满分 50 分）、连续翻译（满分 30 分）、职业道德准则（满分 10 分）和社会文化问题（满分 10 分）。其中，对话翻译要求考生翻译两篇对话，每篇 400 字左右；连续翻译为英译中和中译英各一篇，每篇 300 字左右。考试采用现场录音方式，由考官在考试结束后听评，满分为 100 分，及格分数是 70 分。

4.2.2 美国 ATA 考试

美国 ATA 考试是美国翻译者协会（American Translators Association，简称 ATA）组织的翻译考试。ATA 是美国唯一广泛认可的职业翻译资格认证机构，其翻译考试仅设笔译考试，而且涉及英汉语的仅为英译汉方向。考试时长三小时，要求完成三篇长度为 250 字左右的文章，其中一篇为必选题（通用题材），另外两篇则由考生自行从给定的篇章中选择翻译（一篇从科学、技术、医药题材中选择，另一篇从法律、商务、金融题材中选择）。

4.2.3 加拿大 CTTIC 考试

加拿大 CTTIC 考试是加拿大口笔译暨术语工作者委员会（Canadian Translators, Terminologists and Interpreters Council，简称 CTTIC）组织的翻译考试，在加拿大认可度较高。CTTIC 包括笔译考试、会议口译考试、法庭口译考试以及专业术语考试。笔译考试时长三小时，包括一篇通用题材的必译文章以及两篇由考生自主选择的文章（一篇为科技或医学题材，另一篇为经济或管理类题材），文章长度为 180 字左右。除每年固定举行的笔译考试外，CTTIC 还会根据需求不定期地组织会议口译考试、法庭口译考试和专业术语考试。同时，各类考试均包括有关职业道德的内容。

4.2.4 英国 CIOL 考试

英国 CIOL 考试是英国皇家特许语言家学会（Chartered Institute of Linguists, 简称 CIOL）组织的翻译考试。该考试分为笔译证书（Diploma in Translation）考试、公众服务口译证书（Diploma in Public Service Interpreting）考试和警方口译证书（Diploma in Police Interpreting）考试。笔译证书考试包括三个部分：第一部分为通用性题材翻译；第二部分和第三部分均为半专业性题材翻译，考生从技术、商务、文学或科学、社会科学、法律中各选出一篇进行翻译。公众服务口译证书考试则包括口译和笔译两大部分。警方口译证书考试突出警察职业特点，包括交替传译、同声传译（耳语）和视译三个部分。

4.2.5 英国 ITI 考试

英国 ITI 考试是英国口笔译协会（Institute of Translation and Interpreting, 简称 ITI）组织的翻译考试。ITI 是英国唯一独立的翻译从业者协会，但组织的翻译考试以职业笔译员的认证考试为主，口译员的认证考试则主要通过在线面试（包含一小段视译考试）进行。有别于其他的翻译考试，ITI 的笔译考试以派发笔译任务的形式进行，并不要求考生在统一的时间和地点接受考试，而是收到笔译任务（一篇 1,000 字左右的文章）后四天内在家完成并提交译文即可。而且，该考试要求考生对原文中的语言学、文化等问题进行点评，提交一篇 500—1,000 字的译者评论，由此考查考生对翻译理论及策略的掌握情况。

4.2.6 中国 CATTI 考试

中国 CATTI 考试是国家人力资源和社会保障部委托中国外文局负责实施与管理的全国翻译专业资格（水平）考试（China Accreditation Test for Translators and Interpreters，简称 CATTI）。CATTI 翻译资格考试于 2003 年开始举行，现已纳入国务院职业资格目录清单，包括口、笔译两大类别的四个等级，由高至低分别为：译审、一级口笔译、二级口笔译、三级口笔译。CATTI 的二级和三级口笔译考试分为口笔译综合能力和口笔译实务两个科目。口笔译综合能力主要考查语言技能，口笔译实务则包括一篇汉译英和一篇英译汉，主要考查考生的翻译技能。因此，CATTI 考试实际上是语言能力测试与翻译技能测试的综合体。2019 年，为配合翻译专业人员职称制度的改革，CATTI 进一步完善考试体系，适时增加考试语种，调整考试科目设置，探索开设行业类翻译考试。

4.2.7 中国 NAETI 考试

全国外语翻译证书考试（National Accreditation Examination for Translators and Interpreters，简称 NAETI）由教育部考试中心与北京外国语大学合作举办。该考试于 2015 年转交北京外国语大学中国外语测评中心主办，更名为国际人才英语考试（高级翻译系列）。国才高翻考试分笔译、交替传译和同声传译三类，面向翻译从业人员和在校大学生提供翻译能力认证服务。国才高翻（笔译考试）由专题文件及官方文件的英译汉、汉译英共四项机考任务组成（每项任务为 300 词/字左右的篇章），考试时间约 180 分钟。国才高翻（交传）由英译汉（600 词左右讲话）、汉译英（800 字左右讲话）两个任务组成，考试时间约 30 分钟。国才高翻（同传）也是由英译汉（1,000 词左右讲话）、汉译英（1,400 字左右讲话）两个任务组成，考试时间约 30 分钟。

总体而言，这些翻译考试均由专业机构组织实施，具有良好的权威性和公信力。考试的结果已成为是否可以进入翻译职业的依据。从这些翻译考试公布的考试内容可以看出，其目的大都是评估考生的翻译能力，而且所测的能力大致可以概括为：语言能力、文本功能能力和学科知识能力。不少考试关注的语言能力着重考查考生原文理解和译语表达的能力，而对文本功能能力和学科知识能力要求各有不同（王克非、杨志红，2010）。就考试的题型来说，与口笔译实践的要求比较吻合。一些翻译考试还参考其他职业资格考试或资格认证的做法，要求考生和从业人员持续进行资格认证，例如改革后的 NAATI 考试要求每三年进行一次"资格再认证"（recertification）。

4.3 研究现状

如引言所述，翻译测试研究整体相对薄弱，这在 20 世纪末期尤为明显。黄忠廉（1998）认为，这是因为当时的翻译测试研究未能正确认识翻译测试命题的科学性，未能正确把握翻译测试的对象与范围，同时也过于强调翻译测试的主观性。其实，英美国家的大型翻译水平考试大多为 20 世纪 70 年代之后开始组织实施（李双、钱多秀，2016），中国的翻译水平考试则直到 21 世纪初才开始组织实施。我国起步较晚或许也是相关研究滞后的原因之一。与国际上翻译测试研究的发展相似，中国国内的翻译测试研究在 21 世纪前，存在研究者数量偏少、研究成果有限、研究领域狭窄（集中于笔译）、研究层次不高（主要关注大学本科英语教学）的局限（汪顺玉、刘孔喜，2011）。

伴随着翻译行业和翻译人才培养机构的蓬勃发展，21 世纪以来，各种翻译水平考试吸引了更多考生的参与和研究人员的关注，相关的研究数量和研究深度逐渐提升。21 世纪前 10 年，有关翻译水平考试的研究文献多为某考试的介绍，或是数量很少的论文，基于某次翻译水平考试数据进行分析、从而提出教学和人才培养改进建议。例如，蔡啸（2009）分析了 2008 年上半年 CATTI 的英语翻译二级考试的报考数据、考生问卷调查结果，对翻译人才培养提出了建议。在涉及试卷信度、效度和区分度研究情况时，作者只是在文中提及相关研究已整理成报告提交该考试的主办方，而并没有在已发表的文献中加以阐明。

2010 年前后，翻译测试研究已有所改观，数量呈逐年递增趋势（王鸣妹，2017）。专门探讨翻译测试的论文集相继面世，如《口笔译研究中的测试与评价》（*Testing and Assessment in Translation and Interpreting Studies*）（Angelelli & Jacobson, 2009）、《口笔译的测评议题》（*Assessment Issues in Language Translation and Interpreting*）（Tsagari & van Deemter, 2013）。遗憾的是，这两本论文集用大量篇幅介绍某些翻译考试的内容和实施情况，却未能对翻译考试自身进行深入研究。

国内近年来出现了有关国内外主要翻译考试的介绍和对比研究，但数量不多。王克非、杨志红（2010）比较分析了国外和国内翻译考试的具体测试内容，认为国内的翻译考试应在测试构念的研究、测试方法的考量和测试的实施问题上进行大幅改进。肖维青（2012a）着重分析了 ATA 组织实施的翻译水平考试的评分体系，认为该考试注重翻译活动的目的性，评分体系自成一体，对我国的 CATTI 以及其他大中型翻译测试有一定的借鉴意义。李双、钱多秀（2016）在对国际国内的翻译水平考试进行简要介绍后，从认证机构、报考条件、考试内容、评分方式、认证后继续教育几方面对这些考试的共性与个性进行了分析，建议中国的翻译考试适当设立报考条件，在考试中尽量还原翻译工作真实场景，重视职业道德水平考查，在一定等级笔译考试中采用单向译入命题机制，建立备考服务体系及一套实现认证与翻译一体化的社会体系，并关注认证后的终身教育。

总体而言，目前针对某个大规模翻译考试的研究文献仍然较为有限。黄敏、刘军平（2017）对1995年至2015年这20年来中国国内开展的10余种翻译资格（水平）考试进行了简要回顾，并根据不同时期翻译资格考试的特点，将这20年的翻译资格考试探索历程分为四个阶段，即起步阶段（1995—2000）、发展阶段（2001—2003）、繁荣阶段（2004—2012）和调整阶段（2013—2015）。他们指出，中国翻译资格考试"研究严重不足"，"测前研究已然晚矣，而测后研究缺乏的主要原因是某些考试机构并不在乎考试本身的评价研究。另一方面，考试机构出于各种原因不对外公布有关考试的资料和数据，使得有兴趣对翻译资格考试进行研究的学者难以深入开展"。

相较于翻译考试这样的"终结性"翻译测试研究在国际国内的薄弱与有限，从翻译教学角度关注测试成绩的"形成性"翻译测试研究构成了现有翻译测试研究的主体。一些研究延续了最初翻译测试研究的主题，即从语言教学角度来研究考生的语言能力，通过翻译测试来促进外语教学，如王全瑞等（2006）、罗选民等（2008）。其中研究最多的是对全国英语专业八级考试中翻译题型的评析及其对翻译教学的指导（汪顺玉、刘孔喜，2011），但大多数此类研究都是基于主观的思辨研究而非基于真实数据的实证研究（汪顺玉，2009）。

更多学者认识到翻译测试与语言测试的异同，开始将现代语言测试理论引入翻译测试研究（Han, 2016；陈菁, 2002；冯建中, 2005；江进林、文秋芳, 2010；李家春, 2013；王克非、杨志红, 2010；席仲恩, 2017；杨冬敏、穆雷, 2016）。例如，穆雷（2006a, 2007）对翻译测试进行了系统的理论研究，梳理了现行的翻译测试组织和实施的相关情况（如测试目的、命题、评分方式），认为翻译测试与一般的语言测试存在较大差异：语言测试注重测试考生的语言能力及语言交际能力，翻译测试则需在此基础上进一步考查考生的翻译能力，也就是双语转换能力，并还应考查考生的跨文化理解和交际能力。她强调翻译测试应有自己独立并超出语言测试之外的内容和方法，用于翻译教学的翻译测试应与以职业评估为目的的翻译测试区分开来。杨冬敏、穆雷（2016）对翻译测试的定位进行了理论性的思辨和探索。她们认为，翻译测试具有心理测试的基本特征，和语言测试有密切关系，但又不同于语言测试。因此，在进行翻译测试研究时，一方面可借鉴心理测试和语言测试的相关理论和方法，从测试学视角对翻译测试展开研究，尤其可以将语言测试的相关研究成果应用于翻译测试研究之中；另一方面也应明确翻译测试和语言测试之间的区别，以及翻译测试作为一种特殊心理测试的属性，在研究时充分考虑翻译测试的特殊性和翻译学的学科属性。

4.4 研究重点

本节将从翻译测试研究的常见主题——构念界定、测试方法、评分方式和效度验证四个方面梳理当前翻译测试研究进展。此外，鉴于口译测试研究的特殊性以及近年来有关口译测试研究的兴起，本节也专门讨论口译测试研究现状。

4.4.1 构念界定

构念（construct）是测试既定要测的内容，通常由知识、技能或能力表示。翻译测试一般考查的是受试的翻译能力，但翻译能力需要分解成可以测量的因素才能通过命题加以考查。对翻译测试的构念——翻译能力的研究已成为近年来翻译测试研究的重点课题（王鸣妹，2017）。

不少学者尝试对"翻译能力"进行界定（如 Angelelli, 2013；Bell, 1991；Neubert, 2000；PACTE group, 2000, 2003；李家春，2013；吕晓轩，2016；罗选民等，2008；穆雷，2006a, 2006b；王克非、杨志红，2010；肖维青，2012b）。主流观点认为，翻译能力由多种能力构成（王克非、杨志红，2010）。例如，Bell（1991）提出，翻译能力包含语法能力、社会语言能力、语篇能力和策略能力。Cao（1996）基于 Bachman 的交际语言能力理论模型，提出翻译能力包括语言能力、知识能力以及策略能力。Campbell（1998）构建了从母语译入外语的翻译能力模式，包括文本、监控、性情等三项能力。Schaffner（2000）认为，翻译能力包括语言能力、文化能力、文本能力、语域能力、研究能力和转换能力。Neubert（2000）主张，翻译能力包括语言能力、语篇能力、学科知识能力、文化能力和转换能力。

在译界颇有影响的西班牙巴塞罗那大学的翻译能力习得和评估过程（Process in the Acquisition of Translation Competence and Evaluation，简称 PACTE）研究小组提出，翻译能力包括以转换能力为中心的语言能力、语言外能力、工具能力、心理生理能力、转换能力和策略能力（PACTE group，2000）。该模式后期进行了修订，放弃了转换能力，将策略能力提升至中心位置，将心理生理能力修正为统摄各能力的心理生理机制，并将原来属于语言外能力、工具能力的翻译知识（如对翻译过程、翻译市场的认识）专门析取出来构成一个独立的能力（PACTE group，2003）。

Anglelelli & Jacobson（2009）结合交际能力要素以及之前众多翻译能力研究的成果，将翻译能力分解为语言能力、文本能力、语用能力及策略能力四种子能力。肖维青（2012b）认为，翻译测试考查的能力应包括双语次能力、超语言次能力、翻译知识次能力、工具次能力和策略次能力以及心理生理要素。李家春（2013）则主张，翻译能力应涵盖双语转换能力、跨文化翻译能力和就业能力三大要素。

除上述从宏观层面强调翻译能力多成分模式之外，一些学者也非常关注微观层面翻译能力的分解。例如马会娟、管兴忠（2010）提出，翻译能力可分解为词语搭配能力、语句能力、篇章能力。薄振杰、李和庆（2011）对全国英语专业八级考试的英汉翻译试题进行分析，讨论了语段翻译能力的核心次级能力——翻译策略能力的构成要素和模型构建。

上述学者对翻译能力的诠释，可谓见仁见智。总体上，翻译能力可以而且应该被分解成多个子能力，共同构成翻译测试的构念。与一般语言考试不同的是，翻译学者将翻译能力独立于外语和母语能力，并在翻译能力中增加了心理生理要素和翻译策略等超语言能力的因素。王克非、杨志红（2010）指出，翻译能力的定义很多只是看不见、摸不着的理论构念，需要将理论构念进行可操作化（operationalize），设计出具体的试题来进行测量。

4.4.2 测试方法

受语言测试的影响，现行的翻译测试按照评分方式大致可分为客观题和主观题两类。客观题主要指判断题、选择题和填空题等评分不受评分员主观因素干扰的题型；主观题指段落翻译或篇章翻译等文本翻译以及解释、问答、简述等题型，评分往往取决于评分者的主观判断（穆雷，2006a）。现有的翻译测试题型主要以语句和段落翻译为主，主观题仍然是主要题型（宁静，2018）。

研究者已经注意到，应根据翻译测试的目的，采取不同的测试方法，实现测试多元化。穆雷（2006a：467）详细探讨了翻译测试与语言测试的异同，主张"翻译测试应有自己独立并超出语言测试之外的内容和方法"。王克非、杨志红（2010）认为，翻译测试的设计和采用的方法应注意区别水平测试与成就测试的不同，水平测试的重点是翻译的成品，可主要采用直接测试的方法，使用篇章翻译这样的主观题型；而成就测试属于从过程角度考查学生的翻译能力习得过程，除使用文本翻译这样的主观题型外，还可根据具体教学内容使用客观题来进行具体考点的考查。李家春（2013）认为，如果试题中兼有主客观题型，则可以避免评分过多地受到阅卷者的主观判断影响，从而保证评分的客观性和一致性。

已有学者探讨如何针对不同的测试目的设计具体的题型。例如，邹申（2005）总结了翻译测试中可以使用正误判断、多项选择、填空、简答、改译、全译和变译等题型。王伟（2006）认为，翻译测试贯穿于教学全过程，应针对不同的测试目的和要求，采用单句翻译题、判断题和多项选择题、改错题、有条件限制的翻译、无条件限制的翻译和画线句子翻译、段落填空和段落改错等不同题型，从而达到最佳的测试效果。一些大规模的翻译考试也已经开始探索翻译测试题型的多元化。例如，CATTI 的笔译试题既有考查考生翻译策略和技巧的"笔译实务"模块，也有选择题、完形填空题等语言能力测试题型的"笔译综合能力"模块（赵玉闪等，2007）。总体来看，当前的翻译测试题型仍以主观题为主。

翻译测试中的试题难度研究也引起了研究人员的关注。确定文本翻译试题难度的做法主要有设定参数法和文本特征法这两种做法（王克非、杨志红，2010）。设定参数法是依据题材、语域、语言功能、读者对象、原文的时空及文化特征等参数来确定试题的难度（Reiss，1989）。文本特征法则是根据可读性、词频、原文中习语、借代及隐喻等具体的文本特征数量来衡量原文的难度（Jensen，2009）。文本特征法较设定参数法大大提高了原文文本难度判断的客观性（王克非、杨志红，2010）。Sun（2012）对英译汉文本的难度进行了比较系统的研究，提出了有关难度研究的通用模式，其实验结果显示：脑力负荷可以作为翻译难度的衡量标尺，而文本的可读性只能部分地代表文本翻译难度。孙三军、文军（2015）将影响翻译难度的因素归结为翻译任务因素和译者因素两大类，指出对难度的研究应综合考虑各因素的影响，从而获得比较可信的结果。雷雪梅、辜向东（2015）对2014年6月大学英语四级考试的三段平行翻译试题的难度一致性进行研究，依据翻译难度的公式计算和受试的主观感受，得出了三个试题难度不一致的结果，以实证研究的方法对Sun的难度模式进行了补充。

也有研究人员开始了对试题信度的探讨。例如，李家春（2013）建议，在实施大规模的翻译测试前有必要采取经典真实分数理论的重测法（test/retest method）、半折法（split-half method）和平行法（parallel method）等方法来对试题的信度进行检测。王鸣妹（2017）对1996年至2016年的翻译测试研究进行回顾后提出，现有的试题信度研究主要集中于区分度和难度上，受试人群只涉及大学英语本科生和全国翻译资格考试的考生，未来有必要扩大研究的范围。

4.4.3 评分方式

翻译测试题型以主观题为主，由于评分的主观性，翻译测试的评分研究也是翻译测试研究的重点和难点之一。

目前翻译测试主要采取文本翻译这样的主观题型，通行的评分方法有机械法（计算错误法）、阅卷者个人印象法和分项分析法（刘润清，1991）。简单来说，就是按错误程度扣分的量化模式和按项分析、整体给分的非量化模式（William，2004）。穆雷（2006a：468）基于在中国国内翻译教师中开展的问卷调查发现，翻译教学实践中教师通常会自己随意决定采用哪种评分方法，整个翻译测试特别是文本翻译测试具有相当大的盲目性和随意性。她认为，文本翻译的评分应将综合法/印象法与分析法结合起来，并提出了自己的模糊综合评分模式。王金铨、文秋芳（2009）从语义内容和语言形式出发，制定了汉英翻译分析性评分细则。王克非、杨志红（2010）在整理和比较了国内外翻译测试的各种评分方式后指出，错误评分法比较适合用于平时的翻译教学测试，而分析评分法（即分项分析法）更适合用于大规模的翻译测试，但前提是翻译测试的设计者和实施者对翻译测试的构念——翻译能力有较为清晰的认识，并应考虑到操作的可行性，分项不可过多。肖维青（2012c）对比分析了整体印象法、错误扣分法和综合法这三种不同评分方法的优劣，通过实证研究指出，综合法能保证较高的评分员间信度。江进林等（2012）基于 Neubert 的翻译能力模型，探讨了中国学生英译汉分析性评分标准。李家春（2013）则提出了语篇分和细化评分点相结合的双重评分方法，并建议在条件允许时采用有效控制的双人评分法来提高翻译测试评分的信度。

翻译测试中评分研究的另一个热点内容是自动评分的可行性及其运用，主要包括评分工具及平台的设计、开发及其与人工评分结果的相关性（宁静，2018）。田艳（2008，2011）对翻译自动评分系统进行了探索。王雷、常宝宝（2009）对大学英语翻译考试的网络化和人工辅助计算机评分进行了探索研究，结果表明可在大学英语翻译考试部分试验推广机器自动评分系统，在一定程度上减轻教师的评分工作强度。文秋芳等（2009）探讨了自然语言处理中的双语对齐技术在英语考试翻译自动评分系统中的应用，表明双语对齐数可以作为多元回归构建翻译评分模型中的一项重要参数。王金铨、文秋芳（2010）提出，中国学生翻译自动评分系统需要采取模块化设计，并需要借鉴机器自动评价系统，不断完善建模，并可尝试多元回归方法来建立翻译自动评分系统。随着计算机科学和人工智能的发展，计算机在翻译评分中会发挥更大的作用，使得翻译测试的评分更加客观高效，具有更好的信度。

4.4.4 效度验证

按照《教育与心理测量标准》（1999 年版）的观点，效度是开发和评估考试中最基本的要素，可以从测试的内容、心理过程、分数内部结构、外在标准和社会后效五个层面进行验证。近年来，翻译测试研究也开始借鉴语言测试的理论与方法，对测试的效度开展研究。李欣（2004）结合语言测试的"构念效度"理论提出，翻译测试所考查的三种能力为理解能力、表达能力和翻译知识，并探讨通过题型设计、内容选材等方法实现翻译测试的"结构效度"（即构念效度）。汤培蓉（2007）、张晓芸（2007）等结合语言测试的反拨作用理论来进行翻译测试效度的社会后效研究。也有一些硕士生或博士生以某个翻译考试的效度为课题进行研究而完成毕业论文的撰写（李洁，2011；张革新，2009；张怡，2006；周幼雅，2008）。然而，这些讨论大都未能建立于实证基础之上。在涉及分数意义核心的"内部结构"和对拟测翻译能力解释的"心理过程"方面，目前学界仍缺乏研究（汪顺玉，2009；汪顺玉、刘孔喜，2011）。

近年来，江进林、文秋芳（2010）运用多面 Rasch 模型，从考生、评分员和评分项三个方面对翻译教学中的英语篇章翻译测试的效度进行了研究，从而考察翻译测试的效度。李家春（2013）提出采用语篇翻译双重评分的方法来提高翻译测试的阅卷信度，并提出了评估效度的三种方法，即评估试卷内容和测试情境、测试分数与外部变量关系、测试的反拨效应。席仲恩（2017）则在美国《教育和心理测试标准》（AERA et al., 1999）的大框架下讨论了现代教育和心理测试学理论中的效度理论对翻译测试专业化的要求，指出翻译测试作为教育和心理测试的一种应用形式，翻译测试的主办方最少应该就测试内容、反应过程、内部结构、与其他变量之间的关系以及实施后果，开展循证研究，从而使测试分数的意义透明化，使测试结果可用。

宁静（2018：32）简要回顾了近几十年语言测试界效度理论和效度验证方法的发展和完善，在梳理中国国内近十年翻译测试研究的核心期刊论文后指出，翻译测试的效度研究仍在使用内容效度、使用效度、反拨效度、构念效度等已被语言测试界摈弃的概念，缺乏对语言测试效度理论和效度验证方法的系统引介和应用，而且当前的翻译测试效度研究仅关注效度证据中"测试内容"和"内部结构"两个方面的证据，而几乎没有涉及"反应过程""与其他变量的关系""测试实施后果"这三个方面的证据。

综上所述，由于现有的各种大规模翻译考试几乎都未曾公开过其命题的信效度验证结果，因此翻译测试的效度课题目前受限于数据和实证研究的匮乏，未能得到充分的研究。

4.4.5 口译测试

20世纪末口译测试研究整体薄弱（Hatim & Mason, 1997），口译测试实践中存在着测试内容不科学、测试方法偏简单、测试手段较落后、评分标准偏主观等问题，严重损害口译测试信效度（冯建中, 2005）。进入21世纪，伴随口译需求激增、培训项目涌现，口译研究迅速成为翻译领域的研究重点，口译测试研究也备受关注。各种翻译研究专业期刊上开始出现有关口译质量的评估（如 Grbić, 2008；Kalina, 2005；Lee-Jahnke, 2001；Pöchhacker, 2001）和口译测试（如 Campbell & Hale, 2003；Sawyer, 2004；Wu, 2013）的论文。国际口译研究专业期刊 *Interpreting* 于2011年推出由 Shlesinger 和 Pöchhacker 编辑的一期名为《口译天赋》（*Aptitude for Interpreting*）的专刊，其中包括多篇口译测试研究论文。

研究人员开始将语言测试理论引入口译测试研究和设计，力图使口译测试更加有效和可靠（Wu, 2010, 2013）。陈菁（2002, 2003）采用语言测试理论领军学者 Bachman 的语言测试理论来区分口译测试中的重要因素，并提出了在交际法原则指导下进行口译测试的具体操作建议。袁小陆（2007）研究探讨了口译能力与口译测试效度的关系，提出了口译测试发展的四个趋势：从只看单一口译能力到关注全面能力；从只测试假设的、不自然的口译项目到关注自然的、真实的口译能力发挥；纠正主观题阅卷中的固有弊端，探索量化分析和定性分析相结合的评分系统；开始认识到"测试有用性"的六种特性研究应贯穿于测试设计和质量控制的每个阶段。Liu & Chiu（2009）研究了确定口译测试所用原文材料难度的方法，认为研究人员所选取的文本特征对原文难度的区分并未达到显著性意义，无法保证测试所用材料的信度。

和翻译测试其他研究相类似，口译测试研究也试图对测试的构念——口译能力进行明确的界定，进而开发出口译能力量表，为口译质量评估设定标准（Altman, 1994；Campbell & Hale, 2003；Diriker, 2004；Garzone, 2002；Grbić, 2008；Kalina, 2000；Pöchhacker, 2001；Riccardi, 2002；Skaaden, 2013；王巍巍等, 2018；邬姝丽, 2010）。但是，由于当前口译研究的主要目的并不是开发出测试工具来衡量考生的口译能力，而且对翻译测试的构念学界尚未达成共识，有关口译测试构念的明确定义鲜有出现（Eyckmans et al.,

2016）。口译能力等级量表和相应描述参数框架仍在不断完善（王巍巍等，2018）。例如，许艺等（2019）基于多面 Rasch 模型，对《中国英语能力等级量表》中口译能力描述语的分级进行了定量和定性验证，对描述语的级别代表性进行了优化。

口译的即时性和情境性特点给口译能力的界定带来了很多挑战。从理论上讲，良好的口译能力必定会产生较好的口译表现。然而，实践中的口译表现受到工作环境、译员心理素质、身体状况等众多因素的影响，很难通过一次口译测试来准确测量考生的口译能力。因此，口译测试一方面强调"真实性"（如设计真实的口译任务，引导职业口译员加入考官队伍），一方面也无奈地承认口译测试难以设立良好的效度标准，使得口译测试领域在设立可靠性和有效性标准方面时常受到质疑（Eyckmans et al., 2016：228）。

为应对这些挑战，研究人员正在进行不懈努力。例如，有学者通过开展实证研究，建议投入时间和精力来培训口译测试考官，减少因考官差异而导致的不一致（Sawyer, 2004；Wu, 2010, 2013）。也有人建议引入管理学"质量"理念，从客户要求的译员所具备的职业能力角度来确定口译测试的构念（如Diriker, 2004；Edward et al., 2005；Grbić, 2008；Kurz, 2001）。黄晓佳、王建国（2009）基于 Bühler 的口译质量实证研究认为，在全国英语专业八级口语与口译考试的评判标准中，内容的准确性标准仍有完善空间，同时还缺乏语言形式的流畅性标尺。邬姝丽（2010）依据 Bachman 的交际能力模式，运用问卷调查的方式从语言能力、知识结构、策略（技能）能力和心理能力这四个方面对英语专业学生的口译能力进行量化评估，并在此基础上为改善英语专业口译教学提供尝试性建议。王巍巍等（2018）则从 Chomsky 的"语言能力"概念、Bachman 的"交际语言能力"框架以及 CEFR 的"综合语言能力"等理念出发，探讨口译能力与语言能力的关系，提出口译能力等级量表构建思路，并初拟了口译量表描述参数框架。

不难看出，翻译测试研究并非翻译加测试的简单"累加"。近 30 年来，翻译测试研究获得了长足发展，但仍存在诸多不足之处，值得深入探索。

4.5 发展方向

翻译测试作为一种测试活动，有别于常见的语言测试，但其研究与实施应遵循测试评价的原则并借鉴现代语言测试的实证思路。

首先，尽管主流观点认为翻译测试的构念应为翻译能力，但对如何界定这一理论构念并将其转化为可操作的测试内容，仍缺少实证研究支撑。王克非、杨志红（2010）指出，翻译测试大都缺少对"翻译能力"构念的明确界定。此外，建议未来的翻译测试研究应注意区分翻译测试的不同目的。有些测试服务于教学，有些用于资格（水平）认定。如果对测试目的不加区分，可能出现构念笼统庞杂、测试使用混乱、成绩难以解读等问题。

其次，翻译测试所涉及的众多变量及变量间的动态变化，给翻译测试的效度验证带来挑战。考生在一次翻译测试中的作答表现很可能受到测试当天身心状况、考场环境等众多变量的影响，加之考题数量有限，成绩能否真正代表其翻译能力值得商榷。另外，现有的翻译考试基本考查考生的语言能力、文本功能能力和学科知识能力，而跨文化能力以及心理、生理素质鲜有涉及，也未能真实地还原实际工作场景。上述问题应在未来研究中加以重视。

再次，翻译测试应努力开展实证研究。目前，翻译测试研究者的学术背景大都是翻译教学与翻译理论，缺少社科研究方法的训练。不少测试研究以反思和讨论为主，欠缺科学论证思路。此外，测试真实作答数据难以获取也可能是翻译测试实证研究难以开展的原因之一。鉴于翻译和翻译测试具有的跨学科特点，未来应鼓励不同专业背景的研究者合作开展研究。

最后，现代信息技术的发展为测试理论和实践带来了新契机。翻译测试的计算机化考试允许考生在线查询词典、搜索背景信息，为考生提供更加接近现实情景的答题环境（张权，2004）。不少学者开始关注如何借助技术考查考生在真实环境中的翻译能力、加强翻译测试与教学的良性互动，最终推动翻译测试的科学发展（陈怡，2010；李家春，2013；王健佳，2013；曾明，2005）。

4.6 研究资源

4.6.1 推荐书目

Angelelli, C., & Jacobson, H. E. (2009). *Testing and assessment in translation and interpreting studies.* Amsterdam/Philadelphia: John Benjamins.

Pöchhacker, F., & Liu, M. (Eds) (2015). *Aptitude for interpreting.* Amsterdam/Philadelphia: John Benjamins.

Tsagari, D., & van Deemter, R. (2013). *Assessment issues in language translation and interpreting.* Frankfurt am Main: Peter Lang.

Tsagari, D., & Banerjee, J. (2016). *Handbook of second language assessment.* Berlin: Mouton de Gruyter.

4.6.2 推荐文章

Eyckmans, J., Anckaert, P., & Segers, W. (2016). Translation and interpreting skills. In D. Tsagari, & J. Banerjee (Eds), *Handbook of second language assessment.* Berlin: Mouton de Gruyter.

House J. (2014). Assessing translation. In A. J. Kunnan (Ed.), *The companion to language assessment* (1st ed., pp. 248-264). West Sussex: John Wiley & Sons.

PACTE group (2003). Building a translation competence model. In E. Alves (Ed.), *Triangulating translation: Perspectives in process-oriented research* (pp.43-68). Amsterdam/ Philadelphia: John Benjamins.

Russo, M. (2015). Aptitude testing over the years. In F. Pöchhacker, & M. Liu (Eds), *Aptitude for interpreting* (pp.7-31). Amsterdam/Philadelphia: John Benjamins.

冯建中，2005，论口译测试的规范化，《外语研究》（1）：54-58。

穆雷，2007，翻译测试的定义与定位——英汉/汉英翻译测试研究系列（一），《外语教学》（1），82-86。

王克非、杨志红，2010，翻译测试中的理论与实践问题，《外国语》（6），54-60。

杨冬敏、穆雷，2016，翻译测试的学科定位再探讨，《外语教学》（5），48-51。

4.6.3 推荐网站

ATA 官网：http://www.atanet.org/certification/index.php
CATTI 官网：http://www.catticenter.com
CIOL 官网：http://www.ciol.org.uk/qualifications
CTTIC 官网：http://www.cttic.org/certification.asp
ETIC 官网：http://etic.claonline.cn/aboutETICSyllabus
ITI 官网：https://www.iti.org.uk
NAATI 官网：https://www.naati.com.au/certification/certification

参考文献

AERA, APA, & NCME. (1999). *Standards for educational and psychological testing.* Washington, D. C.: AERA.

Altman, J. (1994). Error analysis in the teaching of simultaneous interpreting: A pilot study. In S. Lambert, & B. Moser-Mercer (Eds), *Bridging the gap: Empirical research in simultaneous interpretation* (pp. 25-38). Amsterdam/Philadelphia: John Benjamins.

Angelelli, C. (2013). Foreword. In D. Tsagari, & R. van Deemter (Eds), *Assessment issues in language translation and interpreting* (pp. 9-11). Frankfurt am Main: Peter Lang.

Angelelli, C., & Jacobson, H. E. (2009). *Testing and assessment in translation and interpreting studies: A call for dialogue between research and practice.* Amsterdam/Philadelphia: John Benjamins.

Bachman, L. F. (1990). *Fundamental considerations in language testing.* Oxford: Oxford University Press.

Bachman, L. F. (2004). *Statistical analyses for language assessment.* Cambridge: Cambridge University Press.

Bell, R. (1991). *Translation and translating: Theory and practice.* London: Longman.

Campbell, S. (1998). *Translation into the second language.* New York: Longman.

Campbell, S., & Hale, S. (2003). Translation and interpreting assessment in the context of educational measurement. In G. Anderman, & M. Rogers (Eds), *Translation today: Trends and perspectives* (pp. 205-224). Clevedon: Multilingual Matters.

Cao, D. (1996). A model of translation proficiency. *Target*, *8*(2), 325-340.

Diriker, E. (2004). *De-/Re-contextualizing conference interpreting: Interpreters in the ivory tower?* Amsterdam/Philadelphia: John Benjamins.

Edward, R., Temple, B., & Alexander, C. (2005). Users' experiences of interpreters: The critical role of trust. *Interpreting*, *7*(1), 77-95.

Eyckmans, J., Anckaert, P., & Segers, W. (2016). Translation and interpreting skills. In D. Tsagari, & J. Banerjee (Eds), *Handbook of second language assessment*. Berlin: Mouton de Gruyter.

Garzone, G. (2002). Quality and norms in interpretation. In G, Garzone, & M. Viezzi (Eds), *Interpreting in the 21st century: Challenges and opportunities. Selected papers from the first Forlì conference on interpreting studies* (pp.107-119). Amsterdam: John Benjamins.

Grbić, N. (2008). Constructing interpreting quality. *Interpreting*, *10*(2), 232-257.

Han, C. (2016). Investigating score dependability in English/Chinese interpreter certification performance testing: A generalizability theory approach. *Language Assessment Quarterly*, *13*(3):186-201.

Hatim, B., & Mason, I. (1997). *The translator as communicator*. London: Routledge.

Jensen, K. T. H. (2009). Indicators of text complexity. In S. Gopferich, A. L. Jakobsen, & I. M. Mees (Eds), *Behind the mind: Methods, models and results in translation process research* (pp. 61-80). Copenhagen: Samfundslitteratur Press.

Kalina, S. (2000). Interpreting competences as a basis and a goal for teaching. *The Interpreters' Newsletter*, *10*, 3-32.

Kalina, S. (2005). Quality assurance for interpreting processes. *Meta: Translators' Journal*, *50*(2), 768-784.

Kurz, I. (2001). Conference interpreting: Quality in the ears of the user. *Meta: Translators' Journal*, *46*(2), 394-409.

Lee-Jahnke, H. L. (2001). Evaluation: Parameters, methods, pedagogical aspects. *Meta: Translators' Journal*, *46*(2), 258-271.

Liu, M., & Chiu, Y. H. (2009). Assessing source material difficulty for consecutive interpreting: Quantifiable measures and holistic judgement. *Interpreting*, *11*(2), 244-266.

Neubert, A. (2000). Competence in language, in languages and in translation. In C. Schaffner, & B. Adab (Eds), *Developing translation competence* (pp. 3-18). Amsterdam/Philadelphia: John Benjamins.

PACTE group. (2000). Acquiring translation competence: Hypotheses and methodological problems of a research project. In A. Beeby, D. Ensinger, & M. Presas (Eds), *Investigating translation: Selected papers from the 4th international congress on translation, Barcelona, 1998* (pp. 99-106). Amsterdam /Philadelphia: John Benjamins.

PACTE group (2003). Building a translation competence model. In E. Alves (Ed.), *Triangulating translation: Perspectives in process-oriented research* (pp. 43-68). Amsterdam/Philadelphia: John Benjamins.

Pöchhacker, F. (2001). Quality assessment in conference and community interpreting. *Meta: Translators' Journal, 46*(2), 410-425.

Reiss, K. (1989). Text types, translation types and translation assessment. In A. Chesterman (Ed.), *Readings in translation theory* (pp. 105-117). Helsinki: Finn Lectura.

Riccardi, A. (2002). Evaluation in interpretation: Macrocriteria and microcriteria. In E. Hung (Ed.), *Teaching translation and interpreting 4: Building bridges* (pp. 115-126). Amsterdam/Philadelphia: John Benjamins.

Sawyer, D. (2004). *Fundamental aspects of interpreter education*. Amsterdam/ Philadelphia: John Benjamins.

Schaffner, C. (2000). Running before walking? Designing a translation program at undergraduate level. In C. Schaffner, & B. Adab (Eds), *Developing translation competence* (pp. 143-156). Amsterdam: John Benjamins.

Skaaden, H. (2013). Assessing interpreter aptitude in a variety of languages. In D. Tsagari, & R. van Deemter (Eds), *Assessment issues in language translation and interpreting* (pp. 35-50). Frankfurt am Main: Peter Lang.

Sun, S. (2012). *Measuring difficulty in English-Chinese translation: Towards a general model of translation difficulty*. Ann Arber: Proquest.

Tsagari, D., & van Deemter, R. (2013). *Assessment issues in language translation and interpreting*. Frankfurt am Main: Peter Lang.

William, M. (2004). *Translation quality assessment: An argumentation-centered approach*. Ottawa: University of Ottawa Press.

Wu, S. (2010). Some reliability issues of simultaneous interpreting assessment within the educational context. In V. Pellatt, K. Griffiths, & S. Wu (Eds), *Teaching and testing interpreting and translating* (pp. 301-325). Frankfurt am Main: Peter Lang.

Wu, S. (2013). How do we assess students in the interpreting examinations? In D. Tsagari,

& R. van Deemter (Eds), *Assessment issues in language translation and interpreting* (pp. 15-33). Frankfurt am Main: Peter Lang.

薄振杰、李和庆，2011，翻译策略能力的构成要素及模式构建——以 TEM8（2005）英汉翻译试题解析为例，《西安外国语大学学报》（9），60-64。

蔡啸，2009，全国翻译专业资格（水平）考试分析及其对翻译队伍建设的启示，《中国翻译》（1），60-62。

陈菁，2002，从 Bachman 交际法语言测试理论模式看口译测试中的重要因素，《中国翻译》（1），51-53。

陈菁，2003，交际法原则指导下的口译测试的具体操作，《中国翻译》（1），67-71。

陈怡，2010，学习者翻译语料库与汉英文本翻译测试，《外语教学理论与实践》（2），91-96。

冯建中，2005，论口译测试的规范化，《外语研究》（1），54-58。

黄敏、刘军平，2017，中国翻译资格考试二十年：回顾、反思与展望，《外语电化教学》（2），49-54。

黄晓佳、王建国，2009，全国英语专业八级口译考试评判标准评议，《中国翻译》（1），54-59。

黄忠廉，1998，翻译测试研究：进展与方向，《中国俄语教学》（3），55-59。

江进林、文秋芳，2010，基于 Rasch 模型的翻译测试效度研究，《外语电化教学》（1），14-18。

江进林、王立非、王志敏，2012，学生英译汉分析性评分标准的研制，《外语与外语教学》（6），56-60。

雷雪梅、辜向东，2015，CET4 翻译试题难度一致吗？——以 2014 年 6 月 CET4 三段平行翻译试题为例，《外语测试与教学》（1），18-23。

李家春，2013，翻译测试中的能力界定与信度效度评估，《西安外国语大学学报》（2），117-121。

李洁，2011，《全国翻译资格（水平）考试英语三级笔译实务考试效度研究》。硕士论文。西安：西北大学。

李双、钱多秀，2016，世界各国翻译资格考试研究：回顾与展望，《北京第二外国语学院学报》（2），59-70。

李欣，2004，翻译测试的"结构效度"及其实现，《东北大学学报（社会科学版）》（3），217-219。

刘润清，1991，《语言测试和它的方法》。北京：外语教学与研究出版社。

罗选民、黄勤、张健，2008，大学翻译教学测试改革与翻译能力的培养，《外语教学》（1），76-82。

吕晓轩，2016，翻译能力评分量表的设计与开发，《外语学刊》(3)，137-140。

马会娟、管兴忠，2010，发展学习者的汉译英能力——以北外本科笔译教学为例，《中国翻译》(5)，39-44。

马祖毅，1998，《中国翻译简史》。北京：中国对外翻译出版公司。

穆雷，2006a，翻译测试及其评分问题，《外语教学与研究》(6)，466-471。

穆雷，2006b，翻译能力与翻译测试，《上海翻译》(2)，43-47。

穆雷，2007，翻译测试的定义与定位——英汉/汉英翻译测试研究系列（一），《外语教学》(1)，82-86。

宁静，2018，近十年国内翻译测试研究综述，《外语测试与教学》(3)，30-34。

宋志平，1997，关于翻译测试的理论思考，《中国翻译》(4)，30-33。

孙三军、文军，2015，论翻译难度的测量：理论与方法，《外语界》(5)，70-78。

汤培蓉，2007，大学英语翻译测试的反拨作用探析，《考试周刊》(2)，85-86。

田艳，2008，翻译网上自动评分初探，《中国科技翻译》(1)，33-35。

田艳，2011，网上英译汉自动评分实践探索，《中国翻译》(2)，38-41。

汪顺玉，2009，《语言测试构念效度研究》。成都：四川大学出版社。

汪顺玉、刘孔喜，2011，近十年我国翻译测试研究进展概观，《重庆工商大学学报（社会科学版）》(1)，104-109。

王健佳，2013，基于语料库的大学英语英汉翻译量化评价实证研究，《外语教学理论与实践》(4)，53-57。

王克非、杨志红，2010，翻译测试中的理论与实践问题，《外国语》(6)，54-60。

王雷、常宝宝，2009，大学英语翻译考试人工辅助计算机评分初探，《外语电化教学》(4)，17-21。

王鸣姝，2017，国内翻译测试研究（1996-2016）：回眸及前瞻，《外语教育研究》(4)，47-52。

王金铨、文秋芳，2009，学习者汉英翻译分析性评分细则的制定，《外语教学》(4)，96-99。

王金铨、文秋芳，2010，国内机器自动评分系统述评——兼论对中国学生翻译自动评分系统的启示，《外语界》(1)，75-81。

王全瑞、乔檴、王晓军，2006，翻译测试中的语言技能因素，《大学英语（学术版）》(2)，348-352。

王巍巍、许艺、穆雷，2018，中国英语能力等级量表中的口译能力，《现代外语》(1)，111-121。

王伟，2006，大学翻译测试的题型设计与改革，《郑州航空工业管理学院学报（社科版）》(2)，143-144。

文秋芳、秦颖、江进林,2009,英语考试翻译自动评分中双语对齐技术的应用,《外语电化教学》(1),3-8。
邬姝丽,2010,高校英语专业口译能力评估及其对口译教学的启示,《中国翻译》(4),37-39。
席仲恩,2017,"效度"理论对翻译测试的呼唤,《英语研究——文字与文化研究》,第五辑,144-150。
肖维青,2012a,美国译者协会考试评分体系对我国翻译测试的启示,《学术界》(5),225-233。
肖维青,2012b,多元素翻译能力模式与翻译测试的构念,《外语教学》(1),109-112。
肖维青,2012c,不同评分方法下翻译测试评分员间信度的实证研究,《解放军外国语学院学报》(7),46-50。
许艺、杨扬、穆雷,2019,中国英语能力等级量表口译能力描述语分级验证研究,《外语界》(4),24-31+77。
杨冬敏、穆雷,2016,翻译测试的学科定位再探讨,《外语教学》(5),48-51。
袁小陆,2007,口译能力与口译测试有用性之关系研究,《外语教学》(5),87-90。
曾明,2005,《关于汉译英计算机考试系统的研究》。硕士论文。武汉:武汉大学。
赵玉闪、王志、卢敏,2007,全国翻译专业资格(水平)考试笔译试题命制一致性研究报告,《中国翻译》(3),53-56。
张革新,2009,《大学英语 CET4 考试翻译试题效度研究》。硕士论文。沈阳:东北大学。
张权,2004,韩国英语水平考试:简介与借鉴,《中国考试》(4),46-47。
张晓芸,2007,两大全国性翻译测试的反拨效应之预测性研究,《江苏外语教学研究》(1),54-58。
张怡,2006,《全国硕士研究生入学统一考试英语考试翻译试题效度研究》。硕士论文。武汉:武汉理工大学。
周幼雅,2008,《英语专业八级考试翻译试题效度研究》。硕士论文。武汉:武汉理工大学。
邹申,2005,对考试效应的认识与对策——兼谈高校英语专业四、八级考试大纲的修订原则与方案,《外语界》(5),59-66。

第五章 教师能力测评[1]

曲鑫　北京第二外国语学院

5.1 引言

外语教师的语言能力是从事外语教学工作的核心专业能力，主要包括外语语言能力和外语教学能力。其中，外语语言能力并非一般语言能力，而是教学外语能力，即教师运用语言知识、非语言知识以及各种策略等，在教学实践中开展语言活动时表现出的理解能力和表达能力。外语教学能力指外语教师能够基于学生学习的需要设定教学目标、开展教学活动，引导和激励学生学习，保障学习效果。语言能力是外语教师执教的必要条件，对教师语言能力的测评通常是教师资格认定的关键一环。外语教师作为语言的使用者、分析者和讲授者，其语言能力不仅体现在自身语言运用上，还体现在对学生语言能力的培养上（Andrews，2003：84；Edge，1988；Wright & Bolitho，1993：292；韩宝成、曲鑫，2016a：211）。20世纪中叶以来，随着外语教育的发展，有关外语教师语言能力的研究成果日渐丰富，关于教师语言能力测评的研究和应用也是层见叠出。

外语教师语言能力研究蕴含于语言教师专业能力研究之中，并随语言学的发展、应用语言学的诞生、语言教学学科化而发展演进。总体来看，此类研究大致经历了从描述教师"应知应教"、关注教师"认知学教"至探究教师"求知识教"的流变：20世纪中叶，研究者注重描述语言教师应该具备的词汇语法等基本功；60年代，能力导向教师教育运动（competency-based teacher education，简称CBTE）为教师教学的行为表现提供了分级分类、逐项描述的参照标准；70年代末至80年代，交际教学的发展要求语言教师专业知识和技能要以"有意义的语言运用"为基础；90年代，语言教师专业能力研究开始关注教师认知，探讨教师如何学习"教"；21世纪以来，在教学实践视阈下，研究者不再将教师视为获取并教授知识的"局外人"，而是掌握并创造知识、了解复杂教学环境的"知情者"。

---

[1] 本章重点探讨外语教师特别是TEFL/TESL教师的语言能力及测评。

外语教师语言能力测评在上述发展过程中面临的一个重要问题，就是对学科教学知识的界定。在外语教学中，语言既是教学内容，又是教学媒介。Larsen-Freeman & Freeman（2008：175）指出，语言一旦成为学科教学内容，就意味着对教学提出了新的期待。这使外语教师语言能力测评成为一个复杂的问题。面对这一问题，学界展开了有关语言和语言教学关系的探讨（Andrews，1999；Bartels，2002；Borg，1999；Mitchell et al.，1994）。与此同时，外语教师证书考试也应运而生，并成为教师语言能力测评的重要方式。[1] 目前，国内外较有影响的此类证书考试有英国的剑桥英语教师资格认证（Cambridge English Teaching Qualifications，简称 CETQ）系列课程和测评，美国的 Praxis-ESOL（Praxis Subject Assessments Tests – ESOL）考试、ELTeach 课程和测评，加拿大魁北克省的 EETC（English Exam for Teacher Certification）考试，我国香港特区的教师语文能力评核（Language Proficiency Assessment for Teachers，简称 LPAT），等等。2011 年，我国中小学和幼儿园教师资格考试开始试行，该考试包括仅面向中学英语教师实施的英语学科知识与教学能力测评。

本章将依照历时更迭，梳理外语教师语言能力及测评领域相关研究和应用，以期获得对这一外语教育中关键问题更加全面和深入的理解。

5.2 历史观点

5.2.1 20 世纪中叶至 60 年代

二战前后，受结构主义语言学和行为主义心理学影响，美国语言教学领域重视教师听说读写的语言技能、词汇语法的掌握，以及对语言、文化和教学法知识的了解。20 世纪 40 年代初，欧洲尚笼罩在二战硝烟中，大洋彼岸的美国学者 Stephen A. Freeman（1941：293）呼吁语言教师要担负起责任，扪心自问："我是一名好老师吗？我训练有素吗？我的专业能力还能提高吗？" 50 年

---

[1] 限于篇幅，本章未详细介绍所列外语教师证书考试。读者可以参考《中外英语教师资格证书比较研究》（韩宝成、曲鑫，2016b）等文章。

代，面向中学外语教师的语言资格要求和《国防教育法案》(National Defense Education Act，简称 NDEA)相继颁布，相应的教师外语水平考试得以实施。

20 世纪 60 年代，能力导向教师教育运动兴起。外语教师语言能力研究逐步注重分项描述和量化规约，将有效教师需要具备的语言能力描述为分立的知识和技能，并作为规范和评价教师语言能力的"普适"参照。由此建立的外语教师语言能力基础在一定程度上具有实用性，易于标准化，但也带来抽象化、去情境化的问题。抽象化、去情境化的外语教师语言能力基础无法顾及外语课堂教学情境的多面性和不可预测性；突出了研究者的视角，却忽视了教师的理解，而教师正是教学实践的实施者(Bailey & Nunan, 1996；Doyle, 1986)。尽管如此，通过这段时期的概念描述，外语教师语言能力的特征得以呈现，并与其他学科教师专业能力特征区分开来，这为本领域研究的系统开展奠定了基础。

这段时期，学科知识(content knowledge)等于教学知识(knowledge-for-teaching)的观念在外语教育领域处于主导地位(Freeman et al., 2009：81)。这对外语教师语言能力测评产生了直接影响。本着教师不懂语言知识就不能胜任教学工作的基本思想，语言基本知识考试成为教师语言能力测评的代名词，笔试形式与选择题型变得尤为重要。虽然在这一时期教学法知识(pedagogical knowledge)已被公认为教师知识的一部分，但它通常不会作为教师专业能力测评的内容(Freeman et al., 2009)。

5.2.2 20 世纪 70 年代至 80 年代

20 世纪 70 年代至 80 年代，语言学研究的思潮推动语言教学的发展，教师语言能力研究也在语言学及应用语言学研究中获得了启示和指导。英国《爱丁堡大学应用语言学教程》(The Edinburgh Course in Applied Linguistics)和美国乔治敦大学语言与语言学会议论文集，专辟章节研讨语言教学和语言教师的问题。其中，Noam Chomsky、Pit Corder 等富有理论建树的语言学家，Larsen-Freeman、Janice Yalden 等颇有应用创见的研究者，形诸笔墨，将其对教师语言能力的深入认识昭示读者。语言学研究对"语言能力"的新认识带来对语言教学研究和实践的新要求，交际能力理论的提出及其在语言教学中的应用革新了语言教师专业能力概念的内涵。这段时期语言学、应用语言学、语言教学研究中的"百家争鸣",使学界对语言教师专业能力的认识突破传统,逐渐深入。

1973年,英国《爱丁堡大学应用语言学教程》第一卷经 J. P. B. Allen 和 Pit Corder 编辑出版。Chomsky 在本书中指出,毋庸置疑,教师必须能够使用所教语言,亦即他已内化了该语言的语法。Corder 认为不掌握一定的语言学知识,教师无法恰当使用教学资料,只能"照本宣科";只有掌握一定的语言学知识,才能系统开展教学、促进学生学习。他强调说,语言就其本质而言是人类行为所具有的普遍特征,语言教学的特殊性在于语言既是教学媒介也是教学内容。语言教师需要同时具备所教语言的应用知识(performative knowledge)和认知知识(cognitive knowledge),前者指听说读写方面的语言技能,后者指对语言理论的解释。语言教学正是教师运用这两类知识发展学习者应用知识的过程。

10年之后的1983年,美国乔治敦大学语言与语言学会议出版的论文集聚焦于"应用语言学与第二语言教师准备:原理的构建"这一主题。其中,Larsen-Freeman 建议教师教育要重点关注教师意识、态度、知识和技能,并助其做出明智决策,教学归根结底是需要教师做出明智决策的过程。Stern 从通晓语言和教授语言的视角对教师语言能力提出要求,认为语言教师要熟练掌握目标语,掌握该语言的概念知识,具有在目标语文化中沟通的经验和技巧,掌握目标语文化的概念知识;还要了解教育目标、语言教学理论,能够开展人格教育并具有实际教学经验。Yalden 撰文探讨了"交际法"教学中语言学家和语言教师之间的关系。他指出,语言教师并不只是从应用语言学家手中接收信息,并直接将其应用在课堂互动和管理之中;语言教师掌握一系列交际法诚然需要描写语言学、心理语言学等方面扎实的语言学知识,但是其他方面的丰富资源也是必不可少的。他认为正如 Brumfit(1982:73)所言,必须摒弃语言教学处于从属地位的错误观点,要认识到语言教学有自己的一套知识。

70年代末至80年代,交际教学强调二语课程中二语知识、二语文化和一般语言知识的自然融合(Breen & Candlin,1980;Canale,1983;Widdowson,1978)。交际教学要求外语教师能够通过与现实生活相近的语言活动或任务,为学生创设在课堂上运用语言的机会;因此,在教学中更为重视教师语言运用知识,有目的地组织课堂教学以实现同侪互动的能力。Canale & Swain(1980)指出,二语教师应该营造自然的学习环境,"量体裁衣"地为学习者准备教学资料,以此实现有效教学。他们强调二语教师在教学中要采用真实语言材料,自然地融入二语文化知识,设计有意义的语言交际活动;认为在教授知识的同时,二语教师要创设有意义的交流环境,参与交流并促进学习者交际能力的发展。这就要求教师本身具有较高的二语交际能力。

这一时期,学界对语言教师专业能力的认识获得了长足进展。对语言本质的探究和对语言教学特殊性的理解,对教师语言能力提出了要求,教师不仅要能够掌握语言知识、了解理论原则、运用第二语言,还要为学习者创设运用语言的机会。教师语言能力不仅"在于知",更"重于行",即在教学中运用语言知识和技能,培养学习者语言能力。教师语言能力认识的变化必然伴随着教师角色的变化,语言教师的角色不再是简单的专业知识接收者和传递者,而是课堂教学的设计者、资源开发者、需求分析者、决策者和研究者;语言教师需要具备胜任这些多重角色的专业能力(Edge,1988;Richards & Nunan,1990)。

上述研究从以专业知识和技能为主体转为以教师为主体,研究者从论证语言教师应该掌握何种知识转向教师掌握和运用知识的过程、运用知识的环境和教授知识的方法(Freeman & Johnson,1998:397;韩宝成、曲鑫,2016a:211)。其间,将学科知识与教学知识等同的观念受到了质疑。1986年,Shulman提出了学科教学知识(pedagogical content knowledge,简称PCK)的概念,学科教学知识将学科知识与教学知识融合起来,并被视为教师专业能力的重要组成部分。教师语言能力测评不再是"一考定终身",而是更多关注教师专业能力发展过程中取得的进步。专业档案(portfolio)成为语言教师专业知识增长和专业技能提升的记录方式和评价手段(Gibbs,1983;Rutherford,1987;Shulman 1988;Weinberger & Didham,1987)。但是,如何有效考查教师语言能力成为有待解决的问题。

5.3 当今视角

5.3.1 本领域研究的认知转向

如果说当代教师语言能力研究最初主要从普通语言学和应用语言学中汲取理论滋养,那么心理语言学、社会语言学、文化语言学、认知语言学等语言学理论的发展则为本领域研究提供了新的理论源泉。其中，认知语言学在20世纪70年代中期开始在美国孕育，80年代中期以后开始成熟，其学派地位得以确立，90年代中期以后进入稳步发展的阶段（刘润清，2013）。其间，本领域研究也随之出现认知转向，开始关注教师教学中的思维、语言意识、反思和决策等认知过程。Freeman（1989，1996：357）、Prabhu（1990）等学者指出，关注语言教学中的教师思维，意味着从探寻何谓有效教师向探寻教学认知活动的转向，即阐释和理解语言教学过程本身。

20世纪80年代，语言意识运动（language awareness movement）在英国颇具影响力（Hawkins，1984）。Thornbury（1997：x）将教师语言意识定义为教师具有的对语言系统的知识，并以此有效地开展教学。Andrews对二语教师语言意识开展了深入研究。他指出二语教师语言意识具有动态性和二维性，不仅是教学中关于语言的陈述性知识；教师在语言交际中对语言的认知和反思，与其他方面的语言交际能力相互作用，从而发生互动交流；二语教师语言意识不仅包括想象力、觉察力、敏感性和反思，还包括机敏性、敏捷的思维、丰富的知识储备，以及良好的语言交际能力（Andrews，1997：149）。Andrews（1999：163）认为二语教师不仅要具备上述语言意识，还要对其掌握的知识和开展的教学进行反思，反思是教师语言意识的重要认知维度。2001年，他在研究中提出了"教师语言意识模型"，将二语教师语言意识作为学科教学知识的分支，连接了学科知识和语言交际能力。Andrews（2001：75）指出，二语教师语言意识的复杂性源于二语教学中教学内容和教学媒介密不可分的特质。

2002年，"语言学习与语言教学"丛书第四卷《语言教师教育中的语言》（*Language in Language Teacher Education*）经Hugh Trappes-Lomax和Gibson Ferguson编辑出版。其中，Widdowson、Trappes-Lomax、Ferguson、Murray、Wright、Pennington等学者都谈及了教师语言意识的问题。Widdowson、Trappes-Lomax和Ferguson强调了语言教师"关于语言的知识"（knowledge about language，简称KAL）的基础作用；Murray强调了语言教师需要形成"教学语言意识"；Wright进一步指出，教师语言意识不仅是教师运用已有知识的意识，更是教师进一步凝集知识和创造新知识的意识；教师语言意识使其能够关注课堂教学中语言学习的过程，在教学实践中反思，建立语言知识和课堂活动间的联系，弥合教学内容和教学方法间的差距。Pennington认为语言教师要具备专业技能，具有对自己和学生语言运用的意识，能够理解动态的课堂情境，并在教学中做出决策。

教师语言能力研究的认知转向改变了构念界定的视角。从教师认知视角来看，语言教学不再单纯是教师运用专业知识和技能的过程，更是复杂的认知驱动过程，教师的语言意识、思维活动、思想观念都会影响这一过程。因此，语言教学过程亦为教师"知行合一"的过程，教师只有通过思考、判断、决策、反思的认知过程，才能增强语言意识，适应教学情境，开展教学实践。教师语言能力在上述认知过程中得以发展，其发展依存于教学实践情境，也必然受到教学实践情境的影响。

5.3.2 本领域研究的实践视阈

20 世纪 80 年代以来，研究者在教学实践视阈下，尝试对教师专业能力展开实践认识论的探讨。教师实践认识论认为，教师在教育实践中获得专业能力的发展，隐含在实践背后的信念、表现于实践当中的认识正体现了教师专业能力，也构成了教育实践本身（Connelly & Clandinin, 1988；Elbaz, 1983；Verloop et al., 2001）。社会文化理论扩展了认识论的视角，强调学习是特定社会背景下的情境活动，教师专业能力发展并非知识和理论直接转化为实践的过程，而是教师融入社会环境、参与社会实践、建构新知识和理论的过程（Johnson, 2006, 2009；Lantolf, 2000, 2009；Lave & Wegner, 1991；Richards, 2008）。在上述认识论指导下，Elbaz、Clandinin、Connelly 等研究者建构了教师实践知识，Freeman & Johnson（1998）对英语教师教育中的知识基础进行了概念重构。2009 年，Johnson 的《第二语言教师教育：社会文化视角》（*Second Language Teacher Education: A Sociocultural Perspective*），Anne Burns 和 Jack C. Richards 主编的《剑桥第二语言教师教育指南》（*Cambridge Guide to Second Language Teacher Education*）相继出版，进一步丰富了教学实践视阈下的教师语言能力研究。

90 年代，Johnson 开始在研究中关注英语教师专业能力，并逐渐将研究转入社会文化视阈。1998 年，Freeman & Johnson 共同撰文《英语教师教育中知识基础的概念重构》（"Reconceptualizing the knowledge-base of language teacher

education")。文章指出,重构英语教师教育的知识基础应基于具体教学实践,关注作为实践者的教师、其所处的教学环境及使用的教学方法,并将有关社会、文化和教学机构的背景知识包括在内。他们建立的概念框架植根于教师的课堂教学实践和所处的社会文化环境。2009年,Johnson的专著《第二语言教师教育:社会文化视角》出版。她在著作中指出,教师学习是一个长期的、复杂的、发展的过程,是教师融入教学环境、参与社会实践的结果。Johnson认为从社会文化的角度来看,英语教师的专业发展建立在其对语言、语言学习、语言教学的观念之上;基于上述观念,教师在教学中形成对语言、二语习得、学习和二语教学的科学理解。她指出二语教师要秉持语言是社会实践的观念;要意识到如何运用语言表达意义,意义如何在具体社会实践中产生并不断变化;要理解语言的流动性、动态性和不稳定性。

2009年,《剑桥第二语言教师教育指南》出版。该书分为七部分共30章,均由二语教师教育领域的知名研究者撰写,包括Freeman、Johnson、Leung、Bartels、Hedgcock、Tsui等学者。其中,Bartels认为二语教师在教学中需要动态的、基于特定教学情境的、隐性的知识,在面对具体问题或情况时灵活运用,从而为"认知的灵活性"(cognitive flexibility)奠定基础。Hedgcock基于相关研究提出,职前二语教师必须培养全新的社会语言技能和素养,以适应语言教学的语境,并在这一语境中进行身份建构。他特别指出,文本作为语言符号"作品"体现了社会再创造、写作标准和学科教学内容(Gee,2004)。文本解读能力是语言教师需要具备的一项重要技能,能够促进教师学科知识和学科教学知识的建构和动态交互(Berlin,2005;Grundy,2002;Pennington,1995;Tsui 2003;Wilson et al.,1987)。Tsui在研究中对新手教师和专家型教师进行了对比。她指出近年来有关教师专业能力的研究采用了社会文化视角,认为教师知识是情境化的,教师是处于教学情境中的、行动中的、"整体的"人;专家型教师在教学实践中形成专业知识,教师专业能力发展是随着时间推移的动态过程而非静止状态(Bereiter & Scardamalia,1993;Bullough & Baughman,1995,1997;Lave,1988:17;Tsui,2003)。Tsui认为,相较于新手教师,专家型教师的知识基础高度结构化、有条理且易于"检索",他们有更好的自我监控和元认知技能;专家型教师能够遵循一定原则,更好地应对教学情境或问题。

教师实践认识论指导研究者将语言教师专业能力理论与教学实践紧密结

合，在教学实践视阈下重构语言教师专业能力的内涵，突出其实践性、整体性和社会性的特点。从教师实践认识论出发界定语言教师专业知识基础，这一专业知识基础则是理论性概念知识和实践性感知知识的融合（Kessels & Korthagen，1996）。建构理论知识与实践知识相融合的专业知识基础，需要语言教师将"行动中的认知"（knowing-in-action）和"行动中的反思"（reflection-in-action）融入教学环境，参加社会实践。教学实践视阈下的教师语言能力研究，回归了教育的实践本源，探究了教师语言能力的实践本质。

5.3.3 表现性评价研究和应用

20世纪80年代后期至90年代，表现性评价（performance assessment）因其能够考查教师实际教学能力，在教师专业能力测评中得以应用（Haertel，1990：218；Scriven，1996：89；Shulman，1987；Stodolsky，1990：185-189；Wise et al.，1988：29）。表现性评价可以更加综合地观测教师的知识和技能，以及教师完成任务的过程和使用的策略。通过表现性评价，教师可以加深对行为标准的理解，从而使考试与教育目标更加紧密地联结（Arter & Spandel，1992：201）。

如上文所述，随着教师知识研究的深入，学界开始关注教师认知的过程，以及教师知识和教学实践之间的关系。研究表明，教师通过适应教学环境和反思教学实践获得对教学新的理解。这个过程中生成的知识反过来又构成了教师教学环境和教学实践的一部分（Tsui，2003）。这一时期，教师的认知结构和学习过程开始成为表现性评价关注的内容。Conway & Artiles（2005：42）基于社会文化视角，开展了教师表现性评价研究。该研究指出，要在具体的教育环境中评价教师，表现性评价要起到测评教师和促进教师学习的双重作用。

5.4 现状与挑战

外语是我国基础教育阶段的一门重要课程，有效评价中小学外语教师语言能力，对促进其教育与发展，提高基础教育阶段外语教育质量具有重要意义。

20世纪90年代中后期，随着外语教育改革的不断深入，我国外语学界开始关注教师专业能力的提升，并呼吁外语教师要开拓视野、完善知识结构、建立知识体系、提高语言文化知识水平；提出外语教师要有充分的外语知识，但是汉语知识和中外文化历史知识也不可少（王宗炎，1998：1；周流溪，1998）。在外语教师知识观的基础上，有关研究探讨了教师专业能力的构成要素。研究者通过对教师知识技能、个性特征和人格品质等方面的分析，提炼出教师应具有的能力结构（韩刚、李青，1997；何广铿、孔宪辉，1999；孟臻、须文瑜，2005；肖礼全，1999）。进入21世纪，语言能力在外语教师专业能力中发挥的核心作用得以突出强调。刘润清（2003：34-35）、李观仪（2005：26）、黄源深（2014）等学者先后在研究中指出，良好的听说读写技能、准确流利的语音语调、全面的语法知识，这些语言基本功是合格外语教师必须具备的专业能力。

2005年前后，国内该领域的实证研究日渐增加。一些研究分析了优秀外语教师专业能力的内涵，以期为教师教育改革提供指导（陆忆松、邹为诚，2008；秦秀白，2010；史耕山、周燕，2009；吴一安，2005）。其中，吴一安（2005）构建的优秀外语教师专业素质框架，包括外语学科教学能力、外语教师职业观与职业道德、外语教学观、外语教师学习与发展观四个维度。这段时期，该领域的研究视域不断扩展，研究涉及外语教师的课堂决策、教学反思、认知过程、专业发展等方面（顾佩娅，2008；韩刚、王蓉，2008；任庆梅，2006；张莲，2005；周燕等，2008）。近年来，有关外语教师语言知识的研究拓展了教师专业知识基础，有关教师语言意识的研究则探讨了教师语言意识与教学行为和学习效果之间的关系（程晓堂，2009；龚亚夫，2011；黄丽燕等，2016；陆晓红，2012）。

20年来，国内有关外语教师专业能力的探讨主要见诸教师教育和发展研究中（韩宝成、曲鑫，2016a：210）。有关研究更多地关注教师的知识、技能和情感要素；随着实证研究的开展，更加立足本土教学实践，聚焦于教师实践。然而，迄今为止我国尚未颁布面向外语教师的专业标准，也尚无专门测评外语教师语言能力的证书考试。

1995年，国务院发布《教师资格条例》，教师资格制度建设逐步推进。2011年，教育部发布《教师教育课程标准（试行）》，对教师教育机构的课程设置提出基本要求;《小学教师专业标准（试行）》《中学教师专业标准（试行）》也相继颁布。但是，规范的教师资格制度体系尚未完全建立，就外语教育而言，由于缺乏外语教师专业能力标准和外语教师资格标准，外语教师专业能力的评价、认证等缺乏科学依据和统一参照。因此，十分有必要制定我国外语教师专业能力标准，完善教师资格制度体系，以便开展教师语言能力评价工作。

我国《国家中长期教育改革和发展规划纲要（2010—2020年）》明确提出，要健全教师管理制度，完善并严格实施教师准入制度，严把教师入口关。在这一政策指导下，2011年教育部师范教育司和考试中心颁布《中小学和幼儿园教师资格考试标准及大纲（试行）》，2015年教育部办公厅印发《关于进一步扩大中小学教师资格考试与定期注册制度改革试点的通知》，将教师资格证书考试由地方教育行政部门负责命题和实施的机制，改为由教育部考试中心统一命题，地方教育行政部门负责施考的方式。建立统一的教师资格考试制度有利于推动教师专业化进程，但考试和认证仅由教育部考试中心一家实施的做法与国际上通行的做法相悖。政府应实施宏观管理和监督，鼓励、支持不同专业化教育机构或考试机构参与进来，共同承担外语教师资格证书研发工作，推动考试本身的"专业化"发展。

5.5 发展方向

如何评价教师语言能力，是当前我国外语教育改革亟待解决的重要课题，也是多年来国际外语教育发展中始终探讨的重要问题。笔者认为，政府可委托专业化外语教育研究机构，根据我国外语教育的实际状况和发展需求，制定外语教师专业能力标准，健全教师资格制度体系；在政府监管下，由社会化专业考试机构研发教师资格证书，开展教师语言能力评价，促进教师专业发展，进一步提升我国外语教育质量。

首先，教师专业能力标准是教师资格制度体系的重要内容，是评价教师语言能力的基本依据；它与教师资格标准、教师教育课程标准和课程资源标准、教师教育机构资质标准，以及教师准入和晋升制度等协调统一（陈向明等，

2011：42）。建设我国外语教师专业能力评价体系，首先有必要制定专门面向外语学科教师的专业能力标准。

其次，测评外语教师语言能力，需要考虑我国外语教育的实际需求，调查基础教育阶段外语教师的发展现状，研究合格的外语教师应该具备的专业知识和能力，以及通过何种方式考查最为有效。笔者认为，合格的外语教师首先要具备良好的语言基本功及语言运用能力，尤其是口笔头表达能力要过关，否则无法给学生提供正确的语言输入；其次，合格的外语教师要具有较高的语言意识，语言意识不足，或语言意识缺乏，不仅影响其外语教学能力，也影响其指导学生发展语言能力。当然，测评教师语言能力的证书考试尚需扎实、系统的研究和验证才能实施。

最后，为把好我国外语教师质量关，测评教师语言能力的证书考试既应发挥选拔作用，也可发挥促学作用。这一方面需要科学设定证书考试合格标准，选拔专业能力过硬的教师担任教职，另一方面也需要通过证书考试促进教师专业学习，激励教师达到更高标准。例如，我国各地开展的国培项目可采用证书考试的方式检验培训效果，从而充分发挥教师语言能力测评在我国外语教师质量保障机制中的重要作用。

5.6 研究资源

5.6.1 推荐书目

Burns, A., & Richards, J. C. (Eds). (2009). *The Cambridge guide to second language teacher education*. Cambridge: Cambridge University Press.

Tsui, A. (2003). *Understanding expertise in teaching: Case studies of second language teachers*. Cambridge: Cambridge University Press.

Wilson, R., & Poulter, M. (Eds). (2015). *Assessing language teachers' professional skills and knowledge* (Vol. 42). Cambridge: Cambridge University Press.

5.6.2 推荐文章

Andrews, S. (2003). Teacher language awareness and the professional knowledge base of the L2 teacher. *Language Awareness*, *12*(2), 81-95.

Freeman, D., & Johnson, K. E. (1998). Reconceptualizing the knowledge-base of language teacher education. *TESOL Quarterly*, *32*(3), 397-417.

Shulman, L. S. (1986). Those who understand: Knowledge growth in teaching. *Educational Researcher*, *15*(2), 4-14.

5.6.3 推荐网站

剑桥英语教师资格认证：http://www.cambridgeenglish.org/teaching-english/teaching-qualifications/celta/

ETS Praxis 考试：http://www.ets.org/praxis/states?WT.ac=praxishome_states_150414

圣智 ELTeach 考试：http://www.elteach.com/news-events/news/?page=2

参考文献

Andrews, S. (1997). Metalinguistic awareness and teacher explanation. *Language Awareness*, *6*(2-3), 147-161.

Andrews, S. (1999). Why do L2 teachers need to "know about language"? Teacher metalinguistic awareness and input for learning. *Language and Education*, *13*(3), 161-177.

Andrews, S. (2001). The language awareness of the L2 teacher: Its impact upon pedagogical practice. *Language Awareness*, *10*(2-3), 75-90.

Andrews, S. (2003). Teacher language awareness and the professional knowledge base of the L2 teacher. *Language Awareness*, *12*(2), 81-95.

Arter, J. A., & Spandel, V. (1992). Using portfolios of student work in instruction and assessment. *Educational Measurement: Issues and Practice*, *11*(1), 36-44.

Bailey, K. M., & Nunan, D. (Eds). (1996). *Voices from the language classroom: Qualitative research in second language education*. Cambridge: Cambridge University Press.

Bartels, N. (2002). Professional preparation and action research: Only for language teachers? *TESOL Quarterly*, *36*(1), 71-79.

Bereiter, C., & Scardamalia, M. (1993). *Surpassing ourselves: An inquiry into the nature and implications of expertise*. Chicago: Open Court.

Berlin, L. N. (2005). *Contextualizing college ESL classroom praxis: A participatory approach to effective instruction*. Mahwah: Lawrence Erlbaum Associates.

Borg, S. (1999). The use of grammatical terminology in the second language classroom: A quality study of teachers' practices and cognitions. *Applied Linguistics*, *20*(1), 95-124.

Breen, M. P., & Candlin, C. N. (1980). The essentials of a communicative curriculum in language teaching. *Applied Linguistics*, *1*(2), 89-112.

Brumfit, C. (1982). Methodological solutions to the problem of communicative competence. In M. Hines, & W. Rutherford (Eds), *On TESOL' 81* (pp. 71-78). Washington, D. C.: TESOL.

Bullough, R. V., & Baughman, K. (1995) Changing contexts and expertise in teaching: First-year teacher after seven years. *Teaching and Teacher Education*, *11*(5), 461-477.

Bullough, R. V., & Baughman, K. (1997). *"First-year teacher" eight years later: An inquiry into teacher development*. New York: Teachers College Press.

Canale, M. (1983). From communicative competence to communicative language pedagogy. *Language and Communication*, *1*(1), 1-47.

Canale, M., & Swain, M. (1980). Theoretical bases of communicative approaches to second language teaching and testing. *Applied Linguistics*, *1*(1), 1-47.

Connelly, F. M., & Clandinin, D. J. (1988). *Teachers as curriculum planners: Narratives of experience*. New York: Teachers College Press.

Conway, P. F., & Artiles, A. J. (2005). Foundations of a sociocultural perspective on teacher performance assessment. *Designing performance assessment systems for urban teacher preparation*, 21-48.

Doyle, W. (1986). Content representation in teachers' definitions of academic work. *Journal of Curriculum Studies*, *18*(4), 365-379.

Edge, J. (1988). Applying linguistics in English language teacher training for speakers of other languages. *ELT Journal*, *42*(1), 9-13.

Elbaz, F. (1983). *Teacher thinking: A study of practical knowledge*. New York: Nichols.

Freeman, D. (1989). Teacher training, development, and decision making: A model of teaching and related strategies for language teacher education. *TESOL Quarterly*, *23*(1), 27-45.

Freeman, D. (1996). The "unstudied problem": Research on teacher learning in language teaching. In D. Freeman, & J. C. Richards (Eds), *Teacher learning in language teaching* (pp. 351-378). Cambridge: Cambridge University Press.

Freeman, D., & Johnson, K. E. (1998). Reconceptualizing the knowledge base of language teacher education. *TESOL Quarterly*, *32*(3), 397-417.

Freeman, D., Orzulak, M. M., & Morrisey, G. (2009). Assessment in second language teacher education. In A. Burns, & J. C. Richards (Eds), *The Cambridge guide to second language teacher education* (pp. 77-90). Cambridge: Cambridge University Press.

Freeman, S. A. (1941). What constitutes a well-trained modern language teacher? *The Modern Language Journal*, *25*(4), 293-305.

Gee, J. (2004). Learning language as a matter of learning social language within discourses. In M. Hawkins (Ed.), *Language learning and teacher education: A sociocultural approach* (pp. 13-31). Clevedon: Multilingual Matters.

Gibbs, G. (1983). Changing students' approaches to study through classroom exercises. In R. M. Smith (Ed.), *Helping adults learn how to learn (New directions for continuing education)*(No. 19, pp. 83-96). San Francisco: Jossey-Bass.

Grundy, P. (2002). Reflexive language in language teacher education. In H. R. Trappes-Lomax & G. Ferguson (Eds), *Language in language teacher education* (pp.83-94). Amsterdam/Philadelphia: John Benjamins.

Haertel, E. H. (1990). Performance tests, simulations, and other methods. In J. Millman, & L. Darling-Hammond (Eds), *The new handbook of teacher evaluation: Assessing elementary and secondary school teachers* (pp. 278-294). Newbury Park: Sage.

Hawkins, E. W. (1984). *Awareness of language: An introduction*. Cambridge: Cambridge University Press.

Johnson, K. E. (2006). The sociocultural turn and its challenges for second language teacher education. *TESOL Quarterly*, *40*(1), 235-257.

Johnson, K. E. (2009). *Second language teacher education: A sociocultural perspective*. New York: Routledge.

Kessels, J. P., & Korthagen, F. A. (1996). The relationship between theory and practice: Back to the classics. *Educational Researcher*, *25*(3), 17-22.

Lantolf, J. P. (2000). Second language learning as a mediated process. *Language Teaching*, *33*(2), 79-96.

Lantolf, J. P. (2009). Knowledge of language in foreign language teacher education. *The Modern Language Journal, 93*(2), 270-274.

Larsen-Freeman, D., & Freeman, D. (2008). Language moves: The place of "foreign" languages in classroom teaching and learning. *Review of Research in Education, 32*(1), 147-186.

Lave, J. (1988). *Cognition in practice.* Cambridge: Cambridge University Press.

Lave, J., & Wenger, E. (1991). *Situated learning: Legitimate peripheral participation.* Cambridge: Cambridge university press.

Mitchell, R., Hooper, J., & Brumfit, C. (1994). *Final Report: "Knowledge about language", language learning, and the national curriculum.* Occasional paper produced by the Centre for Language in Education, University of Southampton.

Pennington, M. C. (1995). The teacher change cycle. *TESOL Quarterly, 29*(4), 705-731.

Prabhu, N. S. (1990). There is no best method—Why? *TESOL Quarterly, 24*(2), 161-176.

Richards, J. C. (2008). Second language teacher education today. *RELC Journal, 39*(2), 158-177.

Richards, J. C., & Nunan, D. (Eds). (1990). *Second language teacher education.* Cambridge: Cambridge University Press.

Rutherford, D. (1987). Indicators of performance: Some practical suggestions. *Assessment and Evaluation in Higher Education, 12*(1), 46-55.

Scriven, M. (1996). Assessment in teacher education: Getting clear on the concept. *Teaching and Teacher Education, 12*(4), 443-450.

Shulman, L. S. (1986). Those who understand: Knowledge growth in teaching. *Educational Researcher, 15*(2), 4-14.

Shulman, L. S. (1987). Knowledge and teaching: Foundations of the new reform. *Harvard Educational Review, 57*(1), 1-22.

Shulman, L. S. (1988). A union of insufficiencies: Strategies for teacher assessment in a period of educational reform. *Educational Leadership, 46*(3), 36-41.

Stodolsky, S. S. (1990). Classroom observation. In J. Millman, & L. Darling-Hammond (Eds), *The new handbook of teacher evaluation: Assessing elementary and secondary school teachers* (pp. 175-190). Newbury Park: Sage.

Thornbury, S. (1997). *About language.* Cambridge: Cambridge University Press.

Trappes-Lomax, H. R., & Ferguson, G. (Eds). (2002). *Language in language teacher education* (Vol. 4). Amsterdam: John Benjamins.

Tsui, A. (2003). *Understanding expertise in teaching: Case studies of second language teachers.* Cambridge: Cambridge University Press.

Verloop, N., Van Driel, J., & Meijer, P. (2001). Teacher knowledge and the knowledge base of teaching. *International Journal of Educational Research, 35*(5), 441-461.

Weinberger, H., & Didham, C. K. (1987). *Helping prospective teachers sell themselves: The Portfolio as a marketing strategy.* Paper presented at the annual meeting of Association of Teacher Educators. Houston, X.

Widdowson, H. G. (1978). *Teaching language as communication.* Oxford: Oxford University Press.

Wilson, S., Shulman, L., & Richert, A. (1987). "150 different ways" of knowing: Representations of knowledge in teaching. In J. Calderhead (Ed.), *Exploring teachers' thinking* (pp.104-124). London: Cassell.

Wise, A., Darling-Hammond, L., & Purnell, S. (1988). *Impacts of teacher testing: State educational governance through standard-setting.* Santa Monica: Rand.

Wright, T., & Bolitho, R. (1993). Language awareness: A missing link in language teacher education? *ELT Journal, 47*(4), 292-304.

陈向明等,2011,《搭建实践与理论之桥——教师实践性知识研究》。北京:教育科学出版社。

程晓堂,2009,《英语教师课堂话语分析》。上海:上海外语教育出版社。

龚亚夫,2011,创建我国中小学英语教师知识与能力体系——中小学英语教师专业等级标准的制订,《中国教育学刊》(7),60-65。

顾佩娅,2008,解析优秀外语教师认知过程与专业成长,《外语研究》(3),39-45。

韩宝成、曲鑫,2016a,中小学外语教师核心专业素养与评价——第五届中国外语教育高层论坛综述,《东北师大学报(哲学社会科学版)》(4),210-215。

韩宝成、曲鑫,2016b,中外英语教师资格证书比较研究,《外语教学》(6),42-47。

韩刚、李青,1997,外语教学能力及其训练——有关高师英语教学法课程改革的实践与研究,《外语界》(2),7-14。

韩刚、王蓉,2008,理解职前外语教师的"反思性实践",《外语教学理论与实践》(3),82-87。

何广铿、孔宪辉,1999,中学英语教师业务素质评估标准研究,《华南师范大学学报(社会科学版)》(1),79-88。

黄丽燕、赵静、陈心怡,2016,英语教师的基本语言知识结构要素及其预测能力研究,《外语教学与研究》(4),583-593。

黄源深,2014,英语教师的语言基本功:一个亟待引起重视的问题,《外语界》(1),35-39。

李观仪,2005,我的英语学习和教学,《外国语》(1),50-55。
刘润清,2003,对英语教学的反思,《外国语言文学研究》(1),44-49。
刘润清,2013,《西方语言学流派》(修订版)。北京:外语教学与研究出版社。
陆晓红,2012,维果茨基社会文化视角下外语教师语言知识的建构,《全球教育展望》(7),26-32+90。
陆忆松、邹为诚,2008,教育叙事视角下的外语教师叙事研究,《外语教学理论与实践》(3),68-75。
孟臻、须文瑜,2005,反思外语教学法研究,《外语界》(6),23-29。
秦秀白,2010,有好的外语教师,才有好的外语教育,《中国外语》(6),31-32。
任庆梅,2006,个案研究反思性教学模式在外语教师专业发展中的作用,《外语界》(6),57-64。
史耕山、周燕,2009,老一代优秀英语教师素质调查,《外语与外语教学》(2),26-29。
王宗炎,1998,我们要做三件事,《外语与外语教学》(3),1+15。
吴一安,2005,优秀外语教师专业素质探究,《外语教学与研究》(3),199-205。
肖礼全,1999,外语教师与外语教法学,《外语与外语教学》(12),20-23。
张莲,2005,外语教师课堂决策研究——优秀外语教师个案研究,《外语教学与研究》(4),265-270。
周流溪,1998,外语教师要有广阔的视野,《外语与外语教学》(1),1-5。
周燕、曹荣平、王文峰,2008,在教学和互动中成长:外语教师发展条件与过程研究,《外语研究》(3) 51-55。

第六章 语言评价素养[1]

林敦来　北京师范大学

6.1 引言

在教学中，教师花费大量的时间用于测试与评价学习者，其中所运用的知识和技能需要被概念化。"评价素养"（assessment literacy）这个术语应运而生，它最先由美国学者 Rick Stiggins（1991）提出。[2] 为了便于读者理解，有必要先对测评领域的四个重要概念做简要说明。这四个重要概念分别是"测量"（measurement）、"评价"（assessment）、"测试"（testing）和"评估"（evaluation）。Bachman（1990：18）将测量定义为"根据清晰的规则和程序将欲测对象量化的过程"。评价被定义为"根据系统化和理论化的程序收集关于欲测对象的信息的过程和结果"（Bachman，2004：7；Bachman & Palmer，2010：20）。其中，"系统化"强调评价设计与实施过程的可复制性，关系到信度的问题；"理论化"则指评价要基于对语言能力本质、语言学习、语言使用的理解，关系到效度的问题。测试则被定义为"为了引导出某种行为，以便对个人的某个特征做出推断而设计的程序"（Carroll，1968：46）。由此可见，评价的含义广于测试，在教学中，它指的是教师运用评价方法或手段从学习者处收集信息，以此来判定学习者当前水平或进步程度的活动，其形式可以包含纸笔考试、论文、档案袋评价、访谈、问卷、课堂观察等。评估被定义为"包含价值判断和决策的程序，它可以基于评价，但是也有可能在没有评价信息的基础上做出"（Bachman，2004：9）。Bachman（2004：10）用简图直观地表示这几者之间的关系，如图 6.1 所示。综合考虑这四个重要概念的差别，以及 assess 的词源（源自拉丁语 assidere，意为"坐在旁边"，引申为关注过程并积极参

---

[1] 本章为国家社科基金青年项目"中国初中英语教师评价素养量表研制与验证研究"（项目批准号：15CYY022）的阶段性成果。

[2] 文献中与 assessment literacy 含义基本相同的有 assessment competence、assessment capacity、assessment capability 等。

第六章 语言评价素养

与的长者"坐在"学习者"旁边",实施评价活动),评价素养概念术语采用 assessment literacy 这个说法。

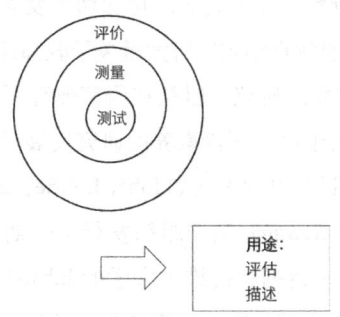

图 6.1　测试、测量、评价、评估关系图（改编自 Bachman，2004：10）

"素养"（literacy）在词典中的原本含义多为"读写能力",但是近年来它成为一个热词,其概念含义已经扩展,衍生出一系列与素养相关的术语,如"媒体素养""信息素养""科学素养""电脑素养"等。它的重点不在于掌握某一领域的整个知识系统,而在于掌握某个领域内的关键内容,以便在该领域中能够做出明智的决策,参与该领域的活动。Rick Stiggins 于 1991 年在普通教育学领域提出的评价素养,意指教师了解和掌握高质量评价的知识和技能。Popham（2011：267）将之定义为"教师对被认为可能对教育决策产生影响的评价基本概念和程序的理解"。随着"基于标准的教学"在全球盛行,教育问责制的深化,特别是人们对课堂评价的促学作用的了解加深（Black & Wiliam, 1998),评价素养因此引起了学界的广泛关注。评价使用的利益相关者大体上包括教师、学校、学生、家长、招生员及社会公众。

近年来,评价素养的概念含义也经历了扩展和分化,个中缘由可以归结为学者们对评价的社会情境与影响有了更加深入的认识。Taylor（2013）指出,评价素养不仅指评价过程中的技能型"技术诀窍"（know-how),而且包含多层面的认识和能力,例如对全面的评价基础知识的意识并能运用此意识来审辩自己的评价实践和他人的评价实践。

语言评价涉及对语言技能、知识和交际能力的评价。鉴于此,语言评价素养（language assessment literacy,简称 LAL）与评价素养这个总括词相比有其本身独特的复杂性（参见 Harding & Kremmel, 2017; Inbar-Lourie, 2008a;

Jeong，2013；Taylor，2013）。虽然早在被学界认作现代语言测试开端的1961年，Lado就在其论著前言中提出其提升语言测试能力的写作目的，但是直到21世纪初，语言评价素养才得到概念化和切实发展。诚如Brindley（2001：126）指出，"虽然在普通教育学领域有大量关于教师评价实践、教师评价能力培训和专业发展需求方面的研究，但是在语言教育领域，此类问题还缺乏探讨"。但是，最近几年关于语言评价素养的研究发展迅速，广见于语言测试论坛、语言测试手册或百科全书词条（如Inbar-Lourie，2013a）。例如，2013年，《语言测试》（*Language Testing*）杂志组织发行了一期专刊探讨语言评价素养问题，专刊客座编辑为以色列特拉维夫大学的Inbar-Lourie。林敦来、武尊民（2014）也对近年国外语言评价素养研究进行了梳理。金艳（2018）探讨了中国环境下外语教师评价素养的发展路径。

本章将在第二小节从普通教育学领域视角出发综述评价素养的早期研究。由于语言评价素养研究仍处于萌芽阶段（Fulcher，2012），教育学领域的评价素养研究对语言评价素养研究有非常重要的借鉴意义。在第三小节笔者将重点综述语言评价素养的最新研究进展，包括语言评价素养的定义发展、构念界定和教师语言评价素养提升的研究。最后，本章还将讨论语言评价素养研究面临的问题与挑战以及未来的发展趋势。

6.2 历史观点

6.2.1 知识基础——教师应该了解哪些评价知识？

他山之石——教育学领域的评价素养

1990年美国教师联合会（American Federation of Teachers，简称AFT）、国家教育测量理事会（National Council on Measurement in Education，简称NCME）和全国教育协会（National Education Association，简称NEA）联合颁布了《学生教育评价中教师的能力标准》（*Standards for Teacher Competence in Educational Assessment of Students*）（AFT et al.，1990）。该标准列出了教师拥

有合格评价素养的七条标准,分别是:(1)教师应该能够熟练地选择恰当的评价方法用于教学决策;(2)教师应该能够熟练地编制恰当的评价方法用于教学决策;(3)教师应该能够熟练地就校外人员开发的测试和自己编写的试题进行施考、评判和分数解释;(4)教师应该能够熟练地运用评价结果来对每个学生做决策、规划教学、开发和完善课程,以及促进学校进步;(5)教师应该能够熟练地编写恰当的评分标准,设计有效的评分流程,用于评价学生;(6)教师应该能够熟练地和学生、家长、其他外行人士及教师沟通评价结果;(7)教师应该能够熟练地辨别不合道德、不合法和其他不恰当的评价方法以及对评价信息的滥用。该标准在文献中被广泛引用,至今仍有非常重要的借鉴意义。

笔者认为,到目前为止 Popham(2009)提出的评价素养包含的内容最广。虽然它指的是普通教育领域的评价素养,但它被 Popham 冠名为评价素养的"教学大纲",对语言评价素养研究同样很有借鉴意义。笔者将之呈现如表 6.1。

表 6.1　Popham(2009)提出的评价素养内容

1	理解教育评价的基本功能,即收集证据,以此对学生的技能、知识和情感做推断。
2	理解教育评价的信度,特别是针对被试群体提供的一致性证据[稳定性(stability)、再测信度(alternate-form)、内部一致性(internal consistency)],以及如何衡量对被试个体评价的一致性。
3	理解三种突显的效度证据,用于建构论元(argument)来支持对被试基于测试而做出的解读的准确性,即内容效度证据(content-related evidence)、效标关联效度证据(criterion-related evidence)和构念效度证据(construct-related evidence)。
4	如何辨识和排除评价偏颇,以排除因种族、性别和社会经济地位等个体特征对考生造成的冒犯或不公。
5	能开发和改进选择型应答题目和建构型应答题目。
6	能基于良好的评分标准,为学生回答建构应答型题目的表现评分。
7	能开发表现性评价、档案袋评价、展示、同伴互评、自评等评价方法,并进行评分。
8	知道如何基于研究证据和经验性认识,认识形成性评价可能带来的学习效果,开发和运用形成性评价。
9	能收集和解读与学生学习态度、兴趣和价值观有关的证据。

(待续)

(续表)

10	能解读学生在大规模标准化学业评价和学能评价中的表现。
11	能对身体有障碍的学生进行学习评价。
12	能恰当帮助学生备考高利害考试。
13	能确定问责考试在评价教学质量中的适切度。

Brookhart（2011）针对当前对形成性评价促学作用的共识和基于标准的评价改革以及教育问责制，认为应该升级《学生教育评价中教师的能力标准》（AFT et al., 1990）的内容。她结合当前的研究结果，列出了11项当前教师们需要拥有的评价素养，如表6.2所示。

表6.2　Brookhart（2011）的教师教育评价知识和技能框架

1	教师应该充分理解他们所教授的内容。
2	教师应该能够清晰表述学习目标，学习目标要跟课程标准要求的教学内容和思维深度相匹配。学习目标必须是学生能够达到、可以测量的。
3	教师应该能够运用各种策略与学生沟通，向学生阐明实现某一学习目标后应当达到的成就。
4	教师应该理解评价方法的目的和用途，并能够熟练地运用它们。
5	教师应该能够分析课堂问题、试题和表现性评价任务，理清完成这些任务所要求的特定知识和思维技能。
6	教师应该能够为学生的作业提供有效、有用的反馈。
7	教师应该能够设计评分方案来量化学生在课堂评价中的表现，从而提供有用信息，帮助做出与学生、课堂、学校和学区有关的决策。这些决策应该能够帮助促进学生学习、成长和进步。
8	教师应该能够运用现成的测试解读测试结果，帮助做出与学生、班级、学校和学区有关的决策。
9	教师应该能够向服务对象（学生、家长、班级、学校和社区）阐明他们对评价结果的解读，并能够论证据此做出的教育决策。
10	教师应该能够帮助学生运用评价信息来做出良好的教育决策。
11	在评价工作中，教师应该能够理解和承担他们在法律和伦理方面的责任。

美国教育标准联合委员会（Joint Committee on Standards for Educational Evaluation，简称JCSEE）于2015年推出美国《幼儿园到高中教师的课堂评价标准》（*Classroom Assessment Standards for PreK-12 Teachers*），分成三大模块

(基础、使用、质量），从 16 个方面对教师课堂评价标准做了权威的规定。

DeLuca 等（2016）对英语国家的 15 种评价标准进行综述，通过编码提炼出八个主题：评价目的、评价过程、评价结果的传达、评价公平性、评价伦理、测量理论、促学评价、教师教育与支持，为评价素养的概念化提供了新视角。其中的促学评价和教师教育与支持成为评价素养未来发展的重要趋势。

语言评价领域的早期论述

Bachman & Palmer（1996：9）列出了语言教师在语言测试方面应该拥有的五项能力，包括：（1）不管是从零开始设计新的测试还是选用现有的测试，在任何语言测试进行之前，教师都应该对语言测试的基本概念有所了解；（2）教师要了解恰当地运用语言测试可能涉及的基本问题和关注点；（3）教师要了解测量和评估中的基本问题、路径和方法；（4）教师要能够根据具体的目的、环境和考生特点，设计、研发、评价和使用语言测试；（5）教师应该能够批判性地阅读语言测试方面的研究和已经出版的测试试题，以此来做出明智的决定。

Brindley（2001）是笔者所知的文献中最早从教师的专业发展方面论述语言评价素养内容的研究。他指出，语言教师应该在以下五个方面有扎实的知识。（1）评价的社会环境：要求教师审视自己教学环境中的评价的角色和目的。（2）界定和描述语言能力：回答何谓会使用一种语言。可以让教师考察语言测试和评价的理论基础，并导入信度效度问题，评价语言能力模型。（3）建构和评价语言测试。（4）语言课程中的评价：在学习目标与评价之间建构关联，建构标准参照考试，运用非传统评价方式。（5）将评价运用于实践中。其中，Brindley 认为前两个方面是核心。

6.2.2 早期的测量培训研究

关于教育测量知识与能力的培训问题，最早的研究可以追溯到 20 世纪 50 年代。Noll（1955）的研究发现，教师教育项目不论在教育测量课程开设方面还是在培训内容方面均无法满足教师的教学评价需求。后期的研究（如 Gullickson，1984，1986；Schafer & Lissitz，1987；Stiggins，1998；Stiggins & Conklin，1988，1989；Wise & Lukin，1993）显示，教师的评价素养培训没有得到应有的重视，测量培训课程与教师日常的课堂评价相关度不高，教师的评价素养不足以应对课堂评价。

6.2.3 早期关于评价素养量表与影响因素的研究

Plake 等（1993）、Plake & Impara（1997）基于《学生教育评价中教师的能力标准》（AFT, NCME, & NEA, 1990）编制了测试，调查了教师课堂评价能力，并从评价培训经历、对评价的看法、自我效能、教学经验等方面探究了与评价素养相关的影响因素。结果显示，教师课堂评价能力不足，尤其不善于传达评价结果；课堂评价培训对教师有帮助；自我效能与教学经验对课堂评价能力均有影响。Zhang & Burry-Stock（1997）运用评价实践调查表，研究测量培训和教师教学经历对教师评价能力自评的影响，通过因子分析发现评价实践包括七个因子，并发现教学经历能够影响评价能力自评。Mertler（2003）运用评价素养试题对在职和职前教师进行了测试，发现教龄对评价素养具有显著影响。Volante & Fazio（2007）调查了加拿大某大学教师教育项目中的职前教师评价素养水平，要求研究对象描述他们在评价方面接受的培训，并请他们讲述评价的目的、方法以及他们所需要的进一步的评价培训内容。结果发现，在四年的教师教育项目中，职前教师均呈现出较低的评价素养自我效能，同时，数据还显示了这些教师对终结性评价的热衷态度。因此，研究者呼吁在评价培训中强调课堂评价。

6.3 当今视角

6.3.1 语言评价素养定义

Bachman（1990：2）指出，在语言测试中，语言既是测试工具又是测试的对象，因此语言评价素养与普通教育学领域的评价素养之间存在差别。笔者在本节摘取文献中有代表性的语言评价素养定义（见表6.3），这些定义有的强调语言评价，而有的与普通教育学领域中的评价素养没有明显区别。其中Fulcher

(2012) 的定义最全面。Inbar-Lourie（2013b：306）将语言评价素养看作是学科教学知识的一部分，认为应该将普通教育学领域的评价知识与语言相关的专门知识融合起来，作为语言评价的知识基础。林敦来（2019）结合前人的研究，重新界定了语言评价素养，在定义中突显了语言、语言学习以及学习者参与等重要元素。

表6.3　语言评价素养定义

定义	研究者
能够提出并回答关于评价目的、所用工具的合适度、测试条件、测试结果的影响等关键问题。	Inbar-Lourie，2008a：389
评价素养应该兼顾评价技术诀窍、实践技能、理论知识和对原则的理解，以及对教学环境中评价的角色和功能的良好理解。	Taylor，2009：27
语言评价素养包括：设计、开发、维护或评价大规模标准化测试和/或课堂测试所必备的知识、技能和能力；熟悉测试过程；能够认识到指导和支撑（测试）实践的原则和概念，包括（测试）伦理和实践准则；能够将（测试）知识、技能、过程、原则和概念置于更广泛的历史、社会、政治和哲学框架下进行考量，以期理解（测试）实践出现的原因和评估测试给社会、机构和个人带来的作用和造成的影响。	Fulcher，2012：125
语言评价素养包括习得一系列与测试开发、测试分数解释和使用以及测试评价相关的技能，并能理解评价在教育领域和社会中发挥的作用。	O'Loughlin，2013：363
语言评价素养指的是语言教师熟悉测试领域内的各个概念定义，并能将这些知识熟练运用到广义的课堂实践以及与语言评价相关的实践中。	Malone，2013：329
语言教师不仅要理解语言评价不同方法的概念基础，而且还要将这些知识与他们所处的特定环境中的教育实践相关联。	Scarino，2013：310
语言评价素养指的是一系列能够帮助个人理解、评价和在某些情况下开发语言测试和分析测试数据的能力。	Pill & Harding，2013：382
语言评价素养不仅包含教师需要熟悉能用于评价学生语言能力的工具和程序，还意味着其他知识与能力，特别是给出恰当反馈来有效帮助学习者设定并达到学习目标的能力。此外，拥有评价素养的人还应该意识到评价过程中涉及的伦理问题，以及基于评价的决策可能产生的影响。	Inbar-Lourie，2013a：2923

（待续）

(续表)

定义	研究者
语言评价素养指的是对所教授的语言和语言学习有较为全面而深刻的理解，拥有设计、开发或评估语言课堂评价的基本知识、技能和能力，熟悉语言评价过程，能意识到语言评价实践背后的原则和概念，能让学习者积极参与到语言评价过程中，能运用恰当的反馈来有效地让学习者设定并达到学习目标，并能良好地理解特定的教学环境中语言评价的角色和功能。	林敦来，2019

6.3.2 语言评价素养构念

如前所述，语言评价素养从普通教育学领域的评价素养概念中汲取洞见，同时也在探索其本身的知识基础，以适用于与语言相关的评价中独有的内容，这方面的研究主要聚焦于语言测试教材分析和课程内容研究。Davies（2008）通过对语言测试教材的分析，认为教材中主要体现的评价素养要求的知识基础是"知识+技能+原则"。其中，知识指的是"测量和语言描述的相关背景知识"，技能指的是"测试分析与建构的实用技能"，原则指的是"语言测试的合理运用、公平性和影响，包括伦理和专业素养问题"。

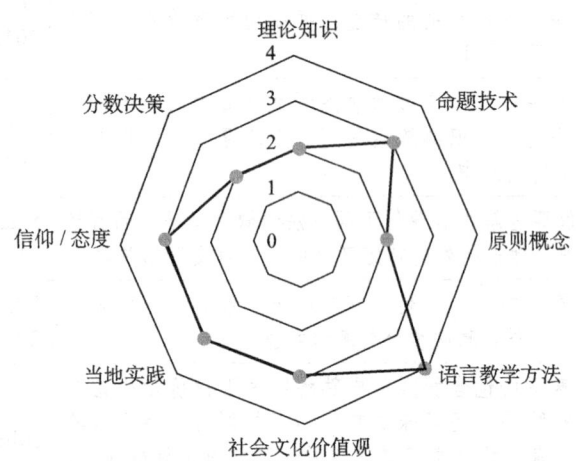

图6.2　语言教师需要的语言评价素养（Taylor，2013）

图 6.2 为语言测试专家 Lynda Taylor（2013）对语言教师评价素养要求的看法。雷达图包含了语言评价理论知识(knowledge of theory)、命题技术(technical skills)、原则概念（principles and concepts）、分数决策（scores and decision making）、信仰/态度（personal beliefs/attitudes）、当地实践（local practices）、社会文化价值观（sociocultural values）和语言教学方法（language pedagogy）等八个方面的内容。雷达图中的量标（0—4）表示各个内容的必要程度。读者可以看到，对与评价相关的语言教学方法的理解是对教师语言评价素养要求最高的方面，体现了教与评之间的紧密联系。Taylor 的模型内容可以总结为三个方面，即评价理论和/或概念知识、评价的技能、道德/伦理实践（Baker & Riches, 2017），这与 Davies（2008）的"知识+技能+原则"模型基本相同。Fulcher（2012: 114）的模型也包含这三个方面的内容。他认为教师需要理解语言评价中的概念，以便能够有效地参与政策讨论，同时还需要"一系列可控的策略来实施课堂评价，并评估评价的质量"。Fulcher 扩展意义的语言评价素养构念框架如图 6.3 所示。

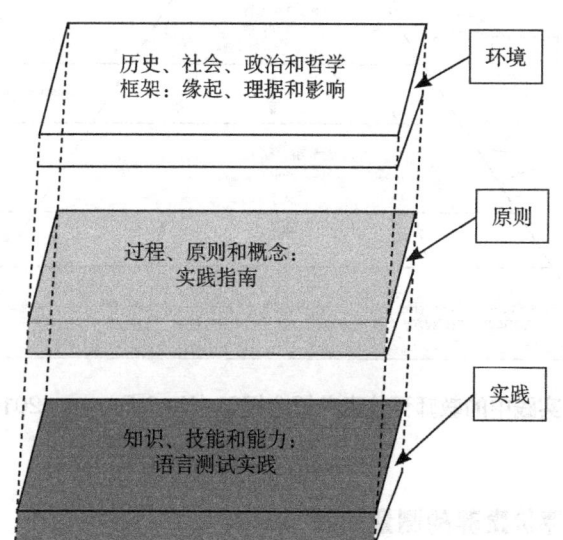

图 6.3　扩展意义的语言评价素养构念框架（Fulcher, 2012）

在语言测试课程方面，Bailey & Brown（1996）、Brown & Bailey（2008）、Jin（2010）通过问卷调查的方式，探讨了语言测试课程的知识基础。这些研究的结果显示,语言测试课程内容基本相同,这说明语言测试知识基础构成较稳定。但是这些研究根植于测试文化,聚焦于测试知识,而忽略了课堂评价及其后果,也未涉及其他类型的评价。语言测试的社会学转向(Shohamy, 2001; McNamara & Roever, 2006)使得以测试为导向的语言评价素养转向对评价文化(Inbar-Lourie, 2008b)的充分关注。

Xu & Brown(2016)从宏观的角度把教师的评价素养概念化为实践中的教师评价素养。实践中的评价素养扎根于对评价知识基础的理解,受教师对评价的看法、宏观的社会文化和微观的机构环境影响,体现了教师作为评价者不断建构与重新建构其身份的过程,体现出社会文化视角下动态的教师评价素养。其模型如图6.4所示。

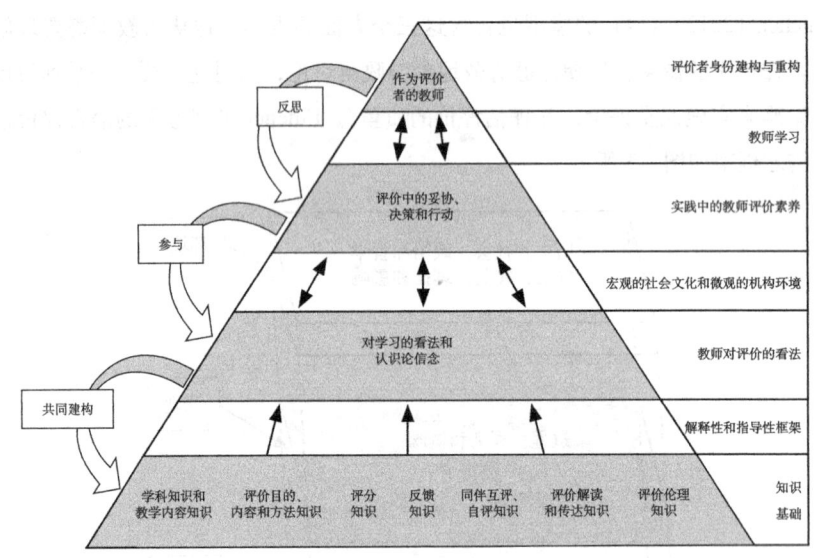

图6.4 实践中的教师评价素养概念框架(Xu & Brown, 2016: 155)

6.3.3 语言评价素养的测量问题

Pill & Harding(2013)勾画出语言评价素养连续体,认为语言评价素养不是非有即无的东西,对语言评价素养的掌握程度可以有多种可能性。如表6.4所示,可将语言评价素养分为五个等级。

表 6.4　语言评价素养连续体（Pill & Harding，2013）

编码	程度	具体描述
0	素养完全缺失（illiteracy）	完全不了解语言评价的概念和方法
1	极低的素养（nominal literacy）	知道某个特定的术语属于评价领域，但是理解有偏差
2	有效的素养（functional literacy）	对评价领域内的基本术语和概念有全面透彻的理解
3	程序性和概念性的素养（procedural and conceptual literacy）	理解评价领域内的核心概念，并能将其用于实践
4	多维的素养（multidimensional literacy）	对评价的理解不仅包含相关的普通概念，还包含对评价中涉及的哲学、历史和社会维度的考量

林敦来（2016）使用基于《学生教育评价中教师的能力标准》（AFT et al.，1990）所设计的量表，借鉴 Coombe 等（2007）的模拟评价场景，对中国中学英语教师的评价素养进行研究。通过探索性和验证性因子分析，研究发现中学英语教师评价素养包括了解评价方法、掌握评分技能、关注评价效度和解读与运用评价结果四个成分。定性与定量数据均说明英语教师的评价素养不高，对培训经历、教学经历、教龄等方面的组间比较显示出在量表不同维度上的显著差异，突显了语言评价培训的重要性。林敦来、武尊民（2014）发现，现有的研究主要以网络问卷调查的方式研究语言评价素养的现状与培训需求。

6.3.4　语言评价素养提升的研究

Xu（2015）通过个案研究，探讨一名大学英语教师动态和渐进的语言评价素养，从而初步构建了基于情境的语言评价素养概念框架。在此框架中，语言评价素养是情境化的，不仅考虑培训的问题，而且考虑机构场景，运用了建构性的解释性认识论。Xu 提出了"实践中的评价素养"的概念，指出教师评价素养的发展与教师在专业发展过程中对教学、学习、评价过程的意识以及教师作为评价者的身份形成互动，在这一过程中，教师评价素养逐渐得到培养。Xu

认为，教师评价理论知识基础共包含七个成分，包含评价事件和教学法知识的融合。她提出，语言评价素养的概念应该被重构，要建立"语言教师评价素养可持续发展的观念"。

Lam（2015）对我国香港地区的语言评价培训做了综述，评价这些培训如何影响教师语言评价素养的发展，并探究语言测试课程指导者和职前教师如何看待语言评价课程对他们提升语言评价素养的作用。Lam通过进行中小学语言教师培训项目和政府文件调查、访谈、学生评价任务、教师评估，发现香港地区的语言职前教师培训未能很好地支持提升教师语言评价素养，大学未能建立其规定性的职前语言教师语言评价素养出口标准，未能在培训中把握好课堂评价与大规模语言测试的关系，以致未能改变"学习段评价"（assessment *of* learning）的传统做法，未能很好地执行政府推行的"基于校本的评价"（school-based assessment）。

Xu（2017）对四名中国英语教师进行历时三年的研究，通过课堂观察、访谈和教师日志研究，发现了新手教师课堂评价素养发展的三个阶段：第一阶段，新手教师习得规划性课堂评价的实践技巧；第二阶段，新手教师能有意识地将规划性课堂评价跟教学目标结合起来，但是评价结果对教学调整的有用性局限于改进未来的教学；第三阶段，新手教师更倾向于开展即时的形成性评价，能够改进动态课堂中互动的、以评价为导向的实时教学。

Baker & Riches（2017）汇报了加拿大专家帮扶海地中学教师培养语言评价素养的研究。研究者通过收集海地教师在语言测试工作坊后对国家英语考试新题草稿的看法，探讨语言教师和测试专业人士的语言评价素养在协作过程中的发展情况，并对Taylor（2013）的语言教师评价素养模型进行了调整。

6.4 问题与挑战

6.4.1 语言评价素养构念界定问题与培训

Lam（2015：174）将语言评价素养构念称为"模糊的构念"（slippery construct），认为需要展开进一步的调查研究，启发研究者、教师教育者和项目管理者，帮助他们在真实的教育环境中发挥作用。正如 Crusan 等（2016：45）所述，对评价素养的研究不仅要关注其知识基础和培训方式，更要关注评价素养如何与教师的知识、信念和实践融合起来。这与教师的认知，即"教学中无法观测的认知维度——教师所知、所信、所想"（Borg，2003）又关联起来。

Brindley（2001：129）认为，针对教师的语言评价素养项目应该：(1) 以聚焦课程相关的评价作为开端；(2) 充分利用教师现有的知识；(3) 适应更大范围的需求。但是，目前关于语言教师职前语言评价课程和在职培训的研究还非常少，研究者可以借鉴教育学领域评价教育的相关文献（如 DeLuca & Johnson，2017 及其专刊）来探究职前和在职语言评价素养培训的模式、内容和效果。

6.4.2 如何引起对语言评价素养切实的重视

尽管评价的促学作用得到越来越多人的认同，但是现有文献普遍揭示了教师评价素养的缺失。即便研究者能够明确划定出语言评价素养的内涵并依此设计良好的培训课程，但如 Stiggins（2014）所述，"我们面临的最大挑战是如何说服学校领导来调配资源，发展教师的评价素养"，原因在于社会和教育界对学校考试的信念影响了课堂评价素养的提高。Stiggins（2014）的建议是在超越学校的层面建构评价素养的基础。就我国来说，《国务院关于深化考试招生制度改革的实施意见》（国发〔2014〕35 号）的提出是国家层面深化考试招生制度改革的重要纲领性文件，其总体目标是"到 2020 年基本建立中国特色现代教育考试招生制度，形成分类考试、综合评价、多元录取的考试招生模式，健全促进公平、科学选才、监督有力的体制机制，构建衔接沟通各级各类教育、认可多种学习成果的终身学习'立交桥'"。为了实现该文件的目标，首先需要发展教师的评价素养；对此，各级教育部门如何调配资源来提升教师评价素养，还有待进一步的观察。

6.4.3 如何应对新的语言和教育环境

Inbar-Lourie（2017：260）指出，语言评价素养研究面临的一项重要挑战是多语言的现实环境。当前英语已经成为世界通用语（English as a Lingua Franca，简称 ELF）或者国际语言（English as International Language，简称 EIL），多语种测试（multilingual testing）以及与之相关的多语种能力（Shohamy，2011）召唤着新的评价模式。在新时期，"欧洲语言共同参考框架"（Common European Framework of Reference for Languages，简称 CEFR）被广泛运用，与之相关的欧洲语言档案袋和自评模式的出现无不对教师的评价素养提出新的挑战。区域性语言能力量表，如中国语言能力等级量表的出现，也进一步扩大了区域性语言教师的语言评价素养内容。此外，形成性评价实践逐步被贯彻到实际教学中，传统的测试与综合性的评价并存。与此同时，信息技术的发展也日新月异。凡此种种，都在丰富着语言评价素养的内容。

6.5 发展方向

Inbar-Lourie（2017：265-266）认为，基于当前对语言评价素养界定的研究和对评价素养需要依据不同的对象而量体裁制的意识，评价素养的未来研究方向开始变得明朗。她以三个研究为例进行说明，其一是如何为教师构建评价素养框架的研究，其二是从教师主动性的角度来提供语言评价素养的样例的研究，其三是如何使 Taylor（2013）的差异化评价素养得以实现的研究。Inbar-Lourie（2017：265）认为，Xu（2015）的"语言教师评价素养可持续发展的观念"为我们认识语言评价素养的错综复杂性及其习得提供了更加丰富的视角。另外一个研究视角是改变教师作为语言评价素养的被动接受者的身份，而采用教师赋能（teacher empowerment）研究，发挥教师本身的积极性，使他们能够在自己所处的环境中提高语言评价素养。在国外，此类研究的代表有英国兰卡斯特大学的研究者与卢森堡中学教师合作进行的评价素养提升项目，称为"测试设计与评价"（Test Design and Evaluation，简称 TDE）项目。Brunfaut & Harding（2014）对此项目进行了汇报。该项目组为 TDE 参与者提供了三个课程，分别为"语言测试设计与评价"（2011 年 10 月—2012 年 2 月）、"语言测试问题"（2012 年 9 月—2013 年 1 月）和"研究语言测试"（2014 年 1 月—2014 年 5 月）。课程采用面授与自主线上学习两种方式进行，并在测试进程的关键阶段开展了面对面的关于题目修改和标准设定的工作坊。2012—2013 年，卢森堡的语言测试实践者在专家带领下，完成了 épreuve commune（CEFR A2 水平的低利害考试）的开发和标准设定。该项目为卢森堡培养出达到国际语言测试开发水准的专家。这些专家在卢森堡国内又能够进一步培养出更多的语言测试者。国内类似的项目有外研社的"优诊学"项目。该项目聘请国内外专家为指导，由国内语言测试者与一线教研员共同参与开发诊断性英语测试，以一些中学和大学为据点，运用诊断测试结果指导教学，在参与项目的过程中带动一线教师提高语言评价素养。第三个方面的研究如 Kremmel & Harding (2015)。他们对不同对象的语言评价素养需求进行评估，并结合这些不同对象的现有知识、需求和目标构建合适的语言评价素养概貌。

此外，笔者认为，语言教师的评价素养研究可以进入到更加细化的发展方向，进一步探究与英语语言知识及技能相关的评价素养，如语音评价素养、词汇评价素养、语法评价素养、阅读评价素养、听力评价素养、写作评价素养和口语评价素养。目前，写作评价素养得到的关注较多（如 Crusan，2010；Crusan et al.，2016；Lee，2017；Weigle，2007），与其他技能相关的语言评价素养还有待进一步探讨。

6.6 研究资源

6.6.1 推荐书目

Bachman, L. F., & Damböck, B. (2017). *Language assessment for classroom teachers.* Oxford: Oxford University Press.

Brown, J. D. (2013). *New ways of classroom assessment* (revised ed.). Alexandria: TESOL.

Brown, J. D., & Hudson, T. (2002). *Criterion-referenced language testing.* Cambridge: Cambridge University Press.

Cheng, L., & Fox, J. (2017). *Assessment in the language classroom: Teachers supporting student learning.* London: Palgrave Macmillan.

Coombe, C., Davidson, P., O'Sullivan, B., & Stoynoff, S. (Eds). (2012). *The Cambridge guide to second language assessment.* Cambridge: Cambridge University Press.

Fulcher, G., & Davidson, F. (2007). *Language testing and assessment: An advanced resource book.* London: Routledge.

Hughes, A. (2003). *Language testing for teachers* (2nd ed.). Cambridge: Cambridge University Press.

Stoynoff, S., & Chapelle, C. A. (2005). *ESOL tests and testing: A resource for teachers and program administrators.* Alexandria: TESOL.

林敦来，2019，《中小学英语教师语言评价素养参考框架》。北京：外语教学与研究出版社。

6.6.2 推荐文章

Fulcher, G. (2012). Assessment literacy for the language classroom. *Language Assessment Quarterly, 9*(2), 113-132.

Fulcher, G., & Owen, N. (2016). Dealing with the demands of language testing and assessment. In G. Hall (Ed.), *The Routledge handbook of English language teaching* (pp. 109-120). London & New York: Routledge.

Taylor, L. (2009). Developing assessment literacy. *Annual Review of Applied Linguistics, 29*, 21-36.

Taylor, L. (2013). Communicating the theory, practice and principles of language testing to test stakeholders: Some reflections. *Language Testing, 30*(3), 403-412.

Inbar-Lourie, O. (2013). Language assessment literacy. In C. A. Chapelle (Ed.), *The encyclopedia of applied linguistics* (pp. 2923-2931). Oxford: Wiley-Blackwell.

Inbar-Lourie, O. (2017). Language assessment literacy. In E. Shohamy, I. G. Or, & S. May (Eds), *Language testing and assessment* (3rd ed., pp. 257-270). Switzerland: Springer.

6.6.3 推荐网站

兰卡斯特大学语言测评素养研究项目：http://wp.lancs.ac.uk/ltrg/projects/language-assessment-literacy-survey/

英国文化教育协会语言测评知识科普：https://www.britishcouncil.org/exam/aptis/research/assessment-literacy

英语教师语言测评素养提升工具：http://teal.global2.vic.edu.au/

教师测评素养提升（TALE）项目：http://taleproject.eu/

参考文献

AFT, NCME, & NEA. (1990). *Standards for teacher competence in educational assessment of students.* Washington, D. C.: Buros Institute.

Bachman, L. F. (1990). *Fundamental considerations in language testing.* Oxford: Oxford University Press.

Bachman, L. F. (2004). *Statistical analyses for language assessment.* Cambridge: Cambridge University Press.

Bachman, L. F., & Palmer, A. S. (1996). *Language testing in practice: Designing and developing useful language tests.* Oxford: Oxford University Press.

Bachman, L. F., & Palmer, A. S. (2010). *Language assessment in practice: Developing language assessments and justifying their use in the real world.* Oxford: Oxford University Press.

Bailey, K. M., & Brown, J. D. (1996). Language testing courses: What are they? In A. Cumming, & R. Berwick (Eds), *Validation in language testing* (pp. 236-256). London: Multilingual Matters.

Baker, B. A., & Riches, C. (2017). The development of EFL examinations in Haiti: Collaboration and language assessment literacy development. *Language Testing, 35*(4), 557-581.

Black, P., & Wiliam, D. (1998). Assessment and classroom learning. *Assessment in Education: Principles, Policy & Practice, 5*(1), 7-74.

Borg, S. (2003). Teacher cognition in language teaching: A review of research on what language teachers think, know, believe, and do. *Language Teaching, 36*(2), 81-109.

Brindley, G. (2001). Language assessment and professional development. In C. Elder, A. Brown, K. Hill, N. Iwashita, T. Lumley, T. McNamara, & K. O'Loughlin (Eds), *Experimenting with uncertainty: Essays in honor of Alan Davies* (pp. 126-136). Cambridge: Cambridge University Press.

Brookhart, S. M. (2011). Educational assessment knowledge and skills for teachers. *Educational Measurement: Issues and Practice, 30*(1), 3-12.

Brown, J. D., & Bailey, K. M. (2008). Language testing courses: What are they in 2007? *Language Testing, 25*(3), 349-383.

Brunfaut, T., & Harding, L. (2014). Developing English language tests for Luxembourg secondary schools: The test design and evaluation (TDE) project, 2011-2014. Lancaster University.

Caroll, J. B. (1968). The psychology of language testing. In A. Davies (Ed.), *Language testing symposium: A psycholinguistic approach* (pp. 46-69). London: Oxford University Press.

Coombe, C. A., Folse, K. S., & Hubley, N. (2007). *A practical guide to assessing English language learners*. Ann Arbor: University of Michigan Press.

Crusan, D. (2010). *Assessment in the second language writing classroom*. Ann Arbor: University of Michigan Press.

Crusan, D., Plakans, L., & Gebril, A. (2016). Writing assessment literacy: Surveying second language teachers' knowledge, belief, and practices. *Assessing Writing, 28*, 43-56.

Davies, A. (2008). Textbook trends in teaching language testing. *Language Testing, 25*(3), 327-348.

DeLuca, C., & Johnson, S. (2017). Developing assessment capable teachers in this age of accountability. *Assessment in Education: Principles, Policy & Practice, 24*(2), 121-126.

DeLuca, C., LaPointe-McEwan, D., & Luhanga, U. (2016). Teacher assessment literacy: A review of international standards and measures. *Educational Assessment, Evaluation, and Accountability, 28*(3), 251-272.

Fulcher, G. (2012). Assessment literacy for the language classroom. *Language Assessment Quarterly, 9*(2), 113-132.

Gullickson, A. R. (1984). Teacher perspectives of their instructional use of tests. *Journal of Educational Research, 77*(4), 244-248.

Gullickson, A. R. (1986). Teacher education and teacher-perceived needs in educational measurement and evaluation. *Journal of Educational Measurement, 23*(4), 347-354.

Harding, L., & Kremmel, B. (2017). Teacher assessment literacy and professional assessment. In D. Tsagari, & J. Banerjee (Eds), *Handbook of second language assessment* (pp. 413-427). Berlin: Mouton de Gruyter.

Inbar-Lourie, O. (2008a). Constructing a language assessment knowledge base: A focus on language assessment courses. *Language Testing, 25*(3), 385-402.

Inbar-Lourie, O. (2008b). Language assessment culture. In E. Shohamy, & N. Hornberger (Eds), *Language testing and assessment* (Vol. 7, pp. 285-300). New York: Springer.

Inbar-Lourie, O. (2013a). Language assessment literacy. In C. A. Chapelle (Ed.), *The encyclopedia of applied linguistics* (pp. 2923-2931). Oxford: Wiley-Blackwell.

Inbar-Lourie, O. (2013b). Guest editorial to the special issue on language assessment literacy. *Language Testing, 30*(3), 301-307.

Inbar-Lourie, O. (2017). Language assessment literacy. In E. Shohamy, I. G. Or, & S. May (Eds), *Language testing and assessment* (3rd ed., pp. 257-270). Switzerland: Springer.

Jeong, H. (2013). Defining assessment literacy: Is it different for language testers and non-language testers? *Language Testing, 30*(3), 345-362.

Jin, Y. (2010). The place of language testing and assessment in the professional preparation of foreign language teachers in China. *Language Testing, 27*(4), 555-584.

Kremmel, B., & Harding, L. (2015). *Developing language assessment literacy profiles for different stakeholders—Needs, lacks and wants.* Paper presented at the 12th EALTA conference, Copenhagen.

Lado, R. (1961). *Language testing: The construction and use of foreign language tests.* London: Longman.

Lam, R. (2015). Language assessment training in Hong Kong: Implications for language assessment literacy. *Language Testing, 32*(2), 169-197.

Lee, I. (2017). *Classroom writing assessment and feedback in l2 school contexts.* Singapore: Springer.

Malone, M. E. (2013). The essentials of assessment literacy: Contrasts between testers and users. *Language Testing, 30*(3), 329-344.

McNamara, T., & Roever, C. (2006). Language testing: The social dimension. *International Journal of Applied Linguistics, 16*(2), 242-258.

Mertler, C. A. (2003). Pre-service versus in-service teachers' assessment literacy: Does classroom experience make a difference? Paper presented at the annual meeting of the Mid-Western Educational Research Association, Columbus, OH.

Noll, V. H. (1955). Requirements in educational measurement for prospective teachers. *School and Society, 82*, 88-91.

O'Loughlin, K. (2013). Developing the assessment literacy of university proficiency test users. *Language Testing, 30*(3), 363-380.

Pill, J., & Harding, L. (2013). Defining the language assessment literacy gap: Evidence from a parliamentary inquiry. *Language Testing, 30*(3), 381-402.

Plake, B. S., & Impara, J. C. (1997). Teacher assessment literacy: What do teachers know about assessment? In G. D. Phye (Ed.), *Handbook of classroom assessment: Learning, achievement, and adjustment* (pp. 53-68). London: Academic Press.

Plake, B. S., Impara, J. C., & Fager, J. J. (1993). Assessment competencies of teachers: A national survey. *Educational Measurement: Issues and Practice, 12*(4), 10-12.

Popham, W. J. (2009). Assessment literacy for teachers: Faddish or fundamental? *Theory into Practice, 48*(1), 4-11.

Popham, W. J. (2011). Assessment literacy overlooked: A teacher educator's confession. *The Teacher Educator, 46*(4), 265-273.

Scarino, A. (2013). Language assessment literacy as self-awareness: Understanding the role of interpretation in assessment and teacher learning. *Language Testing, 30*(3), 309-327.

Schafer, W. D., & Lissitz, R. W. (1987). Measurement training for school personnel: recommendations and reality. *Journal of Teacher Education, 38*(3), 57-63.

Shohamy, E. (2001). *The power of tests*. Harlow: Longman/Pearson.

Shohamy, E. (2011). Assessing multilingual competencies: Adopting construct valid assessment policies. *The Modern Language Journal, 95*(3), 418-429.

Stiggins, R. J. (1991). Assessment literacy. *Phi Delta Kappan, 72*(7), 534-539.

Stiggins, R. J. (1998). *Auditing the quality of classroom assessment training in teacher education programs*. Paper presented at the annual meeting of the American Association of Colleges of Teacher Education, New Orleans, LA.

Stiggins, R. J. (2014). Improve assessment literacy outside of schools too. *Phi Delta Kappan, 96*(2), 67-72.

Stiggins, R. J., & Conklin, N. F. (1988). *Teacher training in assessment*. Portland: Northwest Regional Educational Laboratory.

Stiggins, R. J., & Conklin, N. F. (1989). *Teacher training in assessment*. Paper presented at the annual meeting of the National Council on Measurement in Education, San Francisco.

Taylor, L. (2009). Developing assessment literacy. *Annual Review of Applied Linguistics, 29*, 21-36.

Taylor, L. (2013). Communicating the theory, practice and principles of language testing to test stakeholders: Some reflections. *Language Testing, 30*(3), 403-412.

Volante, L., & Fazio, X. (2007). Exploring teacher candidates' assessment literacy: Implications for teacher education reform and professional development. *Canadian Journal of Education*, *30*(3), 749-770.

Weigle, S. C. (2007). Teaching writing teachers about assessment. *Journal of Second Language Writing*, *16*(3), 196-209.

Wise, S. L., & Lukin, L. E. (1993). Measurement training in Nebraska teacher education programs. In S. L. Wise (Ed.), *Teacher Training in Measurement and Assessment Skills* (pp. 187-202). Lincoln: Buros Institute of Mental Measurements.

Xu, H. (2017). Exploring novice EFL Teachers' classroom assessment literacy development: A three-year longitudinal study. *The Asia-Pacific Education Researcher*, *26*(3-4), 219-226.

Xu, Y. (2015). Language assessment literacy in practice: A case study of a Chinese university English teacher. Paper presented at the 37th annual Language Testing Research Colloquium (LTRC), Toronto.

Xu, Y., & Brown, G. T. L. (2016). Teacher assessment literacy in practice: A reconceptualization. *Teaching and Teacher Education*, *58*, 149-162.

Zhang, Z., & Burry-Stock, J. (1997). Assessment practices inventory: A multivariate analysis of teachers' perceived assessment competence. Paper presented at the annual meeting of the National Council on Measurement in Education, Chicago.

金艳，2018，外语教师评价素养发展：理论框架和路径探索，《外语教育研究前沿》（2），65-72。

林敦来，2016，《中国中学英语教师评价素养研究》。北京：中国人民大学出版社。

林敦来，2019，《中小学英语教师语言评价素养参考框架》。北京：外语教学与研究出版社。

林敦来、武尊民，2014，国外语言评价素养最新研究进展研究，《现代外语》（5），711-720。

第七章 自动评分技术[1]

江进林 对外经济贸易大学

7.1 引言

自动评分（automated scoring）是语言测试领域备受关注的焦点之一。与翻译自动评分相比，作文自动评分技术更为成熟。自 20 世纪 60 年代以来，国外已开发出多个作文自动评分系统，并将其应用于 GRE（Graduate Record Examination）、GMAT（Graduate Management Admission Test）等大规模考试的实际评分（Dikli, 2006; Landauer et al., 2003; Shermis & Burstein, 2003）。在国内，梁茂成（2011，2012）研制了适合中国英语学习者的作文自动评分系统，并取得了良好的应用效果。在翻译领域，少数研究者对人工译文的自动评分进行尝试，研制了比较完善的汉译英和英译汉自动评分模型（Jiang et al., 2018; 江进林，2013，2016；江进林、文秋芳，2010，2012；王金铨，2010；王金铨等，2018；王金铨、文秋芳，2009；王金铨、朱周晔，2017）。近年来，自动评分技术的应用扩展到医学、建筑、艺术、计算机等领域，评分对象扩展到简答、口试等多种主观题（Xi et al., 2008）。

本章将综述自动评分技术的发展脉络，探讨其演变路径与应用情况。本章第二小节探讨作文、翻译和口语自动评分技术的初期发展情况；第三小节讨论此类技术当前的发展与应用情况；最后分析自动评分技术面临的挑战以及未来发展趋势。

---

[1] 本章为国家社科基金一般项目"外语考试价值导向质量标准的构建与应用研究"（项目批准号：21BYY123）的阶段性成果，也受到"对外经济贸易大学杰出青年学者资助项目"（项目批准号：19JQ07）的支持。

7.2 历史观点

7.2.1 作文自动评分系统

历史上第一个作文自动评分系统是 1966 年由美国杜克大学 Ellis Page 等人开发的 PEG（Project Essay Grade）(Page, 2003)，该系统应美国大学委员会的请求而研发，旨在使大规模作文评分更高效。其主要特点如下。

第一，经过变量提取、多元回归、分数计算三大步骤完成评分。首先，从一批事先评分的作文中提取一系列文本特征；然后，以这些特征为自变量、人工评分为因变量进行多元线性回归分析，得到能最大限度地预测分数的回归方程；最后，提取新作文中的相关变量代入方程，获得机器给新作文评出的分数。

第二，完全依赖表面形式特征来评判作文，因此只能测量语言形式维度的质量，而不涉及对作文内容的评判（Valenti et al., 2003）。例如，PEG 中作文长度代表写作流利度；介词、关系代词的数量等指标代表句子结构的复杂度 (Kukich, 2000)。

第三，采用相关度来检验机器与人工评分的接近程度。相关度反映机器与人工评分的相似性，既包括机器与单个评分员评分的相关，也包括机器与多名评分员平均评分的相关。第一种相关度不一定可靠，因为单个评分员的评分可能具有偏差，内部一致性难以保证（Yang et al., 2002: 401）；第二种相关度更有价值，因为多名评分员对同一学生的平均评分更接近其真分数 (Page, 2003: 47)。

PEG 的经验被后来的评分系统广泛借鉴，但其侧重作文表面形式特征、忽视语义内容的特点也颇受诟病。最大的问题是容易被考生利用，如写出文理不通的长文以获取流利度方面的高分 (Kukich, 2000)。20 世纪 90 年代，PEG 进行了多方面的改进，整合了多种分析器、词典及其他各种资源，使机器与人工评分的相关度达到了 0.87（Valenti et al., 2003）。

7.2.2 机器翻译评价

早期的翻译自动评价系统仅限于评价机器翻译，主要采用两种方法。

第一，基于 N 元组（Ngram）的评价。其主要理据是：高质量的机器译文应与供参考的人工译文具有较多相同的语言片段。BLEU（Bilingual Evaluation Understudy）和 NIST（National Institute of Standards and Technology）是该方法的主要代表。BLEU 通过计算机器译文与一组参考译文之间 N 元组的相似度（即两组译文 N 元组的匹配数量所占机器译文中 N 元组总数的比例）来考查机器译文的质量。因为四元以上的多元组较难匹配，对相似度的贡献不大，所以结果取一到四元组匹配的均值。如果机器译文比它最接近的参考译文短，相似度的结果还需要乘以长度罚分比（brevity penalty），以接受一定的"惩罚"（Papineni et al.，2002）。在 BLEU 的基础上，NIST 根据 N 元组在参考译文中出现的频率对它们赋予不同的权重。频率越低，则信息量越大，权重越高（Doddington，2002）。BLEU 和 NIST 不仅原理简单，所评分数也与人工评分高度相关（Doddington，2002；Papineni et al.，2002）。

第二，基于测试点的评价。此法模拟大型翻译考试的人工评分方法，不评价整句，而是通过设置测试点（testing point）简化测试目标。测试点分六组：词汇量测试、固定词组测试、词法测试、初级句法测试、中级句法测试和高级句法测试。研究者采用程序语言对各句的测试点进行描述，使评测可以全自动完成。程序评估机器译文对各个测试点的翻译质量，加权平均后获得最终的机器翻译评价结果（俞士汶等，1992）。由于翻译中有些语言点的区分度较高，基于测试点的评价方法能够有效缩短评价时间。

7.2.3 自动语音识别

口语自动评分涉及多个领域的技术，包括自动语音识别、口语语言加工、计算语言学和统计模式识别（Jurafsky & Martin，2009）。其中，自动语音识别是核心，能将人的语音转换为文本。最早的自动语音识别系统在 20 世纪 50 年代以模拟硬件（analog hardware）的形式实现；60 年代后期开始实现数字化；90 年代首次在电话中实现商业应用（Bernstein，2013）。90 年代自动语音识别技术也开始用于教育领域（详见 Aist，1999；Ehsani & Knodt，1998）。

7.3 当今视角

7.3.1 作文自动评分系统

20 世纪 90 年代以后，Pearson 研发的 IEA（Intelligent Essay Assessor）、ETS 研发的 e-rater（Electronic Essay Rater）、Vantage Learning 研发的 IntelliMetric 等作文自动评分系统相继出现（Burstein，2003；Landauer et al.，2003）；国内也开发了比较成熟的作文自动评分系统（梁茂成，2011，2012）。本章将对上述主要系统进行回顾。

IEA

IEA 的特点是使用潜语义分析（latent semantic analysis）技术。潜语义分析是一种基于单词用法的统计模型，能够比较片段文本的语义相似度。其核心思想是，文本的语义空间是所有词汇的语义之和。由于语言中存在大量多词同义和一词多义现象，语义空间带有许多干扰性噪声（noise），需要通过特征过滤、选择、抽取来进行压缩。潜语义分析的具体做法如下。首先，使用停词表（stoplist）过滤信息量很少的词汇。其次，选择一批与主题相关的文本（如专家作文、主题知识材料）构建词频矩阵，每个文档为一列，每个词为一行，并根据词频对词汇赋予不同权重。频率越高，则信息量越小，权重越低。再次，使用奇异值分解技术（singular value decomposition）对矩阵进行降维。这种技术类似于主成分分析法，压缩后的矩阵既保留了原矩阵的重要信息，又排除了干扰信息，代表作文主题的典型潜在语义空间（桂诗春，2003）。最后，使用余弦相关性计算法依次计算降维后的学生作文与参考文本的相似度。选取前 n 个与学生作文最相似的参考文本后，根据相似度对作文的分值加权平均，最终得到作文的分数（Landauer et al.，2003）。

潜语义分析具有提取语义内容的优势，甚至能够评判有创意的记叙文。不过，它忽略了词汇顺序、句法、逻辑等信息，不能反映学生的全部语言知识（ibid.：87，108）。

e-rater

　　e-rater 通过变量提取、多元回归、分数计算三大步骤完成评分。首先，两名人工评分员使用 0—6 分量表对一批作文进行评分，这些作文是系统评分的训练集。e-rater 在训练集作文中提取句法、篇章和主题分析三个模块，共包含 67 个语言特征。句法模块分析作文的句法结构，如虚拟语气、复合句等；篇章模块从词汇出发，判断句子之间的组织关系，如 in conclusion/to sum up 表示总结，possibly/maybe 表示猜测；主题分析模块则判断作文的内容是否与主题密切相关（Burstein，2003）。与 IEA 使用潜语义分析不同，e-rater 使用向量空间模型（vector space model）来计算待评作文与训练集作文的内容相似度。待评作文的词汇及对应词频被转换成相应权重，与训练集的向量进行比较，由此计算出待评作文在内容上应该获得的分数。如果待评作文接近训练集中的 5 分作文，那向量空间模型会给该作文内容打 5 分。不过，向量空间模型同样不考虑词汇在文本中的顺序（Burstein，2013：311）。提取所有 67 个语言特征之后，e-rater 以这些特征为自变量、人工评分为因变量进行逐步线性回归分析，建立多元回归方程。最后，提取待评作文的相关变量，代入方程计算分数，即为 e-rater 评出的分数（Burstein，2003）。

　　e-rater 从 1999 年起用于 GMAT 的写作（analytical writing assessment，简称 AWA）评分。以往 AWA 由两名评分员在 6 分量表上进行整体性评分；e-rater 代替一名评分员后，作文得分取另一名评分员和 e-rater 的平均值。若 e-rater 与评分员的评分差异超过 1 分，则第二名评分员介入仲裁。e-rater 与评分员的分歧率一直低于 3%，并不高于以往两名评分员的分歧率，因此完全可以用于标准化考试。从 2005 年起 e-rater 以同样的方式用于托福（TOEFL）的作文评分（Burstein，2003）。

IntelliMetric

　　IntelliMetric 是第一套基于人工智能（artificial intelligence）的作文评分系统。它的实质是机器学习（machine learning），通过分析已评分作文的语言特征，模拟人工评分对各特征的评分特点，建立评分模型并不断修正。机器首先分析已评分作文的语言特征，刻意模仿人工评分的特点，如哪些特征有价值、哪些特征容易打低分，从而建立评分规则。其次，使用较小的测试集不断检验评分模型的效度，对模型进行修正。最后，使用这套评分规则对新作文进行评分。

IntelliMetric 从语义、句法和主题三个方面分析作文，涉及 300 多个语言特征，可归为五个类别：中心思想与整体性（主要观点、话题的紧凑性和一致性）、文章组织（过渡的流利性和论证的逻辑性，如引入和结论、并列和从属排序、逻辑结构、逻辑转换、观点的出现顺序）、话题的推进和细节（内容的广度和支撑观点的材料，包括词汇、细节等）、句子结构（句子完整性和多样性、可读性、主谓语一致性）、技巧和规范（符合标准书面语的规范，包括语法、拼写、大小写、标点符号等）。

与大多数作文自动评分系统不同，IntelliMetric 使用的模型是非线性、多维度的，建立在多个数学模型之上。据称，它与人工评分员的一致性达到了 97%—99%，并且能够用于评价多种语言的作文（Dikli, 2006; Elliot, 2003）。

iWrite

梁茂成经过十余年的研究，研制了国内第一个比较成熟的作文自动评分系统。

最初的研究（梁茂成，2011）使用 220 篇针对同一题目的学生英语作文，具体操作如下。首先，组织三名评分员对作文的语言、内容和篇章结构进行分析性评分，内容模块考查作文是否紧扣主题；语言模块主要衡量作文语言形式的准确性；结构模块评判作文是否满足独立成篇的条件。Chung & Baker (2003) 认为，上述模块可以直接追溯到写作能力的构念，具有较好的效度，也更符合写作测试的评价标准。其次，将作文随机分成训练集和验证集，并从训练集中提取语言、内容和篇章结构方面的文本特征。之后，分析这些特征与作文总分（均值）的相关性，并以与作文得分显著相关的特征为自变量，作文得分为因变量，进行多元回归分析。最后，利用得到的回归模型对验证集的作文进行自动评分。在此基础上进行交叉验证，即基于验证集的作文构建模型，并以此模型对训练集的作文进行自动评分。研究发现，回归模型对学生作文质量具有较强的预测力，模型的复相关系数 R（Multi-Correlation Coefficient）为 0.837，复判定系数 R^2（Multiple Coefficient of Determination）为 0.7。用该模型对验证集进行评分，得到的机器评分具有较高的信度。人工评分之间的相关度均值为 0.675，而机器与人工评分之间的相关度均值达到 0.739；在 6 个分量表上，人工评分之间的绝对一致性（exact agreement）均值为 55.33%，而机器评分与人工评分之间的绝对一致性均值达到 59.67%；人工评分之间的相邻及绝对一致性 (exact-plus-adjacent agreement) 均值为 98.89%，而机器评分与人工评分之间的相邻及绝对一致性均值达到 99.33%。由此可见，机器评分的信度达到甚至超过人工评分的信度，达到了可操作水平。

后续的研究（梁茂成，2012）使用了 1,067 篇针对 5 个不同题目的大学生英语命题作文，5 个题目中 4 个为议论文，1 个为说明文。研究者同样对作文进行多轮、多次抽样，组建训练集，对评分系统进行较大规模的验证。此外，该研究挖掘了多达 42 个变量，并据此开发了可操作的计算机程序。研究结果表明，系统的评分信度达到了 0.752 或更高，系统与人工评分的结果之间的一致性（在 0—6 的量表上）高于 e-rater 的表现。

目前梁茂成开发的评分引擎已应用于"iWrite 英语写作教学与评阅系统"，可实时对作文的语言、内容、篇章结构和技术规范进行自动批改并提供反馈，帮助学生进行反思性学习。该系统也考虑了教师的作用，教师可在平台上布置写作任务，追踪、审查每个学生的作文档案，并提供个性化的反馈和修改。

以上主要作文自动评分系统的特点如表 7.1 所示。

表 7.1　主要作文自动评分系统的特点

	IEA	e-rater	IntelliMetric	iWrite
研究步骤	根据文本相似度进行机器评分	变量提取、多元回归、分数计算	机器学习	变量提取、多元回归、分数计算
测量对象	内容	语言、内容、结构	语言、内容、结构	语言、内容、结构
主要技术	潜语义分析	自然语言处理、向量空间模型、统计技术	人工智能	自然语言处理、潜语义分析、统计技术

（待续）

(续表)

	IEA	e-rater	IntelliMetric	iWrite
主要变量	语义相似度	句法结构、词汇、内容相关度	语义、句法、篇章层次	流利度、地道性、复杂度变量；语义相似度；连接词等
验证方法	机器/人工评分的相关度	机器/人工评分的相关度和一致性	机器/人工评分的相关度和一致性	机器/人工评分的相关度和一致性

第一，除了 IEA 和 IntelliMetric，其他两个评分系统都通过变量提取、多元回归、分数计算三大步骤来完成评分。

第二，结合早期的 PEG 可以发现，作文自动评分系统的测量对象从语言形式发展到语义内容，再过渡到语言、内容和结构三个方面。

第三，每个评分系统都采用多种技术来提取变量。

第四，各个系统使用的变量与其测量对象对应。例如，梁茂成的系统采用流利度、地道性、复杂度方面的变量考察语言形式质量；采用语义相似度衡量语义质量；采用连接词等测量作文结构质量。

第五，与 PEG 相比，表 7.1 中的系统不仅使用相关度指标，还采用一致性指标来检验机器评分与人工评分的相似性。一致性包括绝对一致和相邻一致百分比（Chung & Baker, 2003: 28）。前者指机器与人工所评等级相同的文本数量占所评文本总数的比例，后者指机器与人工所评等级相差不大于 1 的文本数量占所评文本总数的比例。当评分量表为离散数据且等级较少时，往往使用绝对一致百分比；当评分等级较多时，也可使用相邻一致百分比（Yang et al., 2002）。

总之，现有作文自动评分系统已经比较成熟。上述系统的评分与人工评分的相关度都在 0.7—0.9 之间，可以在实际评分中适当代替人工评分员。

7.3.2 人工译文自动评分模型

汉译英自动评分模型

近年来，国内已建立了针对中国学生的汉译英自动评分模型，包括诊断性模型和选拔性模型两种。诊断性模型可对译文的语义内容和语言表达进行细致评分；选拔性模型可对区分度较大的语言点进行语义评价，满足大规模测试中自动评分的需要（王金铨，2010）。该研究使用一篇记叙文的300篇英译汉译文构建评分模型，研究步骤如下。

首先，对译文进行两次人工评分。第一次评分比较细致，分别对译文的语义内容和语言形式进行评价，结果用于构建诊断性模型。对译文语义进行评分时，先将原文各句分别划分为2—3个语义单位，逐个单位进行评价；对译文形式进行评分时则以句为单位，衡量语言的准确性和恰当性。第二次评分比较简化，仅对具有较大区分度的语义点进行评价，结果用于构建选拔性模型。

其次，在译文中提取语义和形式方面的多个文本特征。反映语义内容的变量有三类：N元组匹配数量、基于潜语义分析的语义相似度、语义点对齐数量，均以25篇最佳译文为参照提取。语义点对齐技术考查的是译文对区分度较高的语言点的翻译能否与正确译文表匹配，和针对测试点的评价方法（俞士汶等，1992）相似。

再次，使用一半数量的译文构建诊断性模型。在构建选拔性模型时，研究者选取30篇、50篇、100篇、150篇译文作为四个训练集分别建模，以考查哪种数量的文本能够满足大规模测试中自动评分的需要。

最后，使用相应的验证集译文检验机器评分的信度。研究结果表明，在诊断性模型中，机器对篇章译文的语义和形式评分与人工评分的相关度分别为0.842**、0.741**。在选拔性模型中，机器与人工评分的相关度在0.8以上。从提高评分效率考虑，以100篇译文构建的评分模型满足大规模测试评分的需要。

该研究探索了诊断性模型与选拔性模型的区别，构建的模型能够准确、有效地评价中国学生的译文。不过，该研究仅使用记叙文译文来构建模型，难以判定译文质量预测因子在其他文体中是否有效。并且，该研究采用保留样本法构建、验证模型，训练集一直用于建模，验证集一直用于检验模型，因此结果在一定程度上受到分集的影响。

英译汉自动评分模型

江进林（2016）研制了中国学生英译汉机器评分模型。该研究也经历了人工评分、特征提取、模型构建、模型验证四个阶段，并同样采用分模块设计，进行细致型和简化型两种人工评分。细致评分从语义和形式两个方面评价译文质量，简化评分仅对区分度较高的评分点进行语义评价，两种评分结果分别用于构建诊断目的和选拔目的的评分模型。不过，该研究在以下方面与已有研究不同。

首先，以往研究采用单一文体，该研究采用说明文、记叙文、叙议混合文三种文体，分别使用300多篇学生译文构建机器评分模型。通过比较可以确定对每种译文评分最有效的质量预测因子，从而提高模型的迁移性。

其次，该研究的人工语义评分以原文的"翻译单位"为单元。翻译单位是符合搭配规则、意义单一、完整并具有一定区分度的多词单位（Teubert, 2002），以此为评分单元，有利于评价译文的语义正误、语法性（grammaticality）、连贯性和地道性。人工形式评分增加了"风格切合度"标准，因为英译汉的目的语是学生的母语，对译文语言形式的评价需要采用更高的标准。

再次，该研究改进了以往研究中关注的一些文本特征，并提取了一些新特征。例如，由于英汉语言表达的差异和汉语分词的影响，一个英语词汇可能对应一个或多个汉语词语，也可能出现多对一、多对多的情况。同时，少数英语词汇的汉语翻译呈分离状态，如 as quickly as 的译文"像……一样快"，中间间隔一个或多个词语。此外，中国学生的英译汉译文中大量使用同义词和近义词，如 in radiant bloom 的翻译包括"盛开""开花""开放""绽放""怒放"等。针对以上特点，该研究的词对齐不仅考察英语、汉语的一一对应，还进行一对多、多对一、多对多的对齐，同时考虑英语词汇与相应汉语分离结构对齐的情况，还嵌入同义词词林，考查原文词汇与词典译文的同义词、近义词对应的情况。研究表明，这种词对齐的效果优于仅基于词典的词对齐技术（文秋芳等，2009）。再如，研究者根据各翻译单位的最佳译文和正确译文列表，提取了学生译文中相应翻译单位的对齐数量，该指标能够较好地评价译文的语法性、连贯性和地道性（江进林、文秋芳，2010）。

最后，该研究对人机评分差异较大的译文进行了质性分析，发现主要原因是机器依据的词表欠完美、语料预处理欠仔细。经改进，初始模型得到了完善。

该研究有如下发现。第一，三组语料的评分模型提取的特征有同有异。其中，翻译单位对齐数量的贡献最突出。第二，交叉检验结果显示，在诊断性模型中，三组语料篇章译文的机器语义评分与人工语义评分的相关度分别为

0.846**、0.881**、0.925**，机器形式评分与人工形式评分的相关度均值分别为 0.625**、0.690**、0.774**。机器与人工评分也比较一致。此外，相较而言，机器对篇章译文进行的整体评分，比机器对单句译文进行评分再相加得到的篇章译文分数更接近人工评分，也更稳定。第三，以 50、100、130、150、180 篇训练集译文构建的选拔性评分模型都能较好地预测译文成绩。经过比较发现，说明文和记叙文译文中使用 130 篇训练集译文、叙议混合文译文中使用 100 篇训练集译文不仅能够节约成本，也能够满足大规模评分的需要。

7.3.3 口语自动评分系统

近年来，国外考试机构开始尝试在低风险环境中使用口语自动评分系统，最具代表性的是 Pearson 公司 Versant 系列口试使用的 Ordinate，以及 ETS 为托福口语测试研发的 SpeechRater。

Ordinate

Ordinate 的运行步骤如下。

首先，使用隐马尔可夫模型（Hidden Markov Model）对语音文件进行语音识别，提供切分好的语音片段（包括单词和词串），并生成声谱（acoustic spectra）等信息。一句仅包含六七个单词的话就能提供 30—50 条语音信息片段（Van Moere，2010：90）。

其次，进行特征提取。Ordinate 重点评判口语熟练程度（facility），该构念体现为四项测量目标：发音、流利度、句子熟练度和词汇（Pearson Education，2011：13）。Ordinate 提取语音单位（音素）的完整性特征（duration of phone）来考察发音的准确性；使用语音单位的节奏性特征（rhythmic property）来衡量流利度，包括作答延迟时间（latency of response）、语速、停顿时长、停顿位置等；使用换词、删词、插词等特征来评判句子熟练度。由于口试的答案高度限定，系统无须提取词汇方面的特征，只通过语音比对即可判定是否得分（Bernstein，2013；Bernstein et al.，2010）。

最后，根据特征计算四项测量目标的得分，再按比例计算每项任务的得分（Pearson Education，2011）。发音和流利度分数特征都在单句朗读、原句跟读以及句子重构三项任务中提取，前者通过对比由音素完整性特征构建的、考生与本族语者的声学模型（声谱似然比）（spectral likelihood ratio）得出；后者通过对比由节奏性特征构建的、考生与本族语者的声学模型得出。句子熟练度通过对比考生答案与标准答案，构建匹配算法，使用分步计分的 Rasch 模型打分（Bernstein et al., 2010）。计算词汇分数时，系统考虑两类任务：针对简答任务，系统只比对考生语音和答案语音，非对即错，通过二级计分的 Rasch 模型打分；针对复述任务，系统会比对考生答案中是否出现了预期的关键词，以及该词串是否以预期的顺序出现，算法与潜语义分析类似（罗凯洲、韩宝成，2014）。具体如何赋分属于商业秘密，Pearson 从未透露。Van Moere（2010：86）的研究结果显示，Ordinate 与人工评分的相关系数高达 0.97。

SpeechRater[1]

SpeechRater 也根据隐马尔可夫模型进行语音识别。它不仅进行语音切分和声谱转换，还进行单词识别和文本转写（Higgins et al., 2011）。

SpeechRater 重点考查考生的交际能力（Xi et al., 2008：9），该构念在托福在线模拟考试系统（TOEFL-iBT Practice Online，简称 TPO）中体现为语言表达（delivery）、语言运用（language use）和话题构建（topic development）三项测量目标（ibid.：29）。研发人员认定了 29 项特征，其中 22 项考查流利度，一项测量发音准确性，两项评判词汇多样性，一项表示语法准确性，其余为总字符数等技术特征。托福考试内容咨询委员会剔除了重复性，保留了与人工评分相关度高的特征，最终进入评分程序的只有 5 项：考察发音的声学模型分数，评判语法准确性的语言模型分数，衡量流利度的语块平均长度和语速，以及同时考察流利度和词汇多样性的标准化形符数（unique words normalized by duration）（ibid.：50）。

SpeechRater 根据这五个参数为 TPO 的六项任务打分，包括独立任务、读听说结合任务、听说结合任务各两项。每项任务的取分范围均为 0—4 分，声学模型分和语言模型分分别通过对比考生语音与标准语音模型、考生语言与标

---

1 ETS 决定从 2019 年开始在托福口语测试评分中正式引入 SpeechRater，让其与人工评分员一起评分。

准语言模型得出，前者占单项任务分（4分）的40%，后者占10%；语块平均长度和语速分别占10%和20%；标准化形符数根据不包含停顿的可转写切分成分得出，占20%。每项任务的分数都通过五个参数和人工评分进行多元回归分析后得出。六项任务成绩相加得到总分，并被转化为0—30的量表分。具体参数的赋分标准，ETS并未透露。若采用正式考试的语音文件，该系统与人工评分的相关度可达0.68（Higgins et al., 2011）。

7.4 问题与挑战

自动评分系统的益处毋庸置疑。在大规模测试中，它能代替一名评分员，和另一名人工评分员交叉评分，一方面能提高评分效率，节省人力物力，一方面能消除评分员的评分经验等主观因素的影响，提高评分信度。在课堂教学中，它能即时提供诊断性反馈，帮助学生有针对性地学习，其较高的评分效率也让学生有更多机会提交练习。不过，自动评分系统也面临一些问题和挑战，主要涉及以下方面。

第一，构念与系统的联系。写作自动评分系统经过数十年的发展，测量的构念已比较完整，基本体现了写作需要的各种能力，以及人工使用的评分标准。然而，口语自动评分系统中一些任务的构念效度和评分方法受到较多质疑（Bernstein, 2013: 857）。目前的口语自动评分系统通常评价听说结合任务（如听后复述），这类任务实际上测量的不仅是口语能力，还有听力（ibid.: 862）。从SpeechRater使用的变量也可以看出，口语自动评分的重点在于流利度（与时间相关的特征），带有一些音段声学特征，但对交际能力的考查不足（Chapelle & Chung, 2010），因而只能"在低风险环境中，在教师帮助下使用"（Xi, 2010: 298）。

第二，评分的准确性。人工评分容易受到评分员性格、评分经验、题型、评分时间等因素的干扰，自动评分系统使用的往往是与人工评分显著相关的特征，如何消除人工评分的主观倾向造成的偏差，需要对系统进行严格的训练和等值处理（Bernstein, 2013: 857-858）。口语自动评分系统更易出现偏差。目前语音识别技术对本族语者语音的识别准确率达95%，但对非本族语者语音识别的准确率则大大降低（Ehsani & Knodt，1998），对带口音的非本族语者语音的识别准确率甚至可能降至70%（Derwing et al.，2000）。并且，语音识别系统往往测量韵律，不考虑语言结构，因此其识别超音段错误的准确率尤其令人担忧（Levis，2007）。

第三，评分提供的反馈。已有的作文自动评分系统能够提供比较丰富的反馈信息。例如，基于IEA的WriteToLearn不仅提供作文分数，还可就作文的思想、组织、写作规范、句子流利度、用词、语气等方面给出反馈，并突出显示拼写和语法错误（Burstein，2013：313）。不过，口语自动评分系统提供的反馈受到较大的限制，仅能处理有限的题型，难以针对交互性较强的对话进行错误诊断，因为对话内容的多样性和不可预测性大大增加了（Bernstein，2013：858）。

7.5 发展方向

基于现有的问题，自动评分系统可在以下几个方面展开进一步研究。

第一，提高构念效度。今后应将口语技能和认知、社会技能整合起来，测评更具有交际性的口语能力，关注如真实对话中的自发性语言，避免将口语分数与听力分数混合起来（Bernstein，2013：862）。

第二，提高变量的准确性。例如，将一些超音段特征（如语调、高音范围）纳入口语评分系统，能够在一定程度上测量交际能力，因为语调与特定的交际目的联系在一起，如陈述（proclaiming）使用降调，共指（referring）使用升调（Kang & Pickering，2014：1058）。

第三，开发教学辅助性评分工具。今后需要进一步研究如何让口语自动评分系统提供更有交际性、更准确、更全面的诊断性反馈。Higgins et al.（2011）开发了一款语音识别器，无须转写文本，就能自动识别说话人的语速。如何进一步开发类似的工具并将它们应用于课堂口语评估，是今后研究的重要方向（Kang & Pickering，2014）。

第四，开展质性研究。已有研究通常使用量化研究方法，从大量文本中提取文本特征，或从大量音频中提取声学特征，而相关质性研究比较少见。如果对考生进行深度访谈，询问他们写作时为何使用某种特定的结构、某种逻辑关系或特定的词汇表达等，将有助于了解考生作文与其分数之间的关系。同样，如果对非本族语者进行深度访谈，询问他们为何在某个特定位置停顿、为何强调某些单词等，将有助于了解其口语表达和其所得评价之间的关系（Kang & Pickering, 2014：1059）。类似的研究不仅有助于从文本或语音（尤其是带口音的语音）文件中挖掘应该提取何种特征，还将提高所提取特征的信度和效度。

7.6 研究资源

7.6.1 推荐书目

Shermis, M. D., & Burstein, J. (Eds). (2003). *Automated essay scoring: A cross-disciplinary perspective.* Mahwah: Lawrence Erlbaum Associates.

Zechner, K., & Evanini, K. (Eds). (2019). *Automated speaking assessment: Using language technologies to score spontaneous speech.* New York: Routledge.

江进林，2016，《中国学生英译汉机器评分模型的研究和构建》。北京：高等教育出版社。

梁茂成，2011，《中国学生英语作文自动评分模型的构建》。北京：外语教学与研究出版社。

王金铨，2010，《中国学生汉译英机助评分模型的研究与构建》。北京：外语教学与研究出版社。

7.6.2 推荐文章

Dikli, S. (2006). An overview of automated scoring of essays. *Journal of Technology, Learning, and Assessment*, 5(1), 3-35.

Weigle, S. C. (2013). English language learners and automated scoring of essays: Critical considerations. *Assessing Writing*, 18(1), 85-99.

Yang, Y., Buckendahl, C. W., Juszkiewicz, P. J., & Bhola, D. S. (2002). A review of strategies for validating computer-automated scoring. *Applied Measurement in Education*, 15(4), 391-412.

7.6.3 推荐网站

ETS 自动评分与自然语言处理：https://search.ets.org/researcher/query.html?fl0=KW%3A&ty0=p&op0=&tx0=Automated%20Scoring

Pearson自动评分：https://www.pearsonassessments.com/large-scale-assessments/k-12-large-scale-assessments/automated-scoring.html

参考文献

Aist, G. (1999). Speech recognition in computer assisted language learning. In K. C. Cameron (Ed.), *Computer assisted language learning (CALL): Media, design, and applications* (pp. 165-181). Lisse: Swets & Zeitlinger.

Bernstein, J. C. (2013). Computer scoring of spoken responses. In C. A. Chapelle (Ed.), *The encyclopedia of applied linguistics* (vol. II, pp. 857-863). Oxford: Wiley-Blackwell.

Bernstein, J. C., Van Moere, A., & Cheng, J. (2010). Validating automated speaking tests. *Language Testing*, 27(3), 355-377.

Burstein, J. (2003). The e-rater scoring engine: Automated essay scoring with natural language processing. In M. D. Shermis, & J. Burstein (Eds), *Automated essay scoring: A cross-disciplinary perspective* (pp. 113-121). Mahwah: Lawrence Erlbaum Associates.

Burstein, J. (2013). Automated essay evaluation and scoring. In C. A. Chapelle (Ed.), *The encyclopedia of applied linguistics* (vol. I, pp. 309-315). Oxford: Wiley-Blackwell.

Chapelle, C., & Chung, Y. (2010). The promise of NLP and speech processing technologies in language assessment. *Language Testing*, 27(3), 301-315.

Chung, G. K., & Baker, E. L. (2003). Issues in the reliability and validity of automated scoring of constructed responses. In M. D. Shermis, & J. Burstein (Eds), *Automated essay scoring: A cross-disciplinary perspective* (pp.23-40). Mahwah: Lawrence Erlbaum Associates.

Derwing, T. M., Munro, M. J., & Carbonaro, M. (2000). Does popular speech recognition software work with ESL speech? *TESOL Quarterly*, 34(3), 592-603.

Dikli, S. (2006). An overview of automated scoring of essays. *Journal of Technology, Learning, and Assessment, 5*(1), 3-35.

Doddington, G. (2002). Automatic evaluation of machine translation quality using N-gram co-occurrence statistics. In *Proceedings of the second international conference on Human Language Technology Research* (HLT 2002) (pp. 128-132). San Diego, CA. March 24-27.

Ehsani, F., & Knodt, E. (1998). Speech technology in computer-aided language learning: Strengths and limitations of a new CALL paradigm. *Language Learning & Technology, 2*(1), 54-73.

Elliot, S. (2003). IntelliMetric™: From here to validity. In M. D. Shermis, & J. Burstein (Eds), *Automated essay scoring: A cross-disciplinary perspective* (pp. 71-86). Mahwah: Lawrence Erlbaum Associates.

Higgins, D., Xi, X., Zechner, K., & Williamson, D. (2011). A three-stage approach to the automated scoring of spontaneous spoken responses. *Computer Speech and Language, 25*(2), 282-306.

Jiang, J., Jiang, L., & Lu, X. (2018). Automated scoring of students' English-to-Chinese translations of three text types. *Journal of Quantitative Linguistics, 25*(3), 238-255.

Jurafsky, D., & Martin, J. H. (2009). *Speech and language processing: An introduction to natural language processing, computational linguistics, and speech recognition* (2nd ed.). Upper Saddle River: Pearson Prentice Hall.

Kang, O., & Pickering, L. (2014). Acoustic and temporal analysis for assessing speaking. In A. J. Kunnan (Ed.), *The companion to language assessment: Approaches and development* (vol. II, pp. 1047-1062). London: Wiley-Blackwell.

Kukich, K. (2000). Beyond automated essay scoring. *IEEE Intelligent Systems & Their Applications, 15*(5), 22-27.

Landauer, T. K., Laham, D., & Foltz, P. W. (2003). Automated essay scoring and annotation of essays with the Intelligent Essay Assessor. In M. D. Shermis, & J. Burstein (Eds), *Automated essay scoring: A cross-disciplinary perspective* (pp. 87-112). Mahwah: Lawrence Erlbaum Associates.

Levis, J. (2007). Computer technology in teaching and researching pronunciation. *Annual Review of Applied Linguistics, 27*, 184-202.

Page, E. B. (2003). Project Essay Grade: PEG. In M. D. Shermis, & J. Burstein (Eds), *Automated essay scoring: A cross-disciplinary perspective* (pp. 43-54). Mahwah: Lawrence Erlbaum Associates.

Papineni, K., Roukos, S., Ward, T., & Zhu, W. J. (2002). Bleu: A method for automatic evaluation of machine translation. In *Proceedings of the 40th annual meeting of the Association for Computational Linguistics (ACL)* (pp. 311-318).

Pearson Education. (2011). *Versant English test: Test description & validation summary*. Palo Alto: Pearson Knowledge Technologies.

Shermis, M. D., & Burstein, J. C. (Eds). (2003). *Automated essay scoring: A cross-disciplinary perspective*. Mahwah: Lawrence Erlbaum Associates.

Teubert, W. (2002). The role of parallel corpora in translation and multilingual lexicography. In B. Altenberg, & S. Granger (Eds), *Lexis in contrast: Corpus-based approaches* (pp. 189-214). Amsterdam/Philadelphia: John Benjamins.

Valenti, S., Neri, F., & Cucchiarelli, A. (2003). An overview of current research on automated essay grading. *Journal of Information Technology Education: Research*, *2*(1), 319-330.

Van Moere, A. (2010). Automated spoken language testing: Test construction and scoring model development. In L. Araújo (Ed.), *Computer-based assessment (CBA) of foreign language speaking skills* (pp. 84-99). Luxemburg: European Union.

Xi, X., Higgins, D., Zechner, K., & Williamson, D. M. (2008). Automated scoring of spontaneous speech using SpeechRater v1.0. Princeton: Educational Testing Service.

Xi. X. (2010). Automated scoring and feedback systems: Where are we and where are we heading? *Language Testing*, *27*(3): 291-300.

Yang, Y., Buckendahl, C. W., Juszkiewicz, P. J., & Bhola, D. S. (2002). A review of strategies for validating computer-automated scoring. *Applied Measurement in Education*, *15*(4), 391-412.

桂诗春，2003，潜伏语义分析的理论及其应用，《现代外语》（1），76-84。

江进林，2013，英译汉语言质量自动量化研究，《现代外语》（1），85-91+110。

江进林，2016，《中国学生英译汉机器评分模型的研究和构建》。北京：高等教育出版社。

江进林、文秋芳，2010，N元组和翻译单位对英译汉自动评分作用的比较研究，《现代外语》（2），177-184+219-220。

江进林、文秋芳，2012，大规模测试中学生英译汉机器评分模型的构建，《外语电化教学》（2），3-8。

梁茂成，2011，《中国学生英语作文自动评分模型的构建》。北京：外语教学与研究出版社。

梁茂成，2012，《大规模考试英语作文自动评分系统的研制》。北京：高等教育出版社。

罗凯洲、韩宝成, 2014, Ordinate 与 SpeechRater 口语自动评分系统评述与启示,《外语电化教学》(4), 27-32。

王金铨, 2010,《中国学生汉译英机助评分模型的研究与构建》。北京: 外语教学与研究出版社。

王金铨、万昕、董子云, 2018, 翻译质量评价方法及其在计算机翻译评价系统中的应用,《中国翻译》(4), 73-78。

王金铨、文秋芳, 2009, 中国学生大规模汉译英测试机助评分模型的研究与构建,《现代外语》(4), 415-420+438。

王金铨、朱周晔, 2017, 汉译英翻译能力自动评价研究,《中国外语》(2), 66-71。

文秋芳、秦颖、江进林, 2009, 英语考试翻译自动评分中双语对齐技术的应用,《外语电化教学》(1), 3-8。

俞士汶、姜新、朱学峰, 1992, 基于测试集与测试点的机译系统评估, 载陈肇雄主编,《机器翻译研究进展》。北京: 电子工业出版社, 524-537。

第八章 认知诊断测试

闵尚超 熊笠地 浙江大学

8.1 引言

　　教育与心理测量领域名家 Misllevy（1993）教授曾指出，测量理论的发展可以大致分为两个阶段。其一是标准测量理论阶段，涵盖了经典测量理论、概化理论和项目反应理论等。这一阶段的主导是个体能力水平研究范式（ability level paradigm），主要从宏观上为个体提供整体性评估。其二是新一代测量理论阶段。它既强调个体能力水平，也重视个体认知水平，其测量目的不仅在于定位能力，还试图探究被试的心理特质，诊断被试的认知能力结构。认知诊断测试即源于新一代测量理论。如今，认知诊断研究已成为国内外语言测试领域一个备受关注的方向。

　　认知诊断基于认知心理学和心理测量学理论，借助现代统计方法和计算机技术等，通过被试可观察的表现或反应模式测量或评估其不可观察的粒化认知属性（fine-grained attribute）的认知结构和知识技能（Leighton & Gierl, 2007）。与仅仅提供笼统分数的传统测量方法相比，认知诊断能深入挖掘被试认知加工过程中潜在的特性和属性掌握模式，这有助于更精确地诊断被试能力的强弱项，为被试建立完备而细致的学习档案，以便教师有针对性地提供补救措施和策略指导，同时被试也能获得有效干预，提高自主学习效果。

　　尽管认知诊断测试是语言测试领域的一项研究热点，但目前还缺乏相关的系统介绍。基于此，本章将在第二小节综述认知诊断的起源；第三小节探讨认知诊断在语言测试领域的实际应用，并介绍实施认知诊断测试的步骤；最后指出当前认知诊断研究所面临的问题和未来发展趋势。

8.2 历史观点

8.2.1 理论起源

长期以来，经典测量理论和项目反应理论在语言测试领域处于主导地位。经典测量理论基于简单的数学模型，因其简单易懂、应用性广，被很多测试研究者使用，但后来因为项目统计量严重依赖被试样本等缺陷而饱受诟病（Nichols，1994）。项目反应理论于20世纪50年代问世，它的核心是项目特征曲线，反映的是被试的能力水平与其正确回答题目的概率之间的关系。其优势在于将题目的难度、区分度等统计量与被试样本分离，并将被试的能力值纳入同一量尺。因此，不同题目之间和不同被试之间可以进行比较（Baker，1985；Embretson & Reise，2000）。

虽然项目反应理论弥补了经典测量理论的很多不足，但是本质上只是从统计层面假设观测分数反映了被试的认知过程，而实际上没有对被试心理属性的细致分析。因此，只能给出衡量被试整体能力的分数，不能报告被试在题目涉及的知识与属性方面的具体掌握情况（Snow & Lohman，1989）。答对或答错某个题目对被试甚至教师的实际意义只在于分数的差别（Kunnan，2004），被试最后仍不清楚自己是否掌握某项属性，强弱项在哪里，教师也更倾向于认为高分群体各项属性掌握都较好，低分群体各项属性掌握都较弱，或者只是依据经验判断被试的强弱项，无法获得准确的诊断信息，因此在调整教学内容和进度方面无法获得有效帮助。在定位学习弱项和重点存在困难的情况下，为了获取高分，学生和教师不得不采取所谓"题海战术"进行"十全大补"，而结果是不仅没能弥补不足，反而浪费了大量人力、财力和时间。这种整体效率不高的教学一定程度上是传统测量方法反馈作用不足导致的。另外，只提供整体分数的测量方法并不能使利益相关者（stakeholder）信服，这一现象在高风险测试中体现得更为明显。测试的利益相关者包括考生、教师、家长、教育机构等。有的家长可能会质疑分数对考生能力的代表性。考试使用者，如高校也可能会反映单凭笼统的分数无法精确选取符合校方要求的学生。总之，传统的教育测量方法在诊断考生能力方面尚存在不足，需要引起足够的重视。

因传统方法无法提供足够有效的信息来指导教与学，认知诊断测量方法在

20 世纪 90 年代逐步发展起来。认知诊断通过构建带有特定属性的项目或者分析项目所含属性来构建观测分数与被试内部认知机制间的关系，以进一步诊断被试在属性掌握上的强弱项（Lee，2015；Skaggs et al.，2017）。因此，考试利益相关者可以得到更详细的、个性化的反馈信息。教师可以制定符合学生实际的教学方案，学生也可以根据自己的弱项开展有针对性的训练。对认知诊断方法的研究既是教育测量自身不断发展的结果，也是当代建设高质量教育和教育评价的必然要求。

8.2.2 发展基础

认知诊断的发展离不开四类学科的帮助，即认知心理学、心理测量学、统计学和计算机科学。

认知心理学的关注点主要是人的认知和行为背后的认知处理以及加工过程，它承认人心理状态的存在，并采用科学、系统的方法进行研究。在认知心理学的帮助下，测试研究者可以通过分析来判断被试作答时的心理状态、技能策略、加工过程以及属性之间的关系等。可以说，认知心理学是认知诊断分析中最基础的部分。

有了心理学分析，还需要进行科学的测量。心理测量学者们开发出了各种心理测量模型，使学生抽象的认知结构表现为可进行计算的数字，不同的被试也可以由其在测试中的反应及属性掌握情况进行分类。同时，这一技术还离不开统计学和计算机科学的发展。认知诊断模型十分复杂，单靠人工计算无法有效完成。借助统计学的帮助建立适用于计算机运算的模型，为复杂的数据处理提供有效的工具，才使认知诊断真正变得可行。

8.3 当今视角

8.3.1 认知诊断模型的发展

认知诊断最初应用于数学教育领域，用以检验考生是否掌握某些数学技能；后来随着研究的不断深入和技术的不断发展，这一方法逐渐被引入语言测试领域。认知诊断研究中非常重要的一项议题是认知诊断模型的构建，截止到2007年，认知诊断模型数量就已经超过60种（Fu & Li, 2007），不同模型基于不同理论，在性能上存在一些差异。

早期的模型有Fischer的线性逻辑斯蒂克特质模型（Linear Logistic Trait Model，简称LLTM）（Fischer & Formann, 1982），其发展基础是Rasch模型。LLTM结合了项目难度和项目认知属性，通过分析项目考查的技能和知识刻画项目的复杂度，进而借复杂度来表示项目难度。这一过程给Rasch中单纯的概率模型赋予了认知内容，为项目的分析增加了认知意义。但在LLTM中，被试的能力被视为一个笼统的θ值，因此无法判断被试对各个认知属性的掌握情况，其数学表达式如下：

$$P(u_j=1|\theta)=\exp(\theta-b_j)/(1+\exp(\theta-b_j))$$

其中，P表示被试答对项目j的概率，θ表示被试的能力值，j表示第j个项目，b_j表示第j个项目的难度参数，其值可以通过以下公式计算：

$$b_j = \sum_{k=1}^{K} \eta_k \, q_{jk} + d$$

K代表属性的总数，k表示第k个属性，η_k表示属性k的权重，q_{jk}表示第j个项目在属性k上的记分，d是标准化常数。

Tatsuoka（1983）的规则空间模型（rule space model）是另一个早期应用较为广泛的认知诊断模型。该模型假设测试的所有项目均可通过认知属性刻画，被试的能力和知识结构也可以通过认知属性的掌握模式表现，并创造性地提出Q矩阵（Q-matrix）的构建，实现了通过可观察的项目反应模式估计不可观察的知识掌握状态和结构。此后的认知诊断模型基本都沿用了Q矩阵。表8.1是Q矩阵的一个例子，矩阵中包含属性和题目两个部分，横向的属性栏是总体能力的细分项，例如阅读能力可以细分为信息提取、推理、大意概括等。纵向的题目列分别对应测试的题目，如果题目涉及某个或某几个属性，那么在对应的属性下面就标注"1"，没有涉及的就标注"0"。如题目1只涉及属性4，因此只在属性4下面标注"1"，而题目2涉及2和4两个属性，所以就在属性2和4下方标注"1"。

表 8.1　Q 矩阵示例

	属性 1	属性 2	属性 3	属性 4	属性 5	……
题目 1	0	0	0	1	0	
题目 2	0	1	0	1	0	
题目 3	0	0	0	1	1	
题目 4	1	0	0	1	0	
题目 5	0	1	0	0	0	
题目 6	0	1	0	1	0	
……						

除了上述两种模型之外，还有 AHM 模型（Attribute Hierarchy Model）（Leighton et al., 2004）、DINA 模型（Deterministic Inputs, Noisy And Gate）（Junker & Sijtsma, 2001）、RUM 模型（Reparameterized Unified Model, 即融合模型 [Fusion Model]）（Hartz, 2002）、G-DINA 模型（Generalized DINA）（de la Torre & Douglas, 2004）、DINO 模型（Deterministic Inputs, Noisy "Or" Gate）（Templin & Henson, 2006）、ACDM 模型（Additive Cognitive Diagnostic Model）（de la Torre, 2011）等。从不同角度看，认知诊断模型可以有很多种分类方法，例如：依据项目的评分方式，可以划分为适用于二级记分项目的模型和适用于多级记分项目的模型；依据认知策略之间的关系，可以分为简约型（reduced）模型和饱和型（saturated）模型；依据认知属性对解题的作用，可以分为补偿型（compensatory）模型和非补偿型（non-compensatory）模型等。补偿型模型指被试在答题时已掌握的属性会补偿未掌握的属性，而非补偿型模型认为属性对解题的作用相互独立、不受影响。早期模型多为非补偿型，因为数学微技能之间相对独立，很少有互相补充的情况，但由于应用领域日渐扩展，补偿型模型随之问世。常见的非补偿型模型有：规则空间模型、融合模型、AHM 模型、DINA 模型等；而 DINO 和 ACDM 等则是常见的补偿型模型。

其中，DINA 模型因其公式简单便于理解，受到很多研究者的青睐，之后一些模型如 MS-DINA 模型（Multiple Strategy-DINA Model）、G-DINA 模型（Generalized-DINA Model）等都是基于 DINA 模型而发展的。DINA 模型中只引入了失误（slip）和猜测（guess）两个参数，因此参数更易于识别。失误是指被试掌握了所测属性，但是因为噪声的作用漏答或错选其他选项；猜测是指被试在未掌握所测属性的情况下凭猜测答对题目的情况。简化模型定义为研究者带来了便利，但同时也有一些问题。Rupp & Templin（2008）指出，Q 矩阵的变化会降低参数估计的准确性，若从 Q 矩阵中删除一些属性，会高估失误参数值；若新增属性，则会高估猜测参数值。

另一个应用较广泛的是融合模型。融合模型由统一模型（unified model）（DiBello et al., 1995）简化而来，弥补了后者有时因模型本身太复杂而无法估计出参数的问题。但 Henson & Douglas（2005）的研究表明，融合模型的诊断能力受认知属性个数和属性间的相关程度限制，属性个数越少、属性间越相关，其诊断就越精确。因此在实际诊断中运用融合模型时，应注意属性个数及其相互关系等因素。通常融合模型更适合用在属性不多于五个的情境中。

近年来，G-DINA 模型也吸引了研究者的注意，并在研究中证明了其可靠性，且通常能较好地拟合数据（de la Torre，2011；陈慧麟，陈劲松，2013）。G-DINA 模型属于饱和型模型，饱和型特征的含义是指该模型中不仅包含了单一属性参数，还有几个属性的交互参数，应用到语言测试领域更利于探究认知属性之间的相互关系。另外，de la Torre（2011）提出的 G-DINA 模型框架中除了饱和的 G-DINA 模型之外，还包括其他非饱和型模型，因此研究者可以通过直接比较不同模型的拟合度选择最佳模型，还可以针对某一项目的特点选取适合该项目的模型进行分析，使认知诊断的估计更有弹性。但是，G-DINA 模型尚处于发展当中，仍存在一些问题。例如，G-DINA 模型框架涵盖的认知诊断模型有限，模型对样本量和属性分布的要求不够明确，模型的饱和性质使得模型具有较高的复杂度，因而在估计时容易犯第一类错误（type I error）等。

8.3.2 认知诊断的步骤

认知诊断大致有两种应用方法，即"翻新法"（retrofitted approach）与"归纳法"（inductive approach）（Alderson，2005），二者在应用步骤上存在区别。前者指将认知诊断模型应用到非诊断目的的考试中，从而提取诊断信息；后者则是直接设计开发具有诊断性质的试题，从命题环节开始到分数报告，形成一个完整的体系。虽然目前学者们对"翻新法"褒贬不一，但笔者认为，在尚不具备能力开发出高质量、系统的诊断测试之前,从现有考试(如校本考试、期末考试等)中提取诊断信息是一种经济有效、操作性强的做法,值得尝试。

采用"翻新法"一般至少包括四个步骤。第一步是定义认知属性(attribute),认知属性指的是被试在正确回答问题时所运用的知识、能力、策略等(Lee & Sawaki, 2009a)。定义认知属性有多种方法,例如文献参考、现有技能分类、试题内容分析、试题开发者和专家判断等自上而下的方法以及考生有声思维或深度访谈等实证研究的方法。一般先确定好整套试卷可能涉及的属性及其定义后,第二步是综合专家分析与学生有声思维调查或访谈的结果构建出如表 8.1 所示的 Q 矩阵。构建过程中,有时会因受访者观点不同而得出不同的矩阵;若专家认为均合理,则可比较不同矩阵的拟合值,选取拟合度更高者作为最终的 Q 矩阵。第三步是确定认知诊断模型,在用认知诊断分析软件得出结果之前,软件会提供模型拟合度数据,研究者可以比较各个模型的拟合度确定最适合的模型。第四步,在得出结果之后,研究者需要反馈诊断信息,报告考生成绩、能力水平以及认知属性掌握情况等。最后,在有条件的情况下,教师可针对反馈信息开展针对性教学,学生也可根据诊断信息有计划地自学。

"归纳法"的流程和"翻新法"大致相同,二者最大的区别在于"归纳法"在定义认知属性之前,要明确测量目标,然后根据目标细化整个测试所涉及的认知属性,再按照这些认知属性设计题目。编制题目需要领域专家的参与,编制的同时需要确定每一题考查的认知属性。

8.3.3 认知诊断在语言测试领域的应用

认知诊断在语言测试领域的应用已有近 30 年历史。在此期间,认知诊断的相关研究在各方面都取得了进步,可大致分为以下三个方面:(1)作为一种教育统计方法,它经历了从初级探索到不断革新的过程;(2)作为一个测试研究方向,虽然尚未有系统理论成形,但它正在从实际操作层面向理论构建层面过渡;(3)作为一项测试和教育研究工具,它为诸多研究提供了全新的角度和更精确、更深层次的实证证据,因此越来越多的研究者开始关注认知诊断。此小节将详细阐释以上三方面,综述认知诊断在这几十年中的应用。

首先,作为一种教育统计方法,认知诊断经历了由统计理论构想发展为可操作模型的过程，且随着探索不断深入，不同种类和具有不同特征的模型不断问世并应用于语言测试研究。自 Tatsuoka（1983）提出规则空间模型后，Buck 等人在 1997 年首次将这一新技术应用到语言测试领域。他们分别对考生在二语听力（Buck et al., 1997b; Buck & Tatsuoka, 1998）和阅读（Buck et al., 1997a）考试中的作答情况进行分析。Buck 等（1997b）和 Buck & Tatsuoka（1998）分别发现了 14 和 15 个重要的听力子技能，为听力能力的技能划分提供了实证依据。但不同在于，前者研究的是多项选择题，后者是简答题。Buck 等（1997a）分析了 TOEIC 阅读试题考查的阅读子技能，结果显示规定空间模型能成功诊断九成以上学生的知识掌握状态，且考生在 16 个阅读子技能上的表现能解释考生阅读成绩 97% 的方差。作为认知诊断在语言测试界的初探，以上研究无疑证明了这一方法的可适用性。进入 21 世纪，随着认知诊断模型的开发，使用空间规则模型的研究者逐渐减少，新的模型诸如 AHM 模型、DINA 模型、融合模型等纷纷应用于不同的研究。例如 Wang & Gierl（2011）以批判性阅读为例，详细介绍了 AHM 模型的原理及操作步骤。而蔡艳、丁树良、涂冬波（2011）则以诊断分析为重点，采用 AHM 模型诊断了我国中学生的英语阅读能力，发现该群体属性对"理解句子间的关系""复句理解"等基础知识掌握较好，但是"推理""信息匹配"和"细节识别"等技能尚有待提高，而且考生的属性掌握模式并不统一，因学校而异。DINA 模型和融合模型是另外两个应用广泛的模型。Ravand 等（2012）曾利用 DINA 模型证明了从现有高风险阅读测试中提取诊断信息的可行性以及对教学的促进作用。与此对应，Jang（2009）用融合模型分析了 LanguEdge 测试中的阅读试题，并对考生的属性掌握情况做了更全面的研究。Jang（2009）指出，虽然我们的确可以从现有考试中提取诊断信息，但非认知诊断测试中有些考题并不具备诊断力，所以研究者在做类似尝试时需要认真筛选题目。G-DINA 模型是近年来继 DINA 模型与融合模型之后另一备受关注的模型。该模型通常都能与数据较好拟合，且其软件中嵌套了多种性质的模型，使用起来较方便。研究也证实 G-DINA 模型能较好地用于阅读测试（陈慧麟，陈劲松，2013）和听力测试（孟亚茹，2013）。此外，还有研究者探索了其他一些新模型的特性，这些模型分别基于不同理论思想、计量性能和题目计分方式，如 RRUM 模型（Bolt et al., 2008）、GDM 模型（von Davier, 2005）、多项选择 DINA 模型、多策略 DINA 模型、连续型数据诊断模型（郭磊等，2013）及 G-DINA 模型（Chen & de la Torre，2013）等，这些模型虽不太常用，但在特殊情况下研究者可根据自身需要选取适用的模型。

随着模型的增多，研究者又开始考虑另一个问题，即如何针对自己的研究选择合适的模型，由此大批关于模型比较的研究开始涌现。Lee & Sawaki（2009b）在对比了 GDM、融合模型以及潜在分类模型对 TOEFL 考试阅读和听力部分的诊断结果后发现，除了 GDM 与另外两个模型的诊断稍有出入之外，三个模型的诊断结果大体一致，尤其是听力部分的诊断结果相似度更高，其不一致之处可能是由 GDM 的补偿性质所致。同时作者还指出，使用补偿型还是非补偿型模型不会对结果的稳健性产生太大影响。同时，Li 等（2016）用 G-DINA、DINO、ACDM、DINA、RRUM 五种不同模型分别提取 MELAB 阅读测试中的诊断信息，对比发现饱和型模型 G-DINA 和补偿型模型 ACDM 与数据拟合最理想。另外蔡艳等（2011）在对比五种认知模型时发现，不同模型的诊断正确率会受到知识状态的分布形态和样本容量以及认知属性个数的影响，因此，研究者在选取模型时，也需要尽量考虑到多种因素。

其次，作为一个测试研究方向，认知诊断正在尝试从实际操作层面过渡至理论构建层面。在实际操作层面，除了整体应用上文提及的模型之外，研究者还探讨了认知诊断模型应用过程的各个环节，包括认知属性的确定与验证、Q 矩阵的构建与改进、考生认知类型的整理等。杜文博、马晓梅（2018）在构建英语阅读诊断模型时提出，在确定认知属性这一环节可以结合定量与定性数据，他们不仅采用 Fleiss Kappa 系数检验了专家的内部一致性，还选取了 12 名考生进行有声思维，这样的做法更能保证属性定义的有效性。Jang（2009）聚焦于 Q 矩阵的建立及完善，从测试考查的能力与 Q 矩阵构建过程这两个方面检验 Q 矩阵的有效性，并列出了 Q 矩阵构建过程中需要注意的原则和事项。Sawaki 等（2009）也关注了同一问题，但所用方法不同，她们利用认知诊断模型，通过不断重复认知诊断分析来修正 Q 矩阵。构建好有效的 Q 矩阵之后，研究者便可进行下一步分析。在阐述结果的过程中，Kirkpatrick 等（2013）认为，由于认知诊断模型提供的考生属性掌握模式有 2^k 种可能性，研究者很难从中发现规律，因此他们提出用凝聚式层次聚类（hierarchical agglomerative clustering，简称 HAC）和中心点算法（partitioning around medoids，简称 PAM）两种方式帮助归类考生的属性掌握情况，以便更好地解释结果。

在认知诊断方法不断实践、认知诊断过程不断完善的基础上，认知诊断专家们开始不满足于实际操作层面，而是想要寻求一套系统的认知诊断理论体系，虽然当前尚未有成形的理论问世，但已呈萌芽之势。一方面，部分研究者着眼于诊断方法的整理，尝试提出认知诊断的实施框架。例如 Nichols（1994）曾试图提出一套认知诊断构建框架，但随着技术的发展，很多 Nichols 提出的方法与原则已经不再适用。Alderson 等（2015）的研究虽未直接涉及认知诊断，但其对诊断测试理论框架的讨论，尤其是在诊断的定义、诊断方法和被试的确定、诊断实施步骤、考试决策与反馈以及后续干预性教学措施这五方面的探讨，对认知诊断框架的构建有重要启示。之后，Harding 等（2015）又在此基础上针对考生的强、弱项诊断提出了五条广义的实施原则，在一定程度上强化了上述诊断测试试验性理论框架。同时，陈慧麟（2015）针对操作流程，向国内研究者介绍了语言测试中的认知诊断方法与应用步骤。另一方面，研究者简述了认知诊断的发展历程，虽没有直接提出理论框架，但对多年来的认知诊断研究进行了回顾与反思，在一定程度上对该方向未来的研究提供了启示。例如 Lee & Sawaki（2009a）就曾梳理了语言测试中认知诊断应用的历史沿革，也对比介绍了一些常用模型各自的特点。Lee（2015）在综述认知诊断发展的基础上，提出了过往认知诊断研究的局限性及未来发展的方向，其中很重要的一点是：过去绝大多数研究都聚焦于"诊断"，却忽视了认知诊断的另外两大核心——反馈和补救性学习，至少就论文数量而言目前后两者远少于前者，这也是未来的发展方向之一。

最后，作为测试和教育研究工具，认知诊断为诸多研究提供了全新的角度和更精确、更深层次的实证证据。首先，如上文所述，认知诊断本身包含诊断、反馈和补救性学习三大核心，这是先前测量理论无法涉及的，因此认知诊断先天具有促进学习和教学的优势。在 Lee（2015）提出学界对反馈和补救学习关注较少后，已经有研究者开始挖掘这方面的内容。Jang 等（2015）专门讨论了阅读测试认知诊断反馈的作用，他们发现反馈虽是一件好事，但其功效对不同特点的学生而言并不一致，年轻的语言学习者受学习环境影响较大，其中父母的目标值对考生能力水平影响尤为重大，因此在给学习者提供反馈时需要考虑到他们的心理因素。同时，Doe（2015）在研究学生对诊断反馈的理解时发现，在理解反馈时教师的指导更易促进学生在学习上进行调整；但作者也指出，影响考生接受反馈的因素多样，此方面还需要更多探索。除了反馈的作用之外，孟亚茹（2013）和杜文博、马晓梅（2018）还尝试设计分数报告模板，但两篇研究均没有告诉读者其模板对学生学习和教师教学是否真正有帮助，模板的效度还有待研究。其次，认知诊断这一工具能够帮助我们深入探究语言能力，弥补了传统测量工具难于查究语言能力构成要素的弊端，也能更好地分析语言学习者的知识状态和认知过程。Yi（2016）对比了补偿型模型和非补偿型模型和二语听力、阅读数据的拟合情况，发现补偿型模型拟合度更好，从而推断出二语语言理解能力具有补偿性特征；同时作者还研究了不同属性对语言理解的贡献度，发现同一技能的贡献度会因题目而异，该结果帮助我们更深入地了解了二语语言理解能力及下属认知属性之间的关系。此外，认知诊断作为工具，对测试效度的验证也有一定贡献。认知模型和诊断测验之间的关系是一个值得探讨的问题，它直接关系到诊断测试的效度。丁树良等（2012）曾研究过教育认知诊断测试与认知模型的一致性，尝试提出提高认知诊断测试效度的设想；王卓然等（2014）也提出了在认知诊断测试中检测项目功能差异的方法。但这些尝试尚处于初级阶段，需要更多研究完善诊断测试效度验证。最后，认知诊断的开发还增加了测试多样性，它可以结合其他测试方式和研究方向，例如与计算机化测试结合为计算机化的认知诊断测试（Alderson & Huhta, 2005）和计算机自适应认知诊断测试（林海菁、丁树良，2007）；或将认知诊断结合到标准设定[1]中，探索将考生的属性掌握情况作为临界分判断依据的可行性（Skaggs et al., 2016）。

总体而言，自20世纪末期以来，认知诊断在语言测试界已得到了较大的发展。正如Davidson（2010）所说，认知诊断的发展是必要的，而且它已经在大规模测试中占据重要地位，在很大程度上，认知诊断还会在未来继续发展。但同时我们也应该注意到，当前认知诊断研究的发展仍存在一些问题与挑战。

---

[1] 标准设定是指运用科学的方法确定临界分，将受试者划分为两类以上类别（如合格与不合格；初级、中级、高级；等级A、B、C、D、E等）的过程。常见的标准设定方法有安戈夫（Angoff）法和改良安戈夫（Modified Angoff）法等。与安戈夫法不同，结合认知诊断的标准设定方法不要求专家判断达到标准某一级别应得的分数，而是判断该级别/类别的属性掌握情况。Skaggs等（2016）的研究显示新方法与改良安戈夫法结果类似，且在新方法下，专家评判的一致性更高。

8.4 问题与挑战

认知诊断测试发展并不均衡。首先，就认知诊断研究现状而言，国外起步早于国内，研究数量远高于国内，且实验设计更加完善，涉及多种认知诊断模型，应用的测试类型也较广泛，研究层次更加丰富。其次，不管是国内还是国外，当前的认知诊断研究主要集中于阅读理解，听力理解次之，而涉及写作和口语的认知诊断研究微乎其微，甚至可以说目前尚未出现类似阅读和听力诊断那样较统一、完整的研究范式。认知诊断测试若要获得更好的发展，还需要解决理论和实践方面的问题与挑战。

8.4.1 认知诊断的理论问题

认知诊断在理论方面需要进一步考虑以下两个问题：(1) 语言微技能的可分性；(2) 粒度大小的确定。

首先，尽管目前学界公认语言能力是一个多维构念，不仅存在一个总的语言能力因子，还存在听、说、读、写等技能因子，但认知诊断测试的一个核心概念是将听、说、读、写等技能因子进一步细分为不同的微技能，从微技能层面提供考生的能力掌握情况，这是它区别于其他测量方法的一个关键点。这一做法提供了全新的语言研究思路，但听、读等技能在微技能上的可分性值得商榷。语言能力不同于其他能力，各个微技能之间界限并不分明，一些研究者也对语言能力是否可分表示怀疑，如 Alderson (2000)。从相关研究来看，虽然较多研究如 Davis (1968)、Reves & Levine (1988) 和 Song (2008) 证明将语言能力划分为不同的微技能具有可行性，但各自分类并不一致，且目前学界也没有统一的分类标准，这为认知诊断的实施造成了一定困难。

其次，属性的粒度是认知诊断中另一个重要的理论问题。粒度指属性所包含概念内蕴的大小，即属性的粗细程度。粒度越大，测量越不精确，给出的诊断信息也就越粗糙；粒度越小，技能划分越精细，测量也就越精确，但与之相应，由于更小粒度的测量需要构建更复杂的模型，待估计的参数和对数据量的要求也更多、更高，测量效率就会变低。对研究者而言，粒度越小越便于解释，但是需要估计的参数就会增加，模型就会变得复杂，有时可能反而得不到准确的诊断信息。但是粒度越大，可说明的问题就会越少，不方便研究者解释结果。如何在属性的粒度上做出取舍，在保证效率的情况下寻求更精准的诊断，还需要学者们继续研究。

8.4.2 认知诊断的实践问题

认知诊断在实践方面需要进一步探讨以下三个问题：（1）反馈方式的确定；（2）针对性教学措施的确定；（3）专业人才紧缺。

首先，认知诊断的初衷是想从更细颗粒化的认知属性角度分析学习者的学习过程，通过提供更细致的反馈帮助其完成学习目标、提升能力。因此诊断报告如何反馈是认知诊断的一项核心议题。Balzer 等（1989）研究发现，与单纯的正误结果报告相比，认知反馈更有利于提高学习者能力以及制定与学业有关的决策。但是，学界目前对个性化认知诊断的反馈报告还处在探索阶段，反馈报告具体需要包括哪些内容、内容如何解释、结构如何设置、语言采取何种形式等都还是值得考虑的问题。

其次，如前文所述，绝大多数认知诊断研究只着眼于"诊断"而忽视了后续的针对性教学措施。而实际情况是，只有真正把诊断信息运用于实际教学活动中并提升学生能力，认知诊断测试才能凸显其意义。传统的语言教学往往局限于语言知识，忽视了考生的认知结构对测试表现的作用，认知诊断测试可以弥补这一不足，但目前针对认知诊断补救性措施方面的研究仍然不足，如何结合学生的属性掌握情况和掌握模式设计出群体和个体层面的针对性教学方案，以及如何评估这些方案的有效性是非常值得研究的问题。

最后，当前认知诊断发展面临着专业人才紧缺的问题，应用难度高。不管是直接设计认知诊断测试还是从现有考试中提取诊断信息，认知诊断的流程都较为复杂，开发认知诊断考试需要大量的人力、物力和财力，编写优质的试题和定义认知属性需要众多领域的专家参与，软件学习和数据分析也有一定难度，因此迄今为止认知诊断的应用范围还比较窄。目前国内多数大、中、小学英语教师在分析答题数据时仍更多地使用较为简单的经典测试理论，掌握项目反应理论的教师数量尚且不多，能够应用认知诊断模型的更是少之又少。学校决策层和教师群体对认知诊断了解不足增加了其应用难度。随着当前教与学对更精细化诊断需求的日益增长，我们需要开发更多为更广群体定制的诊断项目。

8.5 发展方向

认知诊断发展至今，已开发出几十种模型，研究者也不断突破原有模型，构建出更成熟、更能解决实际问题的模型。未来认知诊断测试的研究内容包括但不限于以下五个方面。

第一，作为新一代测量手段，认知诊断在逐渐完善的同时，还需要建立起系统的理论体系，帮助测试研究者更全面地了解并应用这一方法。

第二，认知诊断的核心之一是对学习者认知状态的分析，研究者在研究认知诊断时，还需要加强考生实际认知结构与认知诊断模型的结合，重视定性数据的价值，使分析结果更加符合学习者真实的认知过程。

第三，认知诊断方法可以从更精细化认知属性角度剖析考生的认知过程，如果能将这一方法紧密结合到语言输出的研究上，可能会给这一领域打开新的研究视角，因此对写作和口语的探索是认知诊断研究者亟待开展的一个方向。

第四，认知诊断所研究的题型主要集中于二级计分的选择题，未来认知诊断模型在开发上应注意拓宽模型可处理的数据类型，开发出操作简便又能较好地拟合多种项目类型的模型，实现这一过程可能需要语言测试领域与心理测量领域专家的合作。

第五，研究者在阐释认知诊断结果时，还应拓宽思路。大多数诊断测试研究者在分析诊断结果时，只从被试角度分析原因，认为属性掌握较弱一定是由于考生本身在此方面能力不足；但如果是整个群体都出现相似的弱项，也应该反思是否学校以及教师的关注点存在偏颇。因此，认知诊断的研究不应只着眼于考生个人，还可从教师教学、课堂设置、教学目标等方面寻找思路，应当进一步探讨如何设计群体和个体层面的针对性教学方案，并跟踪研究这些方案的有效性。

总而言之，认知诊断作为语言测试界的一个新兴议题，展示了教育测量未来的发展潜力；随着认知诊断应用价值的不断开发，其发展前景将会更加广阔。

8.6 研究资源

8.6.1 推荐书目

Alderson, J. C. (2005). *Diagnosing foreign language proficiency: The interface between learning and assessment*. London: Continuum.

Leighton, J. P., & Gierl, M. J. (2007). *Cognitive diagnostic assessment for education: Theory and applications*. Cambridge: Cambridge University Press.

von Davier, M., & Lee, Y. S. (2019). *Handbook of diagnostic classification models: Models and model extensions, applications, software packages*. Cham: Springer.

8.6.2 推荐文章

Lee, Y. W. (2015). Diagnosing diagnostic language assessment. *Language Testing, 32*(3), 299-316.

Lee, Y. W., & Sawaki, Y. (2009a). Cognitive diagnosis approaches to language assessment: An overview. *Language Assessment Quarterly, 6*(3), 172-189.

Li, H., Hunter, C. V., & Lei, P. W. (2016). The selection of cognitive diagnostic models for a reading comprehension test. *Language Testing, 33*(3), 391-409.

Ravand, H., & Robitzsch, A. (2015). Cognitive diagnostic modeling using R. *Practical Assessment, Research & Evaluation, 20*(11), 1-12.

陈慧麟，(2015)，语言测试中的认知诊断及其应用流程，《外语测试与教学》(2)，51-60。

杜文博、马晓梅，(2018)，基于认知诊断评估的英语阅读诊断模型构建，《外语教学与研究》(1)，74-88。

8.6.3 推荐网站

认知诊断数据分析平台：http://www.psychometrics-studio.cn/

参考文献

Alderson, J. C. (2000). *Assessing reading.* Cambridge: Cambridge University Press.

Alderson, J. C. (2005). *Diagnosing foreign language proficiency: The interface between learning and Assessment.* London: Continuum.

Alderson, J. C., Brunfaut, T., & Harding, L. (2015). Towards a theory of diagnosis in second and foreign language assessment: Insights from professional practice across diverse fields. *Applied Linguistics, 36*(2), 236-260.

Alderson, J. C., & Huhta, A. (2005). The development of a suite of computer-based diagnostic tests based on the common European framework. *Language Testing, 22*(3), 301-320.

Baker, F. B. (1985). *The basics of item response theory.* Portsmouth: Heinemann.

Balzer, W. K., Doherty, M. E., & O'Connor, R. Jr. (1989). Effects of cognitive feedback on performance. *Psychological Bulletin, 106*(3), 410-433.

Bolt, D., Chen, H., DiBello, L., Hartz, S., Henson, R., Roussos, L., Stout, W., & Templin, J. (2008). *The arpeggio suite: Software for cognitive skills diagnostic assessment.* St. Paul: Assessment Systems.

Buck, G., & Tatsuoka, K. (1998). Application of the rule-space procedure to language testing: Examining attributes of a free response listening test. *Language Testing, 15*(2), 119-157.

Buck, G., Tatsuoka, K., & Kostin, I. (1997a). The subskills of reading: Rule-space analysis of a multiple-choice test of second language reading comprehension. *Language Learning, 47*(3), 423-466.

Buck, G., Tatsuoka, K., Kostin, I., & Phelps, M. (1997b). The subskills of listening: Rule-space analysis of a multiple-choice test of second language listening comprehension. In A. Huhta, V. Kohonen, L. Kurki-Suonio, & S. Luoma (Eds), *Current developments and alternatives in language assessment: Proceedings of LTRC 96* (pp. 589-624). Jyväskylä: University of Jyväskylä.

Chen J. S., & de la Torre, J. (2013). A general cognitive diagnosis model for expert-defined polytomous attributes. *Applied Psychological Measurement, 37*(6), 419-437.

Davidson, F. (2010). Why is cognitive diagnosis necessary? A reaction. *Language Assessment Quarterly, 7*(1), 104-107.

Davis, F. B. (1968). Research in comprehension in reading. *Reading Research Quarterly, 3*(4), 499-545.

DiBello, L. V., Stout, W. F., & Roussos, L. A. (1995). Unified cognitive/psychometric diagnostic assessment likelihood-based classification techniques. In P. D. Nichols, S. F. Chipman, & R. L. Brennan (Eds), *Cognitively diagnostic assessment* (pp. 361-389). Mahwah: Lawrence Erlbaum Associates.

de la Torre, J. (2011). The generalized DINA model framework. *Psychometrika, 76*(2), 179-199.

de la Torre, J., & Douglas, J. A. (2004). Higher-order latent trait models for cognitive diagnosis. *Psychometrika, 69*(3), 333-353.

Doe, C. (2015). Student interpretations of diagnostic feedback. *Language Assessment Quarterly, 12*(1), 110-135.

Embretson, S. E., & Reise, S. P. (2000). *Item response theory for psychologists*. Mahwah: Lawrence Erlbaum Associates.

Fischer, G. H., & Formann, A. K. (1982). Some applications of logistic latent trait models with linear constraints on the parameters. *Applied Psychological Measurement, 6*(4), 397-416.

Fu, J., & Li, Y. (2007). Cognitively diagnostic psychometric models: An integrative review. Paper presented at the annual meeting of the National Council on Measurement in Education, Chicago.

Harding, L., Alderson, J. C., & Brunfaut, T. (2015). Diagnostic assessment of reading and listening in a second or foreign language: Elaborating on diagnostic principles. *Language Testing, 32*(3), 317-336.

Hartz, S. M. (2002). *A Bayesian framework for the unified model for assessing cognitive abilities: Blending theory with practicality*. Unpublished Ph. D. thesis. Urbana-Champaign: University of Illinois at Urbana-Champaign.

Henson, R., & Douglas, J. (2005). Test construction for cognitive diagnosis. *Applied Psychological Measurement, 29*(4), 262-277.

Jang, E. E. (2009). Cognitive diagnostic assessment of L2 reading comprehension ability: Validity arguments for Fusion Model application to *LanguEdge* assessment. *Language Testing, 26*(1), 31-73.

Jang, E. E., Dunlop, M., Park, G., & van der Boom, E. H. (2015). How do young students with different profiles of reading skill mastery, perceived ability, and goal orientation respond to holistic diagnostic feedback? *Language Testing, 32*(3), 359-383.

Junker, B. W., & Sijtsma, K. (2001). Cognitive assessment models with few assumptions, and connections with nonparametric item response theory. *Applied Psychological Measurement, 25*(3), 258-272.

Kirkpatrick, R., Wang, C., Shin, C., Chien, Y., & Goodman, J. (2013). Profile classification for cognitive diagnostic assessment: A simulation study. Paper presented at the annual meeting of the National Council on Measurement in Education, San Francisco.

Kunnan, A. J. (2004). Test fairness. In M. Milanovic, & C. Weir (Eds), *European year of languages conference papers, Barcelona* (pp. 27-48). Cambridge: Cambridge University Press.

Lee, Y. W. (2015). Diagnosing diagnostic language assessment. *Language Testing, 32*(3), 299-316.

Lee, Y. W., & Sawaki, Y. (2009a). Cognitive diagnosis approaches to language assessment: An overview. *Language Assessment Quarterly, 6*(3), 172-189.

Lee, Y. W., & Sawaki, Y. (2009b). Application of three cognitive diagnosis models to ESL reading and listening assessments. *Language Assessment Quarterly, 6*(3), 239-263.

Leighton, J. P., & Gierl, M. J. (2007). Verbal reports as data for cognitive diagnostic assessment. In Leighton, J. P., & M. Gierl (Eds), *Cognitive diagnostic assessment for education: Theory and applications* (pp.146-172). Cambridge: Cambridge University Press.

Leighton, J. P., Gierl, M. J., & Hunka, S. M. (2004). The attribute hierarchy model for cognitive assessment: A variation on Tatsuoka's rule-space approach. *Journal of Educational Measurement, 41*(3), 205-237.

Li, H., Hunter, C. V., & Lei, P. W. (2016). The selection of cognitive diagnostic models for a reading comprehension test. *Language Testing, 33*(3), 391-409.

Mislevy, R. J. (1993). Foundations of a new test theory. In N. Frederksen, R. J. Mislevy, & I. Bejar (Eds), *Test theory for a new generation of tests*. Hillsdale: LEA.

Nichols, P. D. (1994). A framework for developing cognitively diagnostic assessments. *Review of Educational Research, 64*(4), 575-603.

Ravand, H., Barati, H., & Widhiarso, W. (2012). Exploring diagnostic capacity of a high stakes reading comprehension test: A pedagogical demonstration. *Iranian Journal of Language Testing, 3*(1), 11-37.

Reves, T., & Levine, A. (1988). The FL receptive skills: Same or different? *System, 16*(3), 327-336.

Rupp, A. A., & Templin, J. (2008). The effects of Q-matrix misspecification on parameter estimates and classification accuracy in the DINA model. *Educational and Psychological Measurement, 68*(1), 78-96.

Sawaki, Y., Kim, H.-J., & Gentile, C. (2009). Q-matrix Construction: Defining the link between constructs and test items in large-scale reading and listening comprehension assessments the authors respond. *Language Assessment Quarterly, 7*(1), 113-115.

Skaggs, G., Hein, S. F., & Wilkins, J. L. M. (2016). Diagnostic profiles: A standard setting method for use with a cognitive diagnostic model. *Journal of Educational Measurement, 53*(4), 448-458.

Skaggs, G., Wilkins, J. L. M., & Hein, S. F. (2017). Estimating an observed score distribution from a cognitive diagnostic model. *Applied Psychological Measurement, 41*(2), 150-154.

Snow, R. E., & Lohman, D. F. (1989). Implications of cognitive psychology for educational measurement. In R. L. Linn (Ed.), *Educational measurement* (pp. 263-332). New York: Palgrave Macmillan.

Song, M.Y. (2008). Do divisible subskills exist in second language (L2) comprehension? A structural equation modeling approach. *Language Testing, 25*(4), 435-464.

Tatsuoka, K. K. (1983). Rule space: An approach for dealing with misconception based on item response theory. *Journal of Education Statistic, 20*(4), 345-354.

Templin, J. L., & Henson, R. A. (2006). Measurement of psychological disorders using cognitive diagnosis models. *Psychological Methods, 11*(3), 287-305.

von Davier, M. (2005). A general diagnostic model applied to language testing data. ETS Research Report Series. No. RR-05-16.

Wang, C., & Gierl, M. J. (2011). Using the attribute hierarchy method to make diagnostic inferences about examinees' cognitive skills in critical reading. *Journal of Educational Measurement, 48*(2), 165-187.

Yi, Y. S. (2016). Probing the relative importance of different attributes in L2 reading and listening comprehension items: An application of cognitive diagnostic models. *Language Testing, 34*(3), 1-19.

蔡艳、丁树良、涂冬波，(2011)，英语阅读问题解决的认知诊断,《心理科学》(2)，272-277。

陈慧麟，(2015)，语言测试中的认知诊断及其应用流程,《外语测试与教学》(2)，51-60。

陈慧麟、陈劲松，(2013)，G-DINA 认知诊断模型在语言测验中的验证,《心理科学》(6)，1470-1475。

丁树良、毛萌萌、汪文义、罗芬，(2012)，教育认知诊断测验与认知模型一致性的评估,《心理学报》(11)，1535-1546。

杜文博、马晓梅，(2018)，基于认知诊断评估的英语阅读诊断模型构建,《外语教学与研究》(1), 74-88。

郭磊、苑春永、边玉芳, (2013), 从新模型视角探讨认知诊断的发展趋势, 《心理科学进展》(12), 2256-2264。

林海菁、丁树良, (2007), 具有认知诊断功能的计算机化自适应测验的研究与实现, 《心理学报》(4), 747-753。

孟亚茹, (2013), 大学英语听力能力认知诊断评估模型的构建与验证。博士论文。上海:上海外国语大学。

王卓然、郭磊、边玉芳, (2014), 认知诊断测验中的项目功能差异检测方法比较, 《心理学报》(12), 1923-1932。

第九章 Rasch 模型应用

李久亮　华北电力大学

9.1 引言

Rasch 模型主要用于分析研究受试的潜在特质，是项目反应理论模型之一，[1] 为二参数、三参数模型的一个特例（刘建达、吕剑涛，2012）。罗冠中先生于 1992 年发表的《Rasch 模型及其发展》是国内对该理论的最早引介之一。此后，基于该模型的研究日渐增多，并在多个领域发挥着重要作用。

经过一个世纪的完善与发展，经典测试理论已演化为体系成熟的测试理论，广泛应用于社会科学领域。在实际使用过程中，研究人员发现经典测试理论在理论假设和实际应用方面存在很多缺点，例如项目统计量严重依赖被试样本，测量误差的分析也太过笼统。与经典测试理论相比，项目反应理论在模拟被试能力与测试题目之间的相互作用上有明显的优势，能够有效弥补经典测试理论在测验信度和效度上的不足（Henning，1984）。

丹麦数学家 George Rasch 在 1960 年提出了单参数项目反应理论模型，即 Rasch 模型。作为一种潜在特质模型，Rasch 模型通过个体在题目上的表现（通常表示为原始分数）测量不可直接观察的、潜在的变量。根据 Rasch 模型原理，个体对题目做出反应的概率可以通过个体能力与该题目难度相关的函数表示。个体回答某一题目正确与否完全取决于个体能力和题目难度之间的比较（晏子，2010）。Rasch 模型是理想化的数学模型，要求实证数据必须满足事先规定的标准和结构，从而实现客观测量。它对客观测量有两个要求：(1) 对任何题目，能力高的个体应该比能力低的个体更有可能做出正确回答；(2) 任何个体在容易题目上的表现应该始终优于在困难题目上的表现（Wright & Stone，1979）。Rasch 分析提供的拟合度指标可以检验实证数据与 Rasch 模型的拟合

---

[1] Rasch 学者有时不赞同此观点，认为 Rasch 模型有其独特内涵，例如能够实现参数分离（parameter separability），与项目反应理论有本质不同（Linacre，2010）。然而，单从数理模型角度来看，也有不少学者将 Rasch 模型视为项目反应理论的单参数模型（余民宁，2009）。

程度。如果题目的拟合度指标较差，说明可能存在目标特质之外的其他变量，或者对所测量特质的定义不恰当。在 Rasch 模型分析中，个体能力和题目难度参数是完全独立样本分布或题目难度分布的，因此，Rasch 模型符合客观测量对参数分离的要求，这是它区别并优于经典测量理论的突出特性（罗冠中，1992）。然而，"参数分离"并非要求每次标定的绝对估值都一样，而是要求个体与题目之间的差异保持不变。也就是说，Rasch 测量提供的是关于个体能力和题目难度的等距分数，而不是等比分数（晏子，2010）。

Rasch 模型自问世以来发展快速，在教育与心理测量学领域应用广泛。不过，也有学者指出 Rasch 模型存在不足（Hambleton，1979）。例如，它只考虑项目难度因素，无法解释误差的多种来源。在含有主观评判的测试活动中，最终的分数会受到多方面因素的影响，如评分员严厉度、任务难度、评分标准等。为了使测试结果公平准确，必须妥善处理影响测试结果的各种误差。为弥补上述不足，Linacre（1989）在 Rasch 模型的基础上，提出了多面 Rasch 模型（many-facets Rasch model，简称 MFRM），将考生能力、题目难度、评分员严厉度等因素纳入同一个数学模型，共同决定考生取得某一分值的概率大小。

MFRM 的优势主要体现在：(1) 用同一洛基（logit）标尺估算各层面（如考生能力、评分员严厉度、试题难度）的真实测量值，分离其他层面（facet）的影响；(2) 有助于检验评分量表的准确性；(3) 有助于评估层面内部成分之间是否存在显著差异，例如判断考生能力差异是否显著；(4) 可以检验各层面间是否存在偏性交互作用，例如检验评分员严厉度是否偏向于某一群体的考生；(5) 进行配对比较（paired comparison），例如比较两组考生对同一考试任务的表现。综上所述，MFRM 适用于研究写作评分、档案袋评估等主观评判测试活动（Linacre，2011）。

9.2 Rasch 模型在国际语言测评领域的应用

9.2.1 研究概况

20 世纪 80 年代开始，Rasch 模型逐步得到国际语言测评学者的关注与使用。荷兰中央测试开发研究所（CITO）John de Jong 和他的同事使用 Rasch 模型分析外语测评数据（de Jong，1983，1991；de Jong & Glas，1987）。美国 Grant Henning 等人尝试用 Rasch 基本模型对加州大学洛杉矶分校英语分级考试的二级计分数据进行分析（Chen & Henning，1985；Henning，1984，1988；Henning et al.，1985；Lynch et al.，1988）。此外，研究者也开始利用分部评分模型（partial credit model）分析写作试题（Henning & Davidson，1987）和基于李克特量表的自评数据（Davidson & Henning，1985）。英国语言测评学者将 Rasch 模型应用于母语阅读和写作测试开发与效度验证（Goldstein，1979）。澳大利亚的 Griffin 等（1988）利用分部评分模型开发了英语作为第二语言的口语水平测试，McNamara（1990a，1990b）也在医护人员专门用途英语测试的开发中应用了 Rasch 模型。

语言测评领域专业期刊《语言测试》（Language Testing）在 1984 年创刊后的前五年就刊发了 15 篇有关 Rasch 模型的文章。这些文章大多属于引介这一"新发现"的潜力。其中，有些把 Rasch 模型与经典测评理论进行对比；有的针对反对之声为 Rasch 模型辩护；也有一些实证研究采用 Rasch 基本模型来分析二级计分题目数据，研究内容主要是语法和词汇，也有一部分研究听力和阅读（McNamara & Knoch，2012），极少研究写作（Pollitt & Hutchinson，1987）和自评（Davidson & Henning，1985）。那一时期，Rasch 模型在效度验证方面的运用鲜有涉及。

20 世纪 80 年代末至 90 年代初，Rasch 模型在语言测试界的应用得到快速发展。1989 年，Mike Linacre 在芝加哥大学完成博士论文，开发 Facets 软件实现了 MFRM 的运算。该软件很快得到了语言测评学者的关注。墨尔本的 Ray Adams 与 Tim McNamara 意识到 Linacre 研究的重要性，发现该模型在处理二语表现（做事）测试（performance test）存在广泛应用空间。两人合著了一篇论文，基于雅思写作数据阐释 MFRM 的使用方式，这或许是语言测试界首篇采用 Facets 软件开展研究的论文。1996 年，McNamara 的专著《测量二语表现》（Measuring Second Language Performance）问世，向语言测试界系统介绍了 Rasch 模型，尤其是 MFRM 的原理与运用。

同一时期，剑桥大学考试委员会（UCLES）开始采用 Rasch 模型对当时的新雅思进行校标（校准）和等值研究，而且很快形成了剑桥的校标（校准）和题库系统，并沿用至今（McNamara & Knoch，2012）。澳大利亚墨尔本大学于

1987 年设立语言测试研究中心（LTRC），启动一系列的 Rasch 模型应用研究，墨尔本逐渐成为基于 Rasch 模型开展语言测试研究的中心。

9.2.2 应用举例

在新千年开始之后的 20 年里，国际语言测试界有关 Rasch 模型的研究发展迅速，影响遍及世界各地。研究成果的数量与质量稳步增长，研究内容的广度与深度有了进一步的提升，涵盖 15 种语言技能（因素）。按照研究频率排序，在前几位的是写作、口语、综合技能、语言能力/水平。有少量论文研究沟通能力、语言掌握、教学、记忆、语用、语音、翻译等。这些研究大多发表在语言测评专业期刊中，如《语言测试》《写作测评》(Assessing Writing) 和《语言测评季刊》(Language Assessment Quarterly)。研究者主要运用七种 Rasch 模型：Rasch 基本模型、MFRM、Rasch-Andrich 评分量表模型、分部评分模型、Rasch 混合模型、拓广多级 Rasch 模型以及一般项目反应理论模型（Aryadoust et al., 2020）。其中，使用频率最高的是 MFRM。这主要是因为学界对交际语言测试不断给予关注，重视写作和口语能力，继而引发对评分员等影响语言能力评估因素的关注，而 MFRM 是观察这些因素的最有效的方法之一（Wind & Peterson, 2018）。

研究者使用了大约 23 种 Rasch 软件。最常用的是 Facets（Linacre, 2019a），其灵活性高，可运行多种类型的单维 Rasch 模型，并且适合两级和多级计分数据的运算分析。Facets 还适用于不同层面/题目的功能差异分析，以观察测量中的偏差和评分员效应（Eckes, 2019）。第二个常用软件是 Winsteps（Linacre, 2019b），它适合单维 Rasch 模型的建模，方便研究人员做多种观察与分析，包括评分量表建模、分部评分建模、项目功能差异（differential item functioning，简称 DIF），以及通过残差主成分分析（principal component analysis of residuals，简称 PCAR）进行单维检验。排在第三位的是 ConQuest（Adams et al., 2015），尽管没有 Facets 和 Winsteps 那样流行，但其功能强大。ConQuest 既可开展多维分析和多层面分析，亦可整合多个类型的多维 Rasch 模型，例如双因素模型和高阶模型，因此非常适合对语言测评中的多维心理特征进行研究。这些特征有助于对包含多个互相影响的维度与因素的交际语言能力开展调查与分析。

如今，在国际语言测评领域，Rasch 模型的价值得到广泛认可，早已成为开展研究的重要工具。而且，越来越多的研究者倾向于使用定性方法来支持或验证 Rasch 模型的定量分析结果，提升研究的可靠性。以下简述两个研究案例，其中一个观察输出技能，即写作和口语，另一个研究听力这一输入技能。

Knoch（2011）跟踪了 19 名评分员在八次大规模医护专门用途英语考试中的阅卷行为。每次考试后，研究者运用 MFRM 对作答评分数据进行分析，利用模型生成的报告向评分员提供阅卷表现方面的信息反馈，以期提高评分质量。评分员还完成一份调查问卷，并且其中一部分人参加了访谈，对评分反馈的有效性发表看法，为研究分析提供质性数据，支持定量分析的结果。研究者发现，评分员在收到反馈后的评分表现不比收到反馈前更好，口语和写作评分员均不能有效吸收与运用反馈信息。尽管他们对信息反馈的作用总体上持肯定态度，但是在评分员对反馈的认知与反馈的功效之间没有发现显著关系。此项研究的独特之处是利用 Rasch 模型，采用历时研究的方法，同时研究写作和口语两项输出技能的评分行为，在一定意义上拓宽了 Rasch 模型的应用广度与深度。

Brindley & Slatyer（2002）分析了不同任务特征和条件对听力考试中学习者表现的影响。研究中的主要变量包括语音输入特征和答题模式。研究者对测试数据同样采用了定量和定性相结合的分析方法。结果表明，语速和题目类型会影响任务和题目难度。但是，在 Rasch 分析中，文本、题目和题目类型层面之间出现了复杂的偏性交互作用，这使得研究者难以分离出特定变量所产生的影响。通过采用 Rasch 模型，此项研究能够帮助我们更好地理解二语听力的过程，以及更好地处理听力考题设计过程中的问题。

9.3 Rasch 模型在国内应用语言学界的应用

Rasch 模型在国内应用研究的回顾主要基于国内已公开发表的研究，文献范围包括中文社会科学引文索引来源期刊、中国人文社会科学核心期刊、语言测评和语言教育专业期刊等，时间跨度是 2000 年至 2020 年。

9.3.1 总体情况

国内对 Rasch 模型的应用研究主要集中在教育心理测量领域（曹亦薇、毛成美，2008；常蕤，2008；徐思等，2009），而将 Rasch 模型应用于应用语言学的研究相对较少，主要期刊现有 60 余篇论文。作为语言测评类专业期刊，《外语测试与教学》所刊登的 Rasch 模型应用研究数量最多（13 篇）。其余刊发 Rasch 模型相关论文的期刊包括：《外语与外语教学》（8 篇）、《现代外语》（7 篇）、《中国考试》（6 篇）、《中国外语》（4 篇）、《外语界》（4 篇）等。以上论文的研究范围大致包括各种语言技能及相关因素，如：写作（15 篇）、口语（10 篇）、综合技能（7 篇）、翻译（5 篇）、词汇（2 篇）、语法（2 篇）、语用（2 篇）、自评（1 篇）、听力（1 篇）、阅读（1 篇）、语言能力（1 篇）、学习策略（1 篇）、课程设置（1 篇）等。以上结果表明，语言输出相关技能（写作、口语和综合技能）是研究者关注的焦点，这与国外研究情况一致，体现出语言测评界对交际语言能力测试的关注。以上研究使用的模型有四种，MFRM 占据压倒性优势（41 篇），仅有少量研究使用 Rasch 基础模型，使用评分量表模型和分部评分模型的论文各有一篇。个别论文没有明确说明使用何种 Rasch 模型。此外，以上研究共计使用五种软件。与国外情况类似，Facets 占据绝对优势，原因可能是其通常用于构建 MFRM。小部分研究使用 Winsteps，而使用 ConQuest、Bigsteps（Linacre，2006）和 Construct-map（Wilson，2005）的研究各有一项。

值得注意的是，许多论文没有报告单维性和局部独立性检验结果，此问题在国外研究中同样存在。单维检验用于验证测试是否仅包含一个维度，即仅测量被试的单一潜在特质，不受其他多余特质的干扰。语言测评界常用的方法有残差主成分分析、因子分析及主成分分析（principal component analysis，简称 PCA）(Hattie，1985)。尽管许多研究采用了单维 Rasch 模型，但仅有少数报告了该指标（范劲松，2017；袁洁，2016）。即便采用多维 Rasch 模型，仍须对各维度进行单维检验（Aryadoust et al.，2020；Min & He，2014）。局部独立性是指在 Rasch 模型中，由于个体或题目在潜在变量上做回归，因此它们中无法解释的方差应该彼此不相关。违反局部独立性可能导致个体和题目的参数估计出现偏差。因此，如果不报告单维性和局部独立性检验结果，研究的可靠性会降低。

9.3.2 研究内容

Rasch 模型在学界的应用研究主要集中于测试等值研究、测试信效度研究、层面功能差异、题库建设、计算机自适应测试等。下面简要介绍这些领域的研究情况，并对国内 Rasch 模型研究的思路、方法及实际操作进行梳理。

测试等值研究

Rasch 模型对我国应用语言学界的贡献之一体现于大规模外语测试中的等值研究。以大学英语四、六级考试为例，自 1987 年首次实施起，Rasch 模型就已应用在该考试的分数等值研究中（朱正才等，2003；朱正才、杨惠中，2004），并且取得了令人满意的效果。由于大规模考试经常同时使用多套试卷，为保证考试的公平性与信效度，分数等值研究对大规模考试具有重要意义。Rasch 模型是开展分数等值研究的有效工具，原因在于该模型能够反映考生能力与题目难度之间的关系，这为分数等值研究提供了重要的指标。此外，Rasch 模型数学形式简洁，属标准指数族函数，因而数学基础坚实，计算结果稳定可靠。例如，刘建达、吕剑涛（2012）使用 Rasch 模型对 10 套设有锚题的英语试卷进行等值研究，首先将 10 套试卷通过 NEAT（nonequivalent groups with an anchor test）设计进行衔接，再通过卡方检验和 mean/sigma 转换法计算常数值剔除质量差的锚题，最后通过保留的锚题确定等值函数。Rasch 模型的适用性检验表明，10 套试卷的数据符合 Rasch 模型的假设。等值结果分析显示，衔接各试卷的锚题在统计意义上均有效，基于 Rasch 模型的等值结果能校正试卷间的难度差异。除用于大规模语言测试中的分数等值研究外，Rasch 模型还用于我国香港中学会考中、英文科的水平参照等级评定（罗冠中，2008），以及我国英语听力能力垂直等值量表的构建（闵尚超、何莲珍，2016）。

在我国 2018 年颁布的《中国英语能力等级量表》中，Rasch 模型在等值研究方面也发挥了重要作用。朱正才、曹艺（2020）论述了将量表描述语标定在统一语言能力量表上的方法以及描述语的分级方法。他们结合专家评判与 MFRM 进行描述语的量表化工作。该研究规模庞大，项目组首先收集了 5,165 条描述语，按不同等级和分类保存。被试为来自全国 28 个省、自治区、直辖市的 1,500 所学校的 23,512 名学生。Rasch 模型服务于该研究的三个重要目标：

(1) 用 Rasch 模型估计描述语的难度并做等值处理；(2) 将 Rasch 模型估计的难度参数与专家预设的难度等级进行对比，找出不同之处并适当评价；(3) 基于 Rasch 模型估计的描述语参数和专家的主观判断，对描述语进行分级。研究结果为描述语在量表中的精确定位及描述语的后续修改提供了强有力的数据支撑。

测试信效度研究

已公开发表的基于 Rasch 模型的学术论文大多探讨语言测试信效度问题（如陈瑶、周榕，2018；江进林、文秋芳，2010；王初名、亢鲁霞，2013；袁洁，2016；张春青，2015）。彭康洲（2010）利用 Rasch 模型对 2007 年 TEM4 听力理解项目进行研究分析。作者首先确定题目的难度和考生的能力水平分布，建立 TEM4 听力行为锚定量表，从标准参照测试角度进行项目分析和信度估算，以考察项目的标准参照属性。根据 Rasch 模型分析结果，作者发现 2007 年 TEM4 听力理解项目难度分布较为均匀，题目总体难度处于中等水平，区分度也较为合理。

需要指出的是，Rasch 模型应用研究中使用的效度概念并非广义上的效度，而是通常指以下概念：如果 Rasch 分析显示层面拟合度较好，则证明某测试方法具有较高的构念效度（construct validity）（刘建达，2005）。例如，赵南、董燕萍（2013）对一次交替传译测试结果进行 MFRM 检验，以验证测试的效度。拟合检验显示，模型中各个层面变量的拟合值都接近期望值 1.00，而被试的平均拟合值更是达到了 1.00 的期望值，这说明结果完全符合模型预测。作者因此得出结论，证实了交替传译测试的效度。

与国外语言测试界情况类似，国内很多 Rasch 模型研究论文利用 MFRM 开展主观测试题型的研究，主要涉及写作（如李清华、孔文，2010；刘建达，2010；吴雪峰、周静，2017）、口语（如白英，2009；高淼，2016；何莲珍、张洁，2008；刘东杰，2013；徐鹰、曾用强，2015）、翻译（如范劲松、季佩英，2017；江进林等，2011；江进林、文秋芳，2010）、语用（刘建达，2005，2007）等。这些采用 MFRM 的研究大多构建四层面 Rasch 模型，即考生、评分员、任务、评分维度，通过观察各个层面因素与模型间的拟合情况，对考试的总体效度进行评估。例如张新玲等（2010）运用 MFRM 对广东省高考英语试卷中读写结合写作题型进行构念效度验证，目的在于通过考察考试成绩中的异常数据，观察该任务能否有效测量考生的读写综合能力。在考生层面上，分隔指数信度和卡方检验结果表明，受试作文成绩存在显著差异，且该差异主要源自所测考生能力上的差别。因此，此类考试任务总体上能够有效区分考生这方面的能力水平。在任务层面上，概要和短文两项任务的难度存在显著差异，且二者的 Infit MnSq 值都在可接受范围内。在评分员层面上，分隔指数信度和卡方检验结果说明评分员间严厉度存在显著差异，但自身一致性较好。在评分标准层面上，内容、语言和连贯性的 Infit Mnsq 值说明后两个子项与模型拟合较好。据此，研究者得出结论，该任务能够有效考查考生的读写综合技能，评分员总体宽严适度，评分量表使用合理。

文献表明，MFRM 在表现（做事）测试领域的应用研究主要集中在以下两个方面：第一，评分标准和评分过程研究；第二，考试应答数据与模型拟合度的综合分析，以此进行效度验证。我国学者同样利用 Rasch 模型开展考试评分质量控制（如王跃武等，2006）。MFRM 在研究评分员效应时效果显著（Xi，2008），国内学者同样开展了多项类似研究（如戴朝晖、尤其达，2010；刘建达，2007，2010）。结果表明，评卷严厉度不一的问题普遍存在（戴朝晖、尤其达，2010；谭智，2008），评分员和评分标准的各个方面相互影响显著（范劲松、季佩英，2017；何莲珍、闵尚超，2008），评分员和评分任务间相互影响显著（徐鹰、曾用强，2015）。在评分员效应的讨论上，刘建达（2010）进一步拓展了研究思路，综合采用多种评价指标，从评分员的总体严厉程度、集中趋势、随机效应、晕轮效应、区分性严厉度等多角度入手，探讨利用 MFRM 分析评分员效应的手段。这些研究对评分质量控制、评分标准设计和评分员培训具有重要意义。

其实，MFRM 并非评分信度研究的唯一方法，也有研究采用概化理论研究范式，二者各有所长。MFRM 适合研究个体评分员和任务，以及评分员、任务和考生不同组合方式对总体评分信度的影响，而对整体层面以及层面间交互作用的研究则可采用概化理论（Xi, 2008）。两种方法形成优势互补，因此研究者提议对二者进行综合应用（Bachman et al., 1995；Lynch & McNamara, 1998）。国内也有学者同时采用这两种方法开展评分信度研究（如李航，2011；孙海洋，2011；徐鹰、曾用强，2015）。李航（2011）采用概化理论和 MFRM 对 CET6 作文评分信度进行了研究。概化理论的分析发现，评分员层面以及包含评分员与考生间交互作用的残差的方差在总方差中占有一定比重。而 MFRM 分析则发现，评分员在严厉度上存在较大差异；评分员与考生间偏性交互分析表明，评分员对能力较高的考生标准偏严，而对能力较差的考生偏松。由此可见，概化理论和 MFRM 具有良好的互补性，能对测试信度做出点面结合的丰富诠释。

层面功能差异（DFF）研究

利用 MFRM 还可以研究层面内个体特质对评分产生的影响，称为"层面功能差异"（differential facet functioning，简称 DFF）研究（Engelhard, 1992）。例如，考生特质可以包括性别、年龄、民族、种族、社会阶层以及学习能力等。这些特质造成的偏差效应可在层面校标（校准）之后进行考察。DFF 研究在概念上类似于 DIF 研究。例如，写作测试中考生层面可以分别为男性和女性校标（校准），这些估算值之间的对应性可用于分析 DFF。在做事测试中，层面间的交互作用也可作为潜在偏差来源进行检测。该测量模型还可拓展分析评分员严厉度差异以及题目难度差异的缘由。DFF 研究在我国应用语言学界数量不多（如白英，2009；刘洋，2008），且多利用 Facets 计算出的层面内个体能力或难度估值进行不同特质间的对比，很少从层面间的交互作用观察偏差的来源。

白英（2009）研究了考生间熟识程度对口语群测模式下考生成绩产生的影响。31 名同学三人为一组，分成 10 组，分别参加两次口语群测考试。第一次口语考试中，同组有两人熟识，一人陌生；第二次口语考试中，同组三人彼此均不认识。结果发现，考生间熟识性对考生的成绩有正面影响，即熟人讨论组考生的成绩高于生人讨论组的，但两种情况下测试的难度差异并不显著。

除上述研究以外，Rasch 模型在学界其他领域的应用相对较少。在题库建设、计算机自适应测试方面，王蕾、黄晓婷（2006）提出利用 Rasch 模型构建我国少儿英语远程计算机自适应测验题库的设想。此外，她们还尝试将该模型应用到量表编制过程中（王蕾、黄晓婷，2012）。

9.4 问题与挑战

　　Rasch 模型为国内应用语言学界提供了新的研究视角，深化了我们对测试研究议题的理解。然而，从本章所收集的论文资料来看，目前该模型的应用研究尚存在一些局限。首先在应用范围上，国内研究者主要运用 Rasch 模型开展测试的信效度研究，对其他测评相关问题的研究尚不多见，而涉及教育与心理测量的多种研究课题均可尝试使用该模型。在使用的 Rasch 模型和应用软件类型上，与国外相比，国内情况显得比较单一。现有研究主要利用 MFRM 来分析主观测试题，其中绝大多数研究使用 Facets 软件，而不同的模型和软件具有不同的特征与功能，适合处理不同的研究问题（如前文所述 ConQuest）。此外，观察问题的角度也比较有限，涉及最多的是评分员严厉度。模型中各层面间的偏性交互分析也多局限于评分员和考生间的交互，思路有待进一步拓展，比如观察考生和任务类型间的交互，以此分析不同特征的任务是否以及如何对考生构成不同的挑战（李久亮，2014）。从另一个侧面来看，这也反映出我们对与 Rasch 模型有关的应用还不够成熟。此外，Rasch 模型在参数估计上的复杂性也可能使部分研究人员难以理解模型评估指标。"工欲善其事，必先利其器"，重视 Rasch 模型应用方面的学习与探索可以帮助我们全面深入地了解研究问题中各个变量间的关系，进而提升我们的研究水平。另外，Rasch 模型向我们提供了非常好的量化研究工具，如能辅以质性数据作为支撑，定会提高研究质量。但目前来看，只有少数研究结合采用了定性方法（如陈建林，2016；张洁，2012）。今后的研究可考虑综合定量与定性研究范式，从多个角度研究测评问题，例如利用有声思维剖析评分员的评判过程。在语言研究日趋多元化、综合化、科学化的今天，深入了解与应用各种研究方法对我国应用语言学的发展有着深刻的意义。

9.5 发展方向

　　在过去几十年里，教育与心理测量领域在理论与实践层面都经历了快速的发展。其中，Rasch 模型的出现大大提高了研究人员对相关问题认识的广度与深度，其坚实的理论基础及简单的数学表述确保了它广泛的应用前景。在当今国际心理和教育测量学的舞台上，Rasch 模型仍然扮演着十分重要的角色，帮助研究人员在各个领域开展广泛而深入的科学研究。同时，Rasch 模型自身也有了新的发展，它在实现客观测量中的作用，除了引发持续不断的理论探讨之外，也越来越多地得到了实际应用的佐证。此外，学界还创立了有关 Rasch 模型研究的专业性学术期刊《应用测量杂志》（*The Journal of Applied Measurement*），并且每年在全球范围内举办以该模型为核心内容的论坛、研讨会，例如环太平洋地区客观测量会议（Pacific Rim Objective Measurement Society，简称 PROMS）。Rasch 模型开辟了一片新的研究领域，也向我们提出了许多具有挑战性的课题，与之相关的研究在世界范围内蓬勃发展，并且加快了研究成果向实际应用转化的步伐。自引介以来，Rasch 模型在我国应用语言学界产生了持续而深远的影响，使得学界在相关领域的研究取得了一定的成果。然而毋庸讳言，与世界同行相比，我们在应用该模型开展研究的理论和方法层面仍然存在一定的差距和局限。但只要潜心钻研，刻苦学习，积极倡导国际、国内学术合作与交流，我们也一定能在这块充满机遇的领域里收获丰富的成果。

9.6　研究资源

9.6.1　推荐书目

Bond, T., Zi, Y., & Heene, M. (2021). *Applying the Rasch model: Fundamental measurement in the human sciences*. (4th ed.). New York & London: Routledge.

Eckes, T. (2015). *Introduction to many-facet Rasch measurement: Analyzing and evaluating rater-mediated assessments*. (2nd ed.). Frankfurt am Main: Peter Lang.

McNamara, T. (1996). *Measuring second language performance*. London: Longman.

McNamara, T., Knoch, U., & Fan, J. (2019). *Fairness, justice and language assessment: The role of measurement*. Oxford: Oxford University Press.

9.6.2 推荐文章

Barkaoui, K. (2014). Multifaceted Rasch analysis for test evaluation. In A. Kunnan (Ed.), *The companion to language assessment* (pp. 1301-1322). Hoboken: John Wiley & Sons.

Fan, J., & Bond, T. (2019). Applying Rasch measurement in language assessment: Unidimensionality and local independence. In V. Aryadoust, & M. Raquel (Eds), *Quantitative data analysis for language assessment, Vol. I: Fundamental techniques* (pp.83-102). Routledge.

Fan, J., Knoch, U., & Bond, T. (2019). Applying Rasch measurement theory in language assessment: Using measurement to enhance language assessment research and practice. *Papers in Language Testing and Assessment*, 8(2).

Linacre, J. M. (2019). A user's guide to WINSTEPS® MINISTEP Rasch-model computer programs. Program Manual 5.1.7 Retrieved December 27, 2021, from https://www.winsteps.com/winman/copyright.htm.

McNamara, T., & Knoch, U. (2012). The Rasch wars: The emergence of Rasch measurement in language testing. *Language Testing*, 29(4), 555-576.

9.6.3 推荐网站

客观测量协会官网：https://www.rasch.org
Rasch模型相关软件及资料：https://www.winsteps.com/index.htm
Rasch测量论坛：https://raschforum.boards.net/board/1/post-create-thread

参考文献

Adams, R. J., Wu, M. L., & Wilson, M. R. (2015). ACER ConQuest: Generalised item response modelling software (Version 4). Camberwell: Australian Council for Educational Research.

Aryadoust, V., Ng, L. Y., & Sayama, H. (2020). A comprehensive review of Rasch measurement in language assessment: Recommendations and guidelines for research. *Language Testing*, 38(1), 6-40.

Bachman L. F., Lynch, B. K., & Mason, M. (1995). Investigating variability in tasks and rater judgments in a performance test of foreign language speaking. *Language Testing, 12*(2), 238-257.

Brindley, G., & Slatyer, H. (2002). Exploring task difficulty in ESL listening assessment. *Language Testing, 19*(4), 369-394.

Chen, Z., & Henning, G. (1985). Linguistic and cultural bias in language proficiency tests. *Language Testing, 2*(2), 155-163.

Davidson, F., & Henning, G. (1985). A self-rating scale of English difficulty: Rasch scalar analysis of items and rating categories. *Language Testing, 2*(2), 164-179.

de Jong, J. H. A. L. (1983). Focusing in on a latent trait: An attempt at construct validation using the Rasch model. In J. Van Weeren (Ed.), *Practice and problems in language testing 5*. Papers presented at the International Language Testing Symposium (Arnhem, Netherlands, March 25-26, 1982) (pp. 11-35). Arnhem: Cito.

de Jong, J. H. A. L. (1991). Defining a variable of foreign language ability: An application of item response theory. Ph. D. thesis. The Netherlands: Twente University.

de Jong, J. H. A. L., & Glas, C. A. W. (1987). Validation of listening comprehension tests using item response theory. *Language Testing, 4*(2), 170-194.

Eckes, T. (2019). Many-facet Rasch measurement: Implications for rater-mediated language assessment. In V. Aryadoust, & M. Raquel (Eds), *Quantitative data analysis for language assessment, Vol. I: Fundamental techniques* (pp. 153-176). London: Routledge.

Engelhard Jr, G. (1992). The measurement of writing ability with a many-faceted Rasch model. *Applied Measurement in Education, 5*(3), 171-191.

Goldstein, H. (1979). Consequences of using the Rasch model for educational assessment. *British Educational Research Journal, 5*(2), 211-220.

Griffin, P. E., Adams, R. J., Martin, L., & Tomlinson, B. (1988). An algorithmic approach to prescriptive assessment in English as a second language. *Language Testing, 5*(1), 1-18.

Hambleton, R. K. (1979). Latent trait models and their applications. In R. Traub (Ed.), *Computer-assisted instruction, testing, and guidance*. New York: Harper & Row.

Hattie, J. (1985). Methodology review: Assessing unidimensionality of tests and items. *Applied Psychological Measurement, 9*(2), 139-164.

Henning, G. (1984). Advantages of latent trait measurement in language testing. *Language Testing, 1*(2), 123-133.

Henning, G. (1988). The influence of test and sample dimensionality on latent trait person ability and item difficulty calibrations. *Language Testing*, 5(1), 83-99.

Henning, G., & Davidson, F. (1987). Scalar analysis of composition ratings. In K. Bailey, T. Dale, & R. Clifford (Eds), *Language testing research: Selected papers from the 1986 Colloquium* (pp. 24-38). Monterey: Defense Language Institute.

Henning, G., Hudson, T., & Turner, J. (1985). Item response theory and the assumption of unidimensionality for language tests. *Language Testing*, 2(2), 141-154.

Knoch, U. (2011). Investigating the effectiveness of individualized feedback to rating behavior: A longitudinal study. *Language Testing*, 28(2), 179-200.

Linacre J. M. (1989). *Many-facted Rasch measurement*. Chicago: MESA Press.

Linacre, J. M. (2006). A user's guide to BIGSTEPS Rasch-model computer programs. Retrieved December 27, 2021, from https://www.winsteps.com/bigsteps.htm.

Linacre, J. M. (2010). Fred Lord and Ben Wright discuss Rasch and IRT Models. *Rasch Measurement Transactions*, 24(3), 1289-1290.

Linacre J. M. (2011). A user's guide to FACETS. Computer software manual. Chicago: Winsteps. com.

Linacre, J. M. (2019a). FACETS: Computer program for many faceted Rasch measurement (Version 3.82.1). Chicago: MESA Press.

Linacre, J. M. (2019b). A user's guide to WINSTEPS® MINISTEP Rasch-model computer programs. Program Manual 5.1.7 Retrieved December 27, 2021, from https://www.winsteps.com/winman/copyright.htm.

Lynch, B., Davidson, F., & Henning, G. (1988). Person dimensionality in language test validation. *Language Testing*, 5(2), 206-219.

Lynch, B. K, & McNamara, T. F. (1998). Using G-theory and Many-facet Rasch measurement in the development of performance assessments of the ESL speaking skills of immigrants. *Language Testing*, 15(2), 158-180.

McNamara, T. (1990a). Assessing the second language proficiency of health professionals. Unpublished Ph. D. thesis. Melbourne: The University of Melbourne.

McNamara, T. (1990b). Item response theory and the validation of an ESP test for health professionals. *Language Testing*, 7(1), 52-76.

McNamara, T. (1996). *Measuring second language performance*. New York: Addison-Wesley Longman.

McNamara, T., & Knoch, U. (2012). The Rasch wars: The emergence of Rasch measurement in language testing. *Language Testing*, 29(4), 555-576.

Min, S., & He, L. (2014). Applying unidimensional and multidimensional item response theory models in testlet-based reading assessment. *Language Testing, 31*(4), 453-477.

Pollitt, A., & Hutchinson, C. (1987). Calibrating graded assessments: Rasch partial credit analysis of performance in writing. *Language Testing, 4*(1), 72-92.

Wilson, M. (2005). *Constructing measures: An item response modeling approach.* Mahwah: LEA.

Wind, S. A., & Peterson, M. E. (2018). A systematic review of methods for evaluating rating quality in language assessment. *Language Testing, 35*(2), 161-192.

Wright, B. D., & Stone, M. H. (1979). *Best test design.* Chicago: MESA Press.

Xi, X. (2008). Methods of test validation. In E. Shohamy, & N. Hornberger, (Eds), *Encyclopedia of language and education: Vol. 7: Language Testing and Assessment* (2ed., pp.177-196). New York: Springer.

白英，2009，熟识性对口语群测模式的影响，《中国英语教学》（2），114-125。

曹亦薇、毛成美，2008，纵向Rasch模型在大学新生适应性追踪研究中的应用，《心理学报》（4），427-435。

常蕤，2008，一种基于Rasch模型的Angoff方法及其应用，《心理学探新》（4），76-79。

陈建林，2016，大规模英语考试作文评分标准效度验证，《中国考试》（1），29-38。

陈瑶、周榕，2018，基于Rasch模型的高考英语完形填空题质量探究，《外语测试与教学》（1），39-47。

戴朝晖、尤其达，2010，大学英语计算机口语考试评分者偏差分析，《外语界》（5），87-95。

范劲松，2017，Rasch模型下自我评估量表的效度探析，《当代外语研究》（2），34-40。

范劲松、季佩英，2017，翻译教学中的师评、自评和互评研究——基于多层面Rasch模型的方法，《外语界》（4），61-70。

高淼，2016，基于多面Rasch模型的初中英语口语测试EBB评分标准研究与效度验证，《中国考试》（12），29-38。

何莲珍、闵尚超，2008，写作测试的主要实证研究方法及其发展趋势，《中国外语》（6），42-46。

何莲珍、张洁，2008，多层面Rasch模型下大学英语四、六级考试口语考试（CET-SET）信度研究，《现代外语》（4），388-398。

江进林、王立非、马晓雷，2011，英译汉任务中的评分员效应研究，《解放军外国语学院学报》（6），97-101。

江进林、文秋芳，2010，基于 Rasch 模型的翻译测试效度研究，《外语电化教学》(1)，14-18。

李航，2011，基于概化理论和多层面 Rasch 模型的 CET-6 作文评分信度研究，《外语与外语教学》(5)，51-56。

李久亮，2014，不同文章体裁概要写作任务的 Rasch 模型分析，《外语与外语教学》(5)，30-35。

李清华、孔文，2010，TEM-4 写作新分项式评分标准的多层面 Rasch 模型分析，《外语电化教学》(1)，19-25。

刘东杰，2013，高中英语课堂口语展示的评价标准及多面 Rasch 模型分析，《山东师范大学外国语学院学报（基础英语教育）》(6)，10-15。

刘建达，2005，话语填充测试方法的多层面 Rasch 模型分析，《现代外语》(2)，157-169。

刘建达，2007，语用能力测试的评卷对比研究，《现代外语》(4)，395-404。

刘建达，2010，评卷人效应的多层面 Rasch 模型研究，《现代外语》(2)，185-193。

刘建达、吕剑涛，2012，Rasch 模型等值多套英语试卷的可行性研究，《现代外语》(4)，401-408。

刘洋，2008，测试方法对于写作的影响，《中国英语教学》(4)，50-65。

罗冠中，1992，Rasch 模型及其发展，《教育研究与实验》(2)，40-43。

罗冠中，2008，Rasch 模型及其在香港中学会考水平参照等级评定中的应用，《考试研究》(2)，18-32。

闵尚超、何莲珍，2016，构建英语听力能力发展性量表——IRT 垂直等值的应用，《中国外语》(4)，70-77。

彭康洲，2010，TEM4 听力理解项目的行为锚定分析及标准参照属性，《外语电化教学》(1)，42-47。

孙海洋，2011，概化理论和多层面 Rasch 模型在建立"职前中学英语教师口语考试模型"中的应用，《外语与外语教学》(5)，57-62。

谭智，2008，应用 Rasch 模型分析英语写作评分行为，《外语教学理论与实践》(1)，26-31。

王初明、亓鲁霞，2013，读后续写题型研究，《外语教学与研究》(5)，707-718。

王蕾、黄晓婷，2006，构建我国少儿英语远程计算机自适应测验题库的设想，《考试研究》(3)，72-86。

王蕾、黄晓婷，2012，高中英语学习策略量表编制与 Rasch 多维度分析，《心理学探新》(1)，72-76。

王跃武、朱正才、杨惠中，2006，作文网上评分信度的多面 Rasch 测量分析，《外语界》(1)，69-76。

吴雪峰、周静，2017，基于多层面 Rasch 模型的英语写作教师评分与同伴互评对比研究，《重庆第二师范学院学报》(6)，85-90。

徐思、张敏强、黎光明，2009，基于 GT 和多面 Rasch 模型的结构化面试分析，《心理学探新》(5)，77-82。

徐鹰、曾用强，2015，基于概化理论和多层面 Rasch 模型的计算机化英语听说考试评分研究，《电化教育研究》(3)，89-95。

晏子，2010，心理科学领域内的客观测量——Rasch 模型之特点及发展趋势，《心理科学进展》(8)，1298-1305。

余民宁，2009，《试题反应理论（IRT）及其应用》。台北：心理出版社。

袁洁，2016，基于 Rasch 模型的大学英语分级考试质量分析，《东南大学学报（哲学社会科学版）》(S1)，142-145。

张春青，2015，高考英语语法填空题构念效度的 Rasch 模型分析，《现代外语》(2)，258-268。

张洁，2012，PETS 三级口语考试评分误差研究——结合定量统计和定性描述的方法，《外语测试与教学》(2)，33-42。

张新玲、曾用强、张洁，2010，对大规模读写结合写作任务的效度验证，《解放军外国语学院学报》(2)，50-54。

赵南、董燕萍，2013，基于多面 Rasch 模型的交替传译测试效度验证，《解放军外国语学院学报》(1)，86-90。

朱正才、曹艺，2020，中国英语能力等级量表描述语量表化与等级划分，《中国外语》(4)，15-22。

朱正才、杨惠中，2004，大学英语四、六级考试分数的机助百分位等值研究，《现代外语》(1)，70-75。

朱正才、杨惠中、杨浩然，2003，Rasch 模型在 CET 考试分数等值中的应用，《现代外语》(1)，69-75。

第十章 测试反拨作用

王旭　南京信息工程大学

王佳雨　北京外国语大学

10.1 引言

"反拨作用"一词系英文 backwash 汉译而来，backwash 原指"水波的反流"（the motion of receding waves）（见《新牛津英汉双解大词典》）。语言测试领域借用此概念形容考试对教和学所产生的影响。其实，语言测试领域更倾向于使用 washback 一词。《语言测试词典》（*Dictionary of Language Testing*）（Davies et al., 1999）对 backwash 词条的处理是参阅 washback 词条，而《劳特利奇语言测试手册》（*The Routledge Handbook of Language Testing*）（Fulcher & Davidson, 2012）并未收录 backwash。有趣的是，通用类的英文词典一般无法查到 washback 一词，正如 Hughes（2003）所言，washback 可能仅限于语言测试圈内使用。

针对反拨作用及其相似概念的界定，各方所持观点不同。Alderson & Wall（1993）认为，backwash 与 washback 指同一现象，前者主要用在普通教育领域，后者见于应用语言学界。Wall（1997）认为，washback 和 backwash 基本可以互换使用，与 impact（影响、影响力）一词含义近似，主要指考试对教与学的影响，但 impact 还可以指代考试对个人、教育体系乃至社会的影响。《语言测试词典》（Davies et al., 1999）明确将 washback 限定为考试对教学的影响；而考试对个人、教育体系乃至社会的影响则归在 impact 词条中。Hughes（2003）认为，backwash 是考试对教和学的影响，Cheng & Curtis（2004）也赞同这一观点，只不过后者倾向于使用 washback 一词。而 Bachman & Palmer（2010）并未区分 washback 与 impact 的差异，他们认为 washback 不仅作用于个人，也对教育体系乃至社会产生影响，可归于测试使用论证（assessment use argument）中的"测试后果"（consequence）主张。本章作者认为，impact 和 washback 可视为同义表述，只不过前者关乎宏观，后者则注重微观。本章所用的反拨作用概念包含了上述各种英文表达。

10.2 历史观点

10.2.1 缘起

凡有高风险考试,必有应对策略。自科举制度开始,考生为博功名,背诵经典而不问世事;明清八股文的盛行也为迎合考试选拔。可见,中国古代科举应考者大都受到了科举考试的影响。在学术界,教育科学领域早已涉足测试影响的研究,如考试题型与记忆的关系(Meyer,1934)、考生对考试题型的认识(Meyer,1939)、不同题型下的学习过程对比(Vallance,1947)、考试对学生和教学影响(Kirkland,1971)、考试焦虑与认知模型建立(Sarason,1973)、教师围绕考试开展教学活动的适切性研究(Popham,1991)、考试风险水平与题型互动有关研究(DeMars,2000)、考生投入程度与考试结果的关系(Wise & DeMars,2010)、应试教学与低质量教学的关系(Blazar & Pollard,2017),等等。可以说,在语言测试领域关注反拨作用之前,教育学界对此已有一定的研究基础和理论贡献。

在应用语言学界,Alderson & Wall 于 1993 年发表的《反拨作用是否存在?》("Does washback exist?")一文可视作反拨作用研究的肇始。基于教育学领域内考试影响相关研究,研究者提出了与反拨作用有关的 15 个假设,随后分析了应用语言学中反拨作用相关实证研究,并从研究广度、深度、方法等方面指出了未来的研究方向。同年,Wall & Alderson(1993)基于斯里兰卡考试改革,通过比对基准数据(baseline data)、观察课堂等方法对考试改革与教育体系的关系进行了探索。结果表明,考试对教学内容存在一定影响,而对教学方式影响有限,二者关系较为复杂。作者认为,"好的考试自然有好的反拨作用"的说法有过度简化之嫌。可以认为,这两项研究从理论和实证角度将反拨作用带入了语言测试视野,为后续的反拨作用研究拉开了序幕。

10.2.2 早期研究

《语言测试》杂志于 1996 年第三期设置专刊,展示了反拨作用在语言测试领域的早期探索成果。在专刊中,Messick(1996)梳理了反拨作用与效度的关系，建议将反拨作用纳入构念效度的"后果"方面。随后他指出，真实、直接的测试（authentic direct test）与正面反拨作用存在因果关系，应避免测试中构念体现不足和构念无关问题所致的负面反拨作用。这与作者在《教育测量》第三版中所持的观点颇具渊源（参见 Messick, 1989）。Messick 仍视效度为基于分数的推断，是一种程度属性，而反拨作用则关乎考试本身和使用情境，二者既有联系，也存在本质区别。由此可见，测试研究者与使用者须沟通合作，力求测试对教与学产生积极影响。

Bailey（1996）从反拨作用的概念和机制入手，探讨了正面反拨作用的达成路径和有关研究方法。此文依据效果、过程和参与者三要素（Hughes, 1993），构建了反拨作用的基本研究模型，被后人广泛采用。与 Hughes 的反拨作用三要素相比，Bailey 的反拨作用模型直观展现了各要素之间的关系。模型涵盖了学生、教师、材料编写者等利益相关者，同时也涉及学、教、新教材以及研究结果。

Alderson & Hamp-Lyons（1996）以访谈、课堂观察等方法对比了某机构中普通英语班和托福考试备考班的授课情况，探索考试对教学风格的影响。结果表明，两种课堂的差异比 Alderson & Wall（1993）提出的研究假设复杂得多，考试重要性和备考教学特殊性等因素需要进一步探索。此研究是 Alderson & Wall（1993）之后的重要实证探索，对反拨作用相关假设的完善和验证具有重要意义。

Shohamy 等（1996）通过问卷调查、访谈、文献分析等方式，从历时角度探索了以色列的一项阿拉伯语考试和一项英语考试的反拨作用，这是较早关注反拨作用历时效应的实证研究之一。与 Alderson & Hamp-Lyons（1996）的研究类似，该研究结果表明考试重要性是影响历时效应的重要因素，另外考试的使用方式也值得深入探索。

Watanabe（1996）通过课堂观察、访谈等方式，比较了两名英语教师在日本大学入学考试备考班和某私立大学入学考试备考班的授课情况。其中，日本大学入学考试注重阅读技能，且包含较多翻译试题，而该私立大学的入学考试则几乎不包含翻译试题。研究表明，两名教师均着重使用语法－翻译法教授日本大学入学考试备考班的学生；而在另一班级中，一位教师受到了备考考试类型的影响，调整了教学方法，而另一位教师仍较多使用语法－翻译法进行教学。研究者认为，相较大学入学考试类型，教师因素（如教育背景、从教经验、教学理念等）对语法－翻译法的使用具有更大影响。

Wall（1996）强调在建立反拨作用研究模型时，应考虑引入 Fullan & Stiegelbauer（1991）的教育革新理论，以便解释考试改革未有效改变课堂教学的现象。Fullan 的教育革新理论也是 Alderson & Wall（1993）研究所采用的理论框架，通过采纳教育体系参与者的反馈和意见，阐释改革的影响。Wall 的研究体现了 Fullan & Stiegelbauer 教育革新理论的有效性。

该专刊既有理论探索也有实证研究，其中实证研究似乎都在探讨考试对教师的影响，这里的影响主要指的是考试所带来的变化（授课方式、学习内容等），其内涵和外延还需要进一步探索。在探究考试对课堂教学带来的变化时，研究者创新性地引入 Fullan & Stiegelbauer 的教育革新理论，对上述变化进行描述、探索和解释，加深了学界对反拨作用的认识。此外，研究发现测试本身可能只是影响教学的因素之一，未来还需要挖掘更多影响因素，构建并完善反拨作用的相关理论，从而为教与学带来积极影响。

10.3 当今视角

在 1996 年《语言测试》反拨作用专刊面世后，领域内对反拨作用的探索得以不断拓展与深化。《语言测试中的反拨作用》（*Washback in Language Testing*）（Cheng et al., 2004）标志着反拨作用研究成为语言测试研究的公认分野。该专刊恰好是在《反拨作用是否存在？》问世 10 周年前后出版，可以视作反拨作用 10 年研究的总结。

传统范式下的研究者主要从考试本身出发，以此探索考试带来的变化。而在新阶段中，研究者更加注重考试与情境（context）的融合，这在专刊各章节均有体现。专刊中的研究包含多样的考试情境，如雅思等大范围高风险考试、中国的高考或区域性英语口语考试以及课堂评估，这表明测试中的反拨作用已得到世界各地研究者的关注。此外，反拨作用的研究在不断细化。早期研究更多地关注反拨作用是否存在、有何影响，而此阶段研究开始探索以上现象与影响的成因，如从教师角度探索反拨作用的形成机制。在 10 年的历程中，反拨作用的研究方法也在逐渐完善（Watanabe，1996）。此外，Watanabe 特别强调，考试情景（context）与细致描述（thick description）对研究结果的理解、转化与推广具有重要意义。

10.3.1 实证研究

2007 年《教育中的评估》（*Assessment in Education*）推出了反拨作用专刊，名为《探索语言测试与评估中的反拨作用》（*Investigating Washback in Language Testing and Assessment*），展现了反拨作用研究日渐深入的发展成果。以往研究往往忽视考试影响最直接的考生群体，而 Fox & Cheng（2007）对此空缺进行了填补。Scott（2007）则探索了考试对不同利益相关者影响的差异，这也是首次考虑到了"家长"利益群体的研究。Wall & Horák（2007）强调了基准研究在反拨作用研究中的重要地位，并基于托福考试对中东欧教学活动的影响研究（Wall & Horák，2006），介绍了基准研究实施的具体步骤。

Wall & Horák（2006）对反拨作用长达五年的探索是该领域内重要的历时研究。研究分四个阶段，从 2003 年 1 月开始至 2008 年 1 月，探索托福考试对中东欧教学活动的影响。基准研究在中东欧六个国家的 10 所院校开展，研究者观察备考课堂情况，并在上述学校中追踪研究了五个国家的六位教师。研究发现，托福机考（CBT）和网考（iBT）教材差别很大，而教材对教师教学以及考试改革的理解都起着重大作用；根据课堂观察和分析，研究发现考试变化对教师课堂整体教学影响较小，但教师会在课堂上设置针对性的教学活动，提升学生口语表达和综合语言能力。

我们将视线转向国内。亓鲁霞（2004）开展了首项针对高考英语测试的反拨作用研究。通过访谈、课堂观察、问卷等多种方法，研究者对八所教育考试机构、六名教教研员、388 名中学教师以及 986 名学生进行了详尽研究。结果表明，高考英语测试并未产生预期反拨作用，原因在于其自身两种功能的冲突。尽管高考英语测试旨在推动教与学的改革，但往往受制于其自身为高等教育选拔人才的功能，考试的设计和内容常会受到种种限制，阻碍正面反拨作用的实现。此外，在高考的重压下，教与学往往旨在提高分数，而非培养学生的语言运用能力。作者指出，为了实现正面反拨作用，测试应该具备适中的利害程度，一方面有助于学生注意到测试传达的信息，另一方面可以防止因过于密集的备考学习而忽视课程目标中的内容。

辜向东（2007）则率先关注了大学英语四、六级考试的反拨作用。研究内容主要涉及考生对四、六级考试的感受，大学英语课堂上教与学的过程及其相应的产出等不同方面。通过课堂观察、问卷调查、访谈以及对考生备考材料和考生作答的分析，研究发现大学英语四、六级考试有助于推动教学大纲的实施，可为中国大学生创设有益的英语课堂情境，调动教师和学生的积极性，且可以提升学生的英文阅读能力。因此，四、六级考试对大学英语教学具有明显的正面反拨作用。多数利益相关者对四、六级考试抱有正面评价，认为利大于弊，且大多数负面评价源于测试的误用而非测试本身。研究同时表明，四、六级考试的影响主要在于教学内容、教学日程以及教学态度，而非教学方法本身，而这种影响也因学校、年级和教师而异。

近年来，亓鲁霞（2018）吸取学界先进的理论成果，基于动态系统理论，对全国基础教育阶段英语学科教学质量监测的后效进行了研究。研究者回顾了有关文献，并深入小学四年级和初中二年级一线课堂，通过课堂观察、访谈、录音录像、问卷调查等方式收集基准数据，揭示了当前基础教育学段英语教学的现状。其中，大部分小学四年级英语教师能够按照大纲和课标进行教学，认同运用接近真实语言课堂活动的理念，赞同提升学生语言综合运用能力的原则；而小学四年级英语教学的主要问题是教学课时不足，教学设备紧缺。在初中学段，英语教师同样认同上述理念，教学时间较充足，教学设备较完善，但是英语教学与大纲和课标要求却相去甚远。由于中考压力，较多的课内外练习围绕中考展开，应试教学的倾向比较严重。

总体而言，正面或负面反拨作用主要以交际语言使用（communicative language use）为准绳，符合语言交际需求的考试影响都可称为正面反拨作用，反之，凡与之相悖的都被视为负面反拨作用。但是考试风险越高，考生就越倾向于进行模拟练习和针对性备考。绝大多数考试的反拨作用都是负面的，正面反拨寥寥无几。究其原因，无外乎语言测试风险越高，考生越可能想尽办法通过考试，甚至铤而走险通过作弊获取高分。

10.3.2 研究范式

范式(paradigm)指观察和理解研究对象的框架或模型,它会左右我们的视野和我们的理解方式。在语言测试领域,基准数据范式是反拨作用研究的主流范式(见图 10.1)。

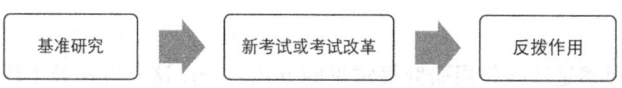

图 10.1　反拨作用研究的基准数据范式

这种研究范式由 Alderson & Wall (1993) 最早采纳。通过观察考试变化前教师和学生行为,记录教师教学方法,了解学生学习习惯和认识,从而掌握采用新考试或考试改革之前考试利益相关方的所作所为,以及对新考试的看法和预测;在考试发生变化或采用新考试后,通过对比前后的行为差异得出反拨作用的效果。通过前后对比,研究者可以直观甄别考试改革和变化带来的教学影响,从而迅速廓清反拨作用"是否存在"和"是怎样的"两个最重要的问题,这是该范式的优势所在。

然而,这种范式关注的大体上是特定反拨作用(specific washback)(Watanabe, 2004),对一般反拨作用的适用性有限。另外,此范式核心在于基准数据的提取,但是基准数据的取样时间和代表性较难把握。最后,很多基准研究都聚焦于课堂环境下师生的表现,但在课堂之外,学生学习什么、如何学习以应对考试,是目前已有基准研究的空白,需要深入研究。否则,现有反拨作用研究的整体就会缺少重要一环。

事实上,反拨作用指考试对教师的教和学生的学的影响,因而并不一定归于一般或特定反拨作用中的一类(Watanabe, 2004)。在实际研究中,并不总是有条件进行考试改革前后的基准研究,对于缺少基准数据的研究者而言,也存在其他研究范式。期待-价值理论(expectancy-value theory)是动机理论研究的重要框架,语言测试研究者也将其用于反拨作用的探索,考察考生的动机和焦虑相关因素。在反拨作用的定义中,考试对考生的影响首先在于看法,其次才是行为,而期待-价值理论正是从考生心理活动变化入手,旨在解释考生备考行为(反拨作用)的内在机制。可以认为,在反拨作用研究范式中,前者基准研究长于厘清特定反拨作用，重点在于研究变化；后者动机研究中的期待－价值理论长于解释考试对利益相关者心理和行为的影响以及二者的关联。

10.3.3 主要研究方法

课堂观察

课堂观察是反拨作用研究最常见的方法之一。这一方法长于现象的描述、归纳与总结（即"是什么"），但对现象背后的成因（即"为什么"）却无法知晓。因而单独使用观察进行研究，则会有些单薄。长于现象描述的课堂观察有利于发现语言考试对课堂教学的影响，进而对反拨作用形成机制探索奠定基础。

访谈

访谈是反拨作用研究中的常用研究方法，其优点在于能够帮助研究者深入了解受访者对语言考试的看法和理解，通过考生自述探知考生信念、看法等信息。但另外一方面，访谈需要耗费大量时间准备针对性采访问题、采访记录转写、分类、标注等。访谈法属于详尽描述（thick description）范畴，长于精细而短于研究对象的数量。使用该方法时，要特别注意研究对象的选择、研究问题的匹配和选取原则的阐述；此外，在研究中应说明访谈方法的使用原因、逻辑、优势与劣势，帮助读者对访谈结论的延展性和可解释性进行合理的判断。

日志

Gosa（2004）邀请了10名考生通过日志描述各自的备考过程，通过日志分析揭示平常无法观察的信息。日志法的优势在于能够帮助研究者更加深入理解考生对考试的认识和体会，从而归纳出考生的考试信念机制。不同于语言测试研究注重个体差异的研究视角，日志法通过对考生所记录的心理活动以及行为举止的分析，解释某种研究现象。鉴于反拨作用的特殊性，观察一段时间内反拨作用发展变化的历时研究至关重要，大多数反拨作用研究重视问卷、课堂观察以及采访，而忽略对被试追踪调查，日志研究法正是对这种空缺的补充。

量化方法

反拨作用的研究多以质性方法为主导。而诸如多元线性回归、T检验、卡方检验等量化手段常用于问卷数据处理。反拨作用涉及要素众多，要素间的联系错综复杂，量化研究经常将不同变量进行区分，方便统计计算，但这有可能将复杂现象人为简单化，导致研究结论的可信度存疑。对此，Green（2007）在雅思写作备考行为的研究中使用了神经网络，原因在于，神经网络不需要多元回归或多元方差分析所需的数据线性分布，受数据缺失的影响也较小，变量涵盖数据较少也可进行运算。简言之，神经网络的最大优点就是数据适切性强（adaptivity）。为此，Green采用了神经网络中的多层感知器（multiple layer perceptron，简称MLP）对反拨作用进行研究。

虽然相关分析和多元回归分析在反拨作用研究中具有一定作用，但无法从统计角度确定考试与反拨作用的因果关系。对此，Xie（2013）采用结构方程模型探索考生对题型及考试使用的感知、备考、答题三者间的关系。研究发现，基于价值-期待理论的反拨作用模型在统计学上是成立的，题型会影响考生备考方式，而考试使用会督促考生备考以得到高分。在备考模式方面，四级考试对大学英语学习存在负面效应，但似乎并不影响分数效度；虽然实考后测分数与前测相比具有较大提升，但这主要归功于考生已有的语言能力，备考贡献微乎其微，后测的模型区分和聚合效度良好。研究发现，四级考试总体上对备考具有负面反拨作用，但这种负面反拨作用并不影响分数效度。

问卷调查

问卷调查常用来搜集和整理考生态度、信念、看法、备考策略等信息。问卷调查多采用问题（prompt）和选项（option）两种形式。调查考生对测试工具的态度时，常采用李克特量表。验证问卷有效性需要进行信效度验证，只有通过了验证，问卷才有可能得出值得信赖的数据。问卷的长度应以短小精悍为主，避免冗长问卷造成的被试厌倦。为避免被学生误读或随意答题，问卷设计中应设计一些检验性题目，以确定被试是否认真阅读问题。但问卷在高效调查大量被试的同时也存在问题，例如只采用选择题模式可能会出现被试想选的选项不存在，而深入调查则要靠开放式问题来解决此类问题，但被试是否合作写出自己想法是一方面，另外对开放式问题所搜集的回答也需要进一步整理、分类、标注，这和前面所提到的访谈数据处理面临问题类似。

可以发现，传统反拨作用研究方法和语言测试其他领域以统计为重的研究方法有所不同。原因在于反拨作用研究旨在探究考试影响，而考试影响中的情境因素十分重要，很大程度上影响了反拨作用研究结论能否适用于其他类型考试。需要注意的是，以定性方法为主的反拨作用研究，其研究结果往往源自访谈、文献梳理等基于文本的分析和归纳。因此在搜集、整理和分析这些资料时，应避免偏信偏听所造成的偏颇和研究者效应。为避免上述问题，定性数据常采取三角验证手段，从研究者、研究方法等多个角度对资料相互映衬和证实（Brown，2001），确保研究结果的有效性。

10.3.4 主要理论模型

Arthur Hughes 三要素模型

在语言测试反拨作用的研究中，Hughes（1993）提出了最早的研究模型，涵盖参与者（participant）、过程（process）和结果（product）三个方面。Hughes 认为，考试会首先影响考生对学习任务的态度和感知，而态度和感知继而会影响参与过程（包括针对性地练习考试题型等），最终影响学习结果。

Bailey 模型

基于 Hughes 的三要素模型，Bailey（1996）提出了反拨作用的基本模型（见图 10.2）。如前文所言，此模型更加完备，反拨作用发生机制所涉及的要素更加齐全，以图形形式直观展现了 Hughes 模型中三要素之间的关系。然而，Bailey 的模型并未直接体现学生对学习任务的态度和感知，该因素隐含于学生或考生中，是承接参与者与过程的重要一环，对理解反拨作用发生机制至关重要。

第十章 测试反拨作用

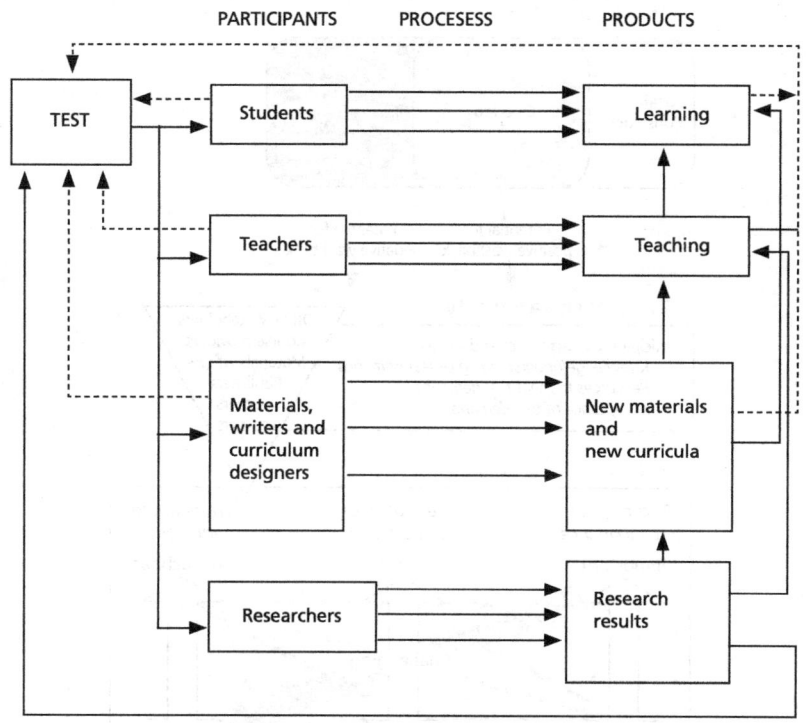

图 10.2 反拨作用的基本模型 (Bailey, 1996)

Anthony Green 模型

Green 的模型加入了对参与者各项特征的描述和分析，这有助于从参与者角度理解反拨作用发生机制（见图 10.3）。在该模型中，Green 细化了考试对考生的影响过程，直观呈现了影响所涉及的考试要素；此外，该模型对反拨作用的强度也有一定预判；最后，Green 对反拨作用正面与否的影响要素进行了研判。

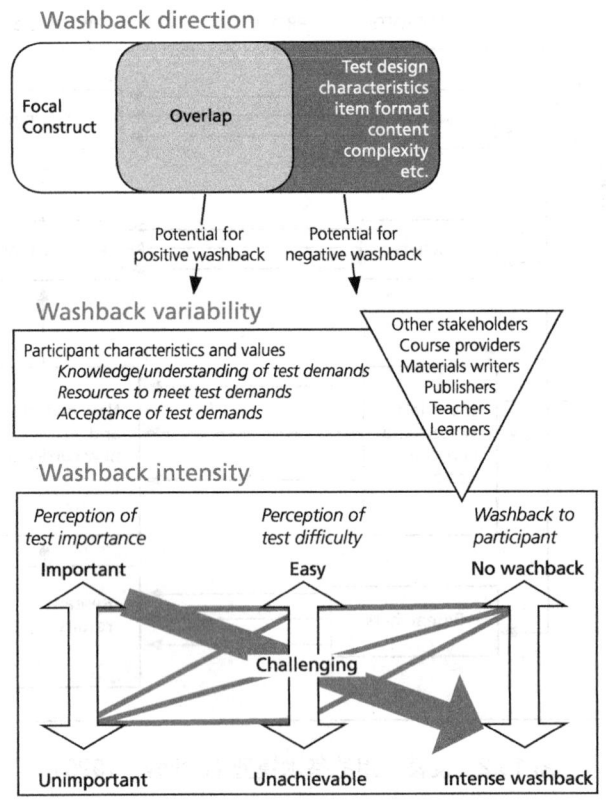

图 10.3　Green（2007）的反拨作用模型

虽然模型可对反拨作用研究提供理论指导，但也可能限制研究者对问题探索的范围和角度。如果缺少数据和事实的支撑，模型也有可能对研究者造成误导。此外，如果仅仅依据现有模型进行反拨作用的研究，则会限制领域的深入研究。如果能在现有模型的基础上进行扩充，或构建体现研究进展的新模型，无疑会推进反拨作用研究的进程。

10.4　问题与挑战

近年来，反拨作用研究不断增多，但大多基于特定教育及社会情境，局限于自身关注的焦点。虽然现有研究不乏有意义的发现，但研究间的联系仍然不够紧密，对共同问题的探索依然不足，似乎存在各自为政的现象，这也是造成学界对反拨作用理解分歧的原因之一。目前，测试、教学、学习三要素的关系尚未厘清，且受到情境因素的影响。究竟何种因素如何、为何对教与学产生积极或消极影响，迄今为止尚无定论，测试反拨作用的影响机制仍有待深入探索。

在研究设计方面，现有反拨作用研究大多为静态、短期研究，少有研究者针对某项考试开展历时研究，尤其缺少针对相同研究参与者进行的长时间跟踪研究。虽然长时间的跟踪研究对研究资源需求较高，研究开展难度较大，但是无疑能够更加充分体现考试对各利益相关方的影响，展示反拨作用的复杂性，深入揭示反拨作用发生机制。

在研究框架方面，现有反拨作用研究大多着眼于分析某一具体因素对教与学的影响，缺乏可以全面、系统描述反拨作用机制的理论框架。现有模型大多基于早期反拨作用研究，将复杂的反拨作用简单化，忽视了教育和社会情境中反拨作用的影响因素，难以把握和解释反拨作用的机理。对此，国内学者黄大勇（2011）从反拨作用的概念、与效度的关系、作用机制、产生原因四个角度回顾了反拨作用研究现状，在此基础上提出了反拨作用的概念模式、发生模式和阐释模式，并创新性地运用了 Bourdieu（1984）的社会实践逻辑模式，从社会学角度对反拨作用进行解读，这无疑深化了学界对反拨作用的理解。董曼霞（2019）则借鉴认知心理学和社会心理学理论成果，吸收现有反拨作用模型（Hughes，1993；Shih，2007；黄大勇，2011），构建了反拨作用研究理论框架，可视作迄今为止较全面反映反拨作用机制的框架。该框架虽然还未得到实证研究的充分验证，但不失为对反拨作用有益的探索。

10.5 发展方向

30余年的反拨作用研究表明，测试的确会对考生造成不同程度的影响。然而，未来研究还需要从多个角度、使用多种方法探索反拨作用的内部机制。如探究在考生的备考过程中，考试教材发挥何种作用以及如何发挥作用，分析某些经久不衰的教材自身具备的特点。另外，未来研究可探索考生与教师在备考过程中的关系。一方面，教师在备考过程中无疑发挥着重要的作用，会对考生的备考心理和行为产生重要影响。另一方面，在备考过程中，考生对教师的接纳程度会影响教师在考试反拨作用中的地位，进而影响考生的成绩以及测试成绩的解释与使用。

在探究考试与学习的关系时，有必要深入挖掘备考学习与一般学习之间的关系。备考行为是一种缩小范围的学习，与一般学习相比存在诸多差别，考生在两种学习行为下的联系与差异值得深入探索，如考生的认知活动、情感因素、学习行为、学习结果以及以上因素的交互作用等。此类研究可借鉴一般学习，要深入理解测试以及应试学习的内涵与外延，为测试正面反拨作用的实现提供可能。

最后，反拨作用的研究不应局限于测试本身，还应关注测试之外的教育情境及各种社会因素，从宏观角度分析测试对教与学带来何种影响以及影响的成因。研究对象不仅包括考生和教师，还应涉及家长、教育机构、课程要求、考试大纲以及教育政策等因素。测试的反拨作用不仅源于测试本身，同时也是复杂的社会现象。未来研究不仅需要依托语言测试学科本身，也有必要借鉴心理学、社会学等学科的发展成果，对反拨作用进行全面、系统而深入的理解，以期对各利益相关方产生有益的影响。

10.6 研究资源

10.6.1 推荐书目

Cheng, L. (2006). *Changing language teaching through language testing: A washback study*. Cambridge: Cambridge University Press.

Cheng, L., Watanabe, Y., & Curtis, A. (Eds). (2004). *Washback in language testing: Research contexts and methods*. Mahwah: Lawrence Erlbaum Associates.

Wall, D. (2006). *The impact of high-stakes examinations on classroom teaching: A case study using insights from testing and innovation theory*. Cambridge: Cambridge University Press.

10.6.2 推荐文章

Cheng, L. (2014). Consequences, impact, and washback. In A. J. Kunnan (Ed.), *The companion to language assessment* (pp. 1130-1146). Hoboken: Wiley-Blackwell.
Wall, D. (2012). Washback. In G. Fulcher, & F. Davidson (Eds), *The Routledge handbook of language testing* (pp.79-92). Abingdon: Routledge.
Zaromb, F. M., Burrus, J., & Roberts, R. D. (2012). Test behavior. In V. S. Ramachandran (Ed.), *Encyclopedia of human behavior* (2nd ed., pp. 604-610). San Diego: Academic Press.

10.6.3 推荐网站

语言测试反拨作用虚拟专刊：https://journals.sagepub.com/page/ltj/virtualspecialissue
伦敦三一学院测评素养视频资料：https://www.trinitycollege.com/qualifications/teaching-english/resources/assessment-literacy

参考文献

Alderson, J. C., & Hamp-Lyons, L. (1996). TOEFL preparation courses: A study of washback. *Language Testing, 13*(3), 280-297.
Alderson, J. C., & Wall, D. (1993). Does washback exist? *Applied Linguistics, 14* (2), 115-129.
Bachman, L. F., & Palmer, A. (2010). *Language assessment in practice: Developing language assessments and justifying their use in the real world.* Oxford: Oxford University Press.
Bailey, K. M. (1996). Working for washback: A review of the washback concept in language testing, *Language Testing, 13*(3), 257-279.
Blazar, D., & Pollard, C. (2017). Does test preparation mean low-quality instruction? *Educational Researcher, 46*(8), 420-433.
Bourdieu, P. (1984). *Distinction: A social critique of the judgment of taste.* (R. Nice, Trans.). Cambridge: Harvard University Press.

Brown, J. D. (2001). *Using surveys in language programs*. Cambridge: Cambridge University Press.

Cheng, L., & Curtis, A. (2004). Washback or backwash: A review of the impact of testing on teaching and learning. In L. Cheng, Y. Watanabe, & A. Curtis (Eds), *Washback in language testing: Research contexts and methods* (p. 3-17). Mahwah: Lawrence Erlbaum Associates.

Cheng, L., Watanabe, Y., & Curtis, A. (Eds). (2004). *Washback in language testing: Research contexts and methods*. Mahwah: Lawrence Erlbaum Associtates.

Davies, A., Brown, A., Elder, C., Hill, K., Lumley, T., & McNamara, T. (1999). *Dictionary of language testing*. Cambridge: Cambridge University Press.

DeMars, C. E. (2000). Test stakes and item format interactions. *Applied Measurement in Education, 13*(1), 55-77.

Fox, J., & Cheng, L. (2007). Did we take the same test? Differing accounts of the Ontario Secondary School Literacy Test by first and second language test-takers. *Assessment in Education: Principles, Policy & Practice, 14*(1), 9-26.

Fulcher, G., & Davidson, F. (Eds). (2012). *The Routledge handbook of language testing*. Abingdon: Routledge.

Fullan, M. G., & Stiegelbauer, S. (1991). *The new meaning of educational change* (2nd ed). London: Cassell.

Gosa, C. M. C. (2004). *Investigating washback: A case study using student diaries*. Unpublished Ph. D. thesis. Lancaster: Lancaster University.

Green, A. B. (2007). *IELTS washback in context: Preparation for academic writing in higher education*. Cambridge: Cambridge University Press.

Hughes, A. (1993). *Backwash and TOEFL 2000*. Unpublished manuscript. Reading: University of Reading.

Hughes, A. (2003). *Testing for language teachers* (2nd ed.). Cambridge: Cambridge University Press.

Kirkland, M. C. (1971). The Effects of tests on students and schools. *Review of Educational Research, 41*(4), 303-350.

Messick, S. (1989). Validity. In Linn, R. L. (Ed.). *Educational measurement* (3rd ed., pp. 13-104). New York: Palgrave Macmillan.

Messick, S. (1996). Validity and washback in language testing. *Language Testing, 13*(3), 241-256.

Meyer, G. (1934). An experimental study of the old and new types of examination: I. The effect of the examination set on memory. *Journal of Educational Psychology*, *25*(9), 641-661.

Meyer, G. (1939). The choice of questions on essay examinations. *Journal of Educational Psychology*, *30*(3), 161-171.

Popham, W. J. (1991). Appropriateness of teachers' test-preparation practices. *Educational Measurement: Issues and Practice*, *10*(4), 12-15.

Sarason, I. G. (1973). Test anxiety and cognitive modeling. *Journal of Personality and Social Psychology*, *28*(1), 58-61.

Scott, C. (2007). Stakeholder perceptions of test impact. *Assessment in Education: Principles, Policy & Practice*, *14*(1), 27-49.

Shih, C. -M. (2007). A new washback model of students' learning. *The Canadian Modern Language Review*, *64*(1), 135-162.

Shohamy, E., Donitsa-Schmidt, S., & Ferman, I. (1996). Test impact revisited: Washback effect over time. *Language Testing*, *13*(3), 298-317.

Vallance, T. R. (1947). A comparison of essay and objective examinations as learning experiences. *The Journal of Educational Research*, *41*(4), 279-288.

Wall, D. (1996). Introducing new tests into traditional systems: Insights from general education and from innovation theory. *Language Testing*, *13*(3), 334-354.

Wall, D. (1997). Impact and washback in language testing. In C. Clapham, & D. Corson (Eds), *Encyclopedia of language and education* (vol 7, pp. 291-302). Norwell: Kluwer Academic Publishers.

Wall, D., & Alderson, J. C. (1993). Examining washback: The Sri Lankan impact study. *Language Testing*, *10*(1), 41-69.

Wall, D., & Horák, T. (2006) The impact of changes in the TOEFL examination on teaching and learning in Central and Eastern Europe: Phase 1, the baseline study. *ETS Research Report Series*, *2006*(1), i-199.

Wall, D., & Horák, T. (2007). Using baseline studies in the investigation of test impact. *Assessment in Education: Principles, Policy & Practice*, *14*(1), 99-116.

Watanabe, Y., (1996). Does Grammar-Translation come from the entrance examination? Preliminary findings from classroom-based research. *Language Testing*, *13*(3), 319-333.

Watanabe, Y. (2004). Methodology in washback studies. In L. Cheng, Y. Watanabe, & A. Curtis (Eds), *Washback in language testing: Research contexts and methods* (pp. 19-36). Mahwah: Lawrence Erlbaum Associates.

Wise, S. L., & DeMars, C. E. (2010). Examinee non-effort and the validity of program assessment results. *Educational Assessment, 15*(1), 27-41.

Xie, Q. (2013). Does test preparation work? Implications for score validity. *Language Assessment Quarterly, 10*(2), 196-218.

董曼霞，2019，语言测试反拨效应研究，《外国语文》（3），141-147。

辜向东，2007，《正面的还是负面的——大学英语四、六级考试反拨效应实证研究》。重庆：重庆大学出版社。

黄大勇，2011，构建语言测试效应研究的理论基础，《现代外语》（3），296-302。

亓鲁霞，2004，《意愿与现实：中国高等院校统一招生英语考试的反拨作用研究》。北京：外语教学与研究出版社。

亓鲁霞，2018，《全国基础教育阶段英语科监测系统的后效研究》。北京：外语教学与研究出版社。

第十一章 伦理与公平性

范劲松 墨尔本大学

11.1 引言

近 30 年来,语言测试的理论与实践发展迅速,语言测试已经成为应用语言学领域具有独立学科地位的重要分支。其中,Messick(1989)对传统测试效度理论的拓展对语言测试领域的影响尤其深远。该效度框架将实施考试的后果纳入考试的效度,从而极大地拓宽了语言测试的研究视角。与此同时,高风险语言考试也得到了迅速发展。伴随着语言测试理论与实践的发展,语言考试在社会生活中所发挥的作用日益凸显,经常被用作高风险决策的依据之一。在此背景下,语言测试的伦理与公平性成为近些年语言测试研究探讨的热点话题。

语言测试的伦理与公平性议题看似简单,但正确并深入理解并非易事。伦理指的是"一套被广泛接受的信条和实践用以约束行为并且促进共同利益"(Taylor,2013:1)。在语言测试领域,伦理通常指语言测试从业人员须遵循的道德规范与行为准则(梅昳、聂建中,2009)。考试的公平性问题历来引人关注。Davies 等(1999:199)认为,考试公平性关注"考试对个人、团体或整个社会所产生的后果。它既与某项考试衡量能力的效度相关,也与整个考试过程体现和促进社会公平的程度相关"。语言测试研究领域直到近些年才开始真正关注这一概念。目前已有的研究包括:(1)制定相关的行业标准[1],详细规定提高语言测试公平性的各项措施(如 AERA et al., 1999, 2014;ETS, 2014);(2)对公平性进行定义并构建相关的理论框架(如 Kunnan, 2000, 2004;McNamara & Ryan, 2011;Xi, 2010);(3)对测试公平性开展实证研究(如 Song & He, 2015;Takala & Kaftandjieva, 2000)等。

---

[1] 有学者指出,"行业标准"与"道德规范""行为准则"等概念之间存在细微差别(参见 Alderson et al., 1995)。在本章中,"行业标准"泛指语言测试领域制定的代表良好测试行为的文件,包括"道德规范""行为准则"等。

本章探讨语言测试中的伦理与公平性这两个重要话题。值得一提的是，这两个概念之间是相互关联的。一方面，伦理对语言测试的开发、实施和使用具有指导性作用。确保语言测试各个步骤符合相关的道德规范和行为准则是确保考试公平性的前提。也因为如此，考试公平性通常是语言测试行业标准的重要组成部分。另一方面，如前文所述，考试公平性既与考试本身相关，也与考试使用的社会后果关系密切。因此，追求考试的公平性意味着提升考试的效度，使考试更好地促进社会公平，考试的开发与实施也能够更好地体现相关道德规范和行为准则的要求。正如 Shohamy（2001：340）指出，语言考试若采用对部分考生显失公平的考试方法有悖伦理。

11.2 历史观点

11.2.1 伦理

在语言测试领域，Bernard Spolsky 是最早关注道德与伦理问题的学者。他指出语言测试工作者面临着后现代的困境，即每次在使用测试结果做筛选、排序等决定时都具有不确定性，因此，对待语言考试要像对待危险品一样贴上"小心慎用"的标签（Spolsky, 1981）。在 Messick（1989）所提出的测试效度框架中，考试使用的社会后果成为考试效度的重要组成部分。根据该效度框架，考试的效度研究不仅是分析考试的心理测量学属性，也需要探析其社会学属性。Bachman（1990：237）同意 Messick 关于效度的观点，指出"考试并不是在毫无价值观的心理测试试管中开发的"，而总是为了满足一定的教育制度和社会需求；Spolsky（1995）在其著作《客观语言测试》（*Measured Words*）中以美国托福考试为例，详细论述了语言考试与社会、政治环境之间复杂的双向互动关系。

自20世纪90年代开始，语言测试界比较系统地关注测试的伦理问题。1997年由 Alan Davies 担任客座主编，《语言测试》杂志组织专刊讨论语言测试的伦理问题（Davies, 1997a）；《语言测评季刊》在2004年也组织了专刊，继续讨论语言测试的伦理与专业化问题（Davies, 2004）。在《语言测试》专刊中，多位研究人员从不同的角度深入探讨测试的伦理问题,包括:语言测试工作者是否应该为考试的后果承担责任?语言测试的专业化与公共利益及个人道德之间是否会发生冲突?如何处理测试过程中不同利益相关群体之间的关系?测试偏颇与公平性之间的关系如何?此外,专刊还对考试作为一种政治控制手段和考试的反拨效应等话题进行了讨论。

《语言测试》专刊探讨的核心话题是语言测试中的责任界定问题。Davies(1997a:336)指出,语言测试工作者作为行业的一员要承担考试可能带来的所有后果是不现实的。他设问:"如果一群种族主义分子很多年以后在一所大楼里聚会,那么我们怎么可能将责任推给当时设计这座大楼的建筑师呢?"Hamp-Lyons(1997:302)基本赞同 Davies 的观点,但是认为"对于语言测试工作者所了解的那部分影响和后果,我们必须承担责任"。除了对责任问题的探讨,该专刊讨论的另一重点话题是语言测试的专业化。Davies(1997b)提议通过制定语言测试道德规范或行为准则提升语言测试的专业化水平,从而逐渐建立语言测试的"道德域"(ethical milieu)。在其倡导下,国际语言测试协会(International Language Testing Association,简称 ILTA)分别在 2000 年和 2007 年颁布了《ILTA 道德规范》(*ILTA Code of Ethics*)(ILTA,2000)和《ILTA 行为准则》(*ILTA Guidelines for Practice*)(ILTA,2007)。这两份文件对语言测试领域产生了重要影响,我们将在下文做进一步介绍。相对而言,2004 年《语言测评季刊》的专刊更侧重分享不同测试环境下追求测试专业化和制定语言测试行业标准的尝试。如 Avermaet 等(2004)介绍了欧洲语言测试者协会(Association of Language Testers in Europe,简称 ALTE)在制定《ALTE 行为准则》(*Principles of Good Practice*)和实施质量控制体系(Quality Management System,简称 QMS)等方面的经验;Thrasher(2004)介绍了日本语言测试协会(Japan Language Testing Association,简称 JLTA)在《ILTA 道德规范》的指导下制定《JLTA 行为准则》的尝试。

11.2.2 公平性

早期的文献往往将测试的公平性定义为考试对不同的考生群体不存在系统性的偏颇(如 AERA et al.,1985)。测试偏颇(test bias)指的是语言能力相同的考生在同一考题上的得分不同。也就是说，与考试构念无关的因素对考生的成绩产生了系统性的影响（Kline，2013）。这些因素可能包括考生的性别、种族、社会经济地位、专业背景等。考试偏颇研究通常采用的方法是试题差异（differential item functioning，简称 DIF）研究。传统的测试公平性研究往往仅限于对试题的 DIF 分析。在 DIF 研究中，研究人员通常需要设定核心组（focus group）和参照组（reference group）。前者通常被认为在考试过程中可能处于不利地位。以性别为例，如果认为某些考题对女生可能不利，那么通常把女生作为核心组，男生作为参照组，然后比较两组考生在试题上的考试成绩是否存在显著差异（如 Ferne & Rupp，2007；McNamara & Roever，2006）。值得一提的是，在考试层面 DIF 效应可能会相互抵消。例如，有些考题对核心组不利，而有些考题对核心组有利，因此对整个考试而言可能并不存在 DIF 效应。

考试中存在偏颇会影响到考试成绩的解释与使用，从而影响考试的公平性，但是考试的偏颇研究仅仅是考试公平性研究的一部分，不存在偏颇也仅仅是考试公平性的必要而非充分条件（Elder，1997）。偏颇研究从对试题或考试的心理测量学属性的角度研究测试公平性，属于 Messick（1989）效度框架中基于证据的研究范畴（evidential aspect）。考试的公平性的涵盖面更为广阔，不仅包括考试的心理测量学属性，也同时包含与考试使用相关的社会后果和社会价值观的判断，即 Messick 效度框架中基于后果的范畴（consequential aspect）。因此，语言测试的研究人员需要构建涵盖面更为广泛的语言测试公平性理论框架。

11.3 当今视角

在本节中，我们将选择《ILTA 道德规范》和《ILTA 行为准则》做简要介绍。这两份文件基本代表了语言测试界目前对测试伦理的主要观点。同时，我们也会对测试公平性的相关探索进行简要回顾。

11.3.1 《ILTA 道德规范》

《ILTA 道德规范》（下文简称《规范》）是语言测试领域的首项道德标准，

其内容借鉴了道德哲学，目的是指导良好的职业行为。《规范》前言部分指出，《规范》"既非法规，亦非条例，也不为测试实践提供指导；其目的是为所有语言测试工作者提供道德行为基准"。《规范》共包含九项原则，其中前三项属于语言测试工作者的职业伦理范畴，包括：语言测试工作者对考生人格和尊严的尊重（原则一），对考生信息的保密（原则二），以及遵守相关的国家与国际准则中所规定的道德规范（原则三）。第四到第六项原则规定了语言测试工作者的专业职责，包括：语言测试工作者不能误用自己所掌握的专业知识和技能（原则四），应不断拓展自己的专业知识与技能（原则五），以及有义务维护语言测试行业的诚信度（原则六）。《规范》的最后三项规定了语言测试工作者的社会责任，包括：语言测试工作者的社会责任是不断提高语言测试的质量，促进社会资源的公平配置（原则七），在工作实践中应该关注自己的社会义务（原则八），并应该充分考虑到他们所承担的测试项目对利益相关者所产生的影响（原则九）。

为了帮助读者和使用者更准确地理解文件中各项原则，《规范》在每项原则后面都附加了较为详细的注解。如原则一共有六项解释性的注释。第一项注释阐明语言测试工作者不能因为考生的性别、种族、民族、性取向、语言背景、信仰、政治派别等原因而对考生有任何的歧视行为；第二项注释阐明语言测试工作者不能以与其所提供的服务或研究目的不相关的方式利用或影响其客户；第三项注释规定语言测试工作者与考生之间不能存在性关系；第四项注释阐明语言测试工作者在承担语言测试项目时要尊重考生的隐私权；第五项注释阐明语言测试工作者应该将相关的信息告知考试的利益相关人员；第六项注释阐明语言测试工作者在所有有关考生利益的问题上应该征询考生意见。通过这六项注释，不同环境下的语言测试工作者能够更为清晰地理解什么是"尊重考生的人格和尊严"，并在相关的语言测试实践中提高对该问题的认识。《规范》的颁布对语言测试领域产生了深远影响，被认为是语言测试走向专业化的重要标志（如 Boyd & Davies, 2002）。

11.3.2 《ILTA 行为准则》

《ILTA 行为准则》（下文简称《准则》）是在《规范》的指导下制定的，其目的是为世界各地的语言测试工作者在语言测试实践方面提供更加具体的指导。与《规范》相比，《准则》内容更为具体，与测试实践的关系也更加紧密。《准则》共包括两大组成部分，第一部分主要阐明考试机构在语言测试实践中应承担的专业职责；第二部分主要阐明考生在考试过程中的权利和责任。第一部分包括六个子部分，分别规定：(1) 语言测试工作者在各种情况下均应该考虑的因素；(2) 考试设计与命题人员的职责；(3) 高风险考试机构的职责；(4) 公共考试[1]机构的职责；(5) 考试用户的责任；(6) 其他需要考虑的特殊因素。第二部分包括两个子部分，分别规定了考生在考试过程中所应享有的权利和应承担的责任。

《准则》的第一部分规定，无论是什么形式的语言测试，考试开发机构均须明确考试所要考查的语言能力并确保考试的效度和信度。《准则》认为，考试的效度是指"根据考生的考试成绩对考生语言能力进行推断和使用的准确性"；信度是指"考试结果的一致性程度，即考试成绩的可推广性以及在不同时间和场合下成绩的可比性"。考试的设计和开发人员的专业职责如下：明确考试的目的；明确考试所期望考查的语言能力；制定考试细则；在考前对考题进行试测；制定详细的评分标准；对评分员进行培训；做好考试的保密工作；在施考过程中对所有考生一视同仁；在评分过程中采用严格的评分步骤；用考生容易理解的语言报告考试结果等。开发和实施高风险语言考试的机构承担着更多的专业职责。例如，需要确保考试的设计者和命题人员熟悉语言测试理论与实践；如果命题人员的第一语言并非考试所考查的语言，那么他们命制的试题须接受语言专家的检查；在考前应向考生提供各种相关信息，在施考过程中应确保所有考生施考条件相同，在评分时要采取严格的质量控制措施，确保评分的准确性；如果采用不同的考卷，还需要确保考卷之间等值。《准则》也规定了公共考试机构和考试使用者的职责。例如，不能对其开发的考试做虚假或具有误导性的宣传，为考生提供详细的考试大纲等；考试成绩的使用者应了解他们使用考试成绩进行决策的局限性，在做决策的时候应充分考虑到考试成绩的标准误差等。此外，《准则》还规定了在常模参照考试、标准参照考试和电脑自适应考试中须考虑的特殊因素。在第二部分，《准则》逐一列举了考生在

---

1 在《准则》中，"高风险考试"指用于入学或资格认证等目的的语言考试；"公共考试"指对社会公众开放的语言考试，公众可以根据自身需求决定是否报名参加。

考试过程中的权利，包括对考试的各种知情权、在公布考试成绩的时候保护个人隐私权等。考生应承担的责任包括遵守考试机构的各项规定和考场纪律、及时报告考试过程中出现的问题等。《准则》是对《规范》的具体化解释，为语言测试从业人员提供了更为具体的指导（Thrasher，2004）。

11.3.3 对测试公平性的相关探索

Kunnan 是近些年探索构建语言测试公平性理论框架具有代表性的学者。Kunnan（2000）借鉴了社会正义理论对传统的测试公平性定义进行拓展，建立了"测试公平性理论框架"（Test Fairness Framework，简称 TFF）。该框架包括三个组成部分，分别为考试效度（validity）、机会均等（access）和公正性（justice）。该框架使测试公平性的研究不再局限于考试的心理测量学属性，同时也包括了"社会、道德、法律和哲学层面"（Kunnan，2000：5）。Kunnan（2004）对 TFF 进行修订，在原来框架的基础上增加了两个部分，分别为施考条件（test conditions）和社会后果（social consequences）。尽管 Kunnan（2000，2004）提出的 TFF 拓宽了语言测试界对测试公平性的理解，但是框架所体现的各个方面在新的效度理论框架中均有所提及，而且论述也更为完整、充分（如 Bachman & Palmer，2010；Kane，2002）；其次，TFF 中的各部分及其关注点尽管非常重要，但是却缺乏有效的机制将这些方面组织起来形成连贯的考试公平性论据（test fairness argument）；最后，语言测试研究人员很难采用 TFF 开展测试公平性方面的实证研究。

Xi（2010）详细回顾了语言测试界目前对公平性的理解并提出了构建考试公平性论据的方法。她提议将考试的公平性论据置于考试的效度论据中。Xi（2010：154）认为，测试公平性指的是"在考试各个阶段对可以识别的且相关的考生群体在考试效度方面是否具备可比性"。也就是说，考试要有效度，就必须具备公平性；削弱考试公平性的任何因素也会同时削弱考试成绩解释和使用的效度。Xi 以托福网考（TOEFL iBT）为例，展示了如何借鉴最新的效度理论构建该考试的公平性论据。Xi 提出的测评公平性研究方法，其最大的优点在于将测试公平性研究嵌入到考试的效度研究中，从而可以充分利用效度理论和实践的最新研究成果；同时，该研究方法也可以克服以前公平性框架（如

TFF）的不足之处，为测试公平性的实证研究提供切实的指导。

至今为止，语言测试界对测试公平性依然存在很多争论，也没有一个测试公平性的理论框架或研究方法被广泛接受。尽管 Davies（2010）认为追求绝对的公平性犹如追求圣杯一样不切实际，但是毫无疑问语言测试界对测试公平性的讨论还将继续。

11.4 问题与挑战

测试的伦理和公平性研究面临着很多问题和挑战。前文指出，测试伦理主要表现为行业标准，包括道德规范与行为准则。这些标准的制定和实施面临以下问题和挑战。首先，行业标准的内容应包括哪些方面？行业标准如何既体现语言测试的共性，又能体现不同环境下语言测试的特点？其次，行业标准该如何制定？如何对行业标准开展实证性研究？最后，标准制定出来以后如何确保其在语言测试实践中得以顺利实施？由谁对语言考试开发机构的行为进行监管？违规者应该面临什么样的惩罚措施？下面我们对这些问题逐一阐述。

在语言测试界，行业标准一般由语言测试的专业协会制定。例如，前文中所提及的《规范》和《准则》由 ILTA 负责制定和颁布；在语言测试界具有重要影响的《教育和心理测试标准》（AERA et al., 2014）由美国教育研究学会、美国心理学协会和全美教育测量公会三个专业组织联合颁布并负责对其修订；《ALTE 行为规范》（ALTE, 1994）由欧洲语言测试者协会颁布实施。除了专业协会以外，有些语言考试机构根据这些行业标准制定了企业内部质量标准。例如，美国教育考试服务中心在《教育和心理测试标准》的框架下制定并颁布了《ETS 质量和公平标准》（*ETS Standards for Quality and Fairness*）（ETS, 2014），用于指导和评估该中心内部产品和服务的质量。毋庸置疑，这些行业标准的颁布对提高语言测试从业人员的质量意识发挥了重要的作用。但是，这些标准仅仅是语言测试专业组织签订的单方面的合同（Boyd & Davies, 2002），未必得到各利益相关方的认可；而且，标准的侧重点各不相同，更多地体现了语言测试的共性，却无法兼顾不同教育和社会环境下语言测试的特点。以 ILTA 制定的《规范》和《准则》为例。前者在比较抽象的层面规定了语言测试从业人员的职业道德,但是在遇到具体问题时《规范》可能无法提供答案,测试人员要根据自己所遇到的问题做出相应的判断和决策;后者规定了在语言考试开发、实施和使用各环节的良好行为规范,但是却无法兼顾 ILTA 成员在文化和社会环境方面的差异性。例如,语言考试机构在报告考生成绩时,保护考生的个人隐私是非常重要的,但是在有些文化背景下对此可能并没有非常严格的要求。

除了行业标准本身存在的局限性,如何制定这些标准也是个难题。目前文献方面关于如何制定标准的讨论很少。Avermaet 等(2004)以《ALTE 行为准则》为例,指出在制定标准的时候应尽可能吸引利益相关者的参与,这样有助于提高标准制定过程的透明度,减少标准实施给成员可能带来的压力。传统的自上而下的标准制定模式不利于确保标准的有效性,也不利于标准的推广和应用。但是,他们的讨论并没有涉及利益相关群体应如何参与到标准的制定过程中。目前,仅有少量实证性研究探讨标准问题,主要是采用行业标准对目前语言测试现状进行调查。例如,Alderson(2010)采用欧洲语言测试与评估协会(European Association for Language Testing and Assessment,简称 EALTA)制定的《EALTA 语言测试与评估行为准则》(*EALTA Guidelines for Good Practice in Language Testing and Assessment*)对国际航空英语测试的开发、实施和使用情况进行调查,结果表明航空英语测试存在很多令人担忧的质量问题。基于本研究结果,研究人员建议对 EALTA 的标准进行修订使其适用于航空英语考试的开发与评估,提高航空英语考试的质量。Fan & Jin(2013)采用《教育和心理测试标准》(AERA et al.,1999)中规定的良好测试行为规范对我国六家英语考试开发机构在考试开发、实施和使用各个步骤的做法进行调查。研究结果表明,考试机构所遵循的质量标准各不相同,在考试各个步骤的具体做法差异很大。基于该研究结果,研究人员认为相关部门应尽快制定适合我国国情的语言测试质量标准,用于指导和评估语言测试实践。目前还没有针对标准实施情况的实证性研究,也没有研究探讨标准实施所带来的效果和影响。

与医学等传统行业不同,语言测试属于弱势行业(Davies,2004),因此行业标准的实施成为难题。以 ILTA 为例,其制定的《规范》通过九项原则和阐释性的注释详细规定了语言测试工作者在"职业伦理""专业职责""社会责任"等三方面的责任,但是世界各地的语言测试工作者是否能够有效地遵守这些原则仍然是个未知数,《规范》的实施困难重重(如 Boyd & Davies,2002;

Davies，2004）。《规范》规定了强制性的条款，即"如果成员不能严格遵守《规范》中的相关条款，那么将面临严重的惩罚，包括可以在 ILTA 道德委员会的决议下取消其 ILTA 会员资格"。但是该强制性的条款对其成员到底有多大的约束作用，目前不得而知。《准则》中没有任何强制性的条款，其是否能够真正提高语言测试工作者的专业性水平也未可知。ILTA 作为世界各地语言测试开发和研究人员自发组成的行业组织，并没有执法权，也不可能对世界各地的语言测试人员和考试开发机构实施监管的职能。其他区域性的行业组织也面临同样的困境。此外，对语言测试从业人员的职业准入也没有强制性的资格认证，从业人员的专业素养参差不齐。由于语言测试的学科性质，一部分从业人员的背景为教育或心理测量学，他们可能缺乏对语言学和应用语言学理论的了解；更多的从业人员的背景为语言学或应用语言学，他们在测量方面的训练也往往存在不足。目前并没有专业机构对语言测试从业人员的专业资格进行强制性认证。

毫无疑问，公平性对任何一项语言考试都非常重要，对高风险语言考试尤其如此。但是，正如前文所述，目前并没有得到学界广泛认可的公平性理论框架，而且测试公平性与效度之间的关系依然值得进一步探讨。例如，公平性到底是独立于效度之外，还是考试效度的组成部分？这二者之间的关系如何？多项语言测试的行业标准均用专门的章节探讨测试公平性（参见如 AERA et al.，1999，2014；ETS，2014；JCTP，2004），但是侧重点各不相同，对公平性的理解也不统一。有些标准强调在考试开发过程中须对考试材料的内容进行仔细审核，以防止某些内容对部分考生群体不利；有些标准强调给身体有残疾的考生提供特殊照顾，确保其身体残疾不影响其考试发挥；有些标准强调对试题进行 DIF 研究，确保能力相同的考生在试题上的得分相同；也有标准建议对考试的内部因子结构进行分析，确保考试所考查的语言能力结构在不同的考生群体上表现相同。整体而言，目前对测试公平性的探讨依然大部分停留在考试的设计和心理测量学层面，鲜有研究涉及其社会学层面。影响公平性的变量众多，相互之间的关系错综复杂。如何在社会学层面对测试公平性展开研究，依然是语言测试界面临的挑战之一。

11.5 发展方向

Bachman（2000）在 21 世纪初指出，语言测试的伦理问题，包括语言测试行业标准的制定和实施，是未来语言测试研究的热点也是难点之一。在测试伦理和公平性方面，未来的发展方向应包括以下三个方面。

其一，语言测试专业标准的制定和实施。目前 ILTA 已经制定了《规范》和《准则》，世界上很多国家和地区也纷纷制定了语言测试行业标准。但是，如前文所述，语言测试标准的制定和实施依然面临很多挑战，而且不可忽视的是，很多国家和地区还没有制定语言测试标准。以我国为例，我国的外语学习者人数众多，特征多样。语言考试在我国往往具有规模大、风险高、对教学反拨作用强等特点，因此在我国制定语言测试专业标准显得尤其重要（范劲松，2014，2018）。事实上，我国制定的《中国英语能力等级量表》（如金艳、揭薇，2017；刘建达，2015）对规范各学段英语考试体系、推动外语教育连贯有序的发展将发挥重要作用。此外，已有不少学者呼吁尽快制定适合我国国情的语言测试质量标准（如范劲松、金艳，2010；杨惠中、桂诗春，2007），但是相关工作仍未见实质进展。可以预见，语言能力标准和语言测试质量标准的制定对提高语言测试的质量和专业化将产生积极、深远的影响。Alderson（2011）指出，仅仅宣传良好的测试行为，但是不对现状进行调查，这是不负责任的。因此，采用不同的研究方法对语言测试现状进行深入调查也是未来测试伦理和公平性研究的重点之一。

其二，进一步加强语言测试与语言教学之间的联系，更好地体现测试与教学之间的双向互动关系，积极发挥考试促进语言教学的重要功能。语言考试种类各不相同，有常模参照考试，也有标准参考考试；有水平考试，也有成就型考试；有大规模、标准化的全国性统考，也有小规模、低风险的课堂测试。无论是什么类型的语言考试，都应该与语言教学保持紧密联系，发挥其对语言教学的正面导向作用。近些年来，形成性评估、另类评估、诊断性测试、动态评估等概念深入人心。这些测试理念和方法之所以受到普遍的欢迎，是因为它们和语言教学紧密地结合在一起，有助于提高学生在语言应用中的反思和自我监控能力，从而有效地促进语言学习。Shohamy（2001）认为，语言考试应该从对学生进行分类的机制转向为学生提供诊断性帮助的机制，从外部监督机制转向检验教学的机制，从施加制裁的机制转向平等合作的机制，这才是负责任的语言测试。语言测试界的多项研究表明，应试教学依然存在；教师和学生在备考的过程中往往以掌握考试策略、提高考试成绩为重点，语言能力可能并没有因此而提高（Cheng，2017）。要实现测试的伦理与公平性，语言考试必须加强与语言教学之间的联系，使考试更好地发挥其促进教学的重要功能。

其三，实现测试伦理和公平性的重要途径是提升利益相关群体的语言评估素养（language assessment literacy，简称 LAL），这也是未来的重要研究方向之一。语言测试涉及多个利益相关群体，例如语言考试设计和开发人员、语言教师、考生、考试成绩的使用者、大学的行政管理人员等。语言测试界普遍意识到，提升考试的效度和公平性并非语言考试机构单方面的责任，而是语言测试过程中利益相关群体的共同责任（如 AERA et al.，2014；ETS，2014；ILTA，2007）。如果利益相关群体不具备语言评估素养，那么他们显然无法以平等的身份有效地参与到语言测试过程中。但是，期望每个利益群体都具备相似程度的语言评估素养既没有必要，也不现实。Taylor（2013）尝试用图示的方法表现出不同利益相关群体对语言评估素养的不同需求。有些利益相关群体如考试开发和设计人员处于核心位置，因此对这些群体的语言评估素养要求也更高；而有些群体如考生的家长或社会公众等在语言测试中处于外围，这些群体需要具备一定的语言评估素养，以便能够对语言考试的设施和有效使用发挥积极作用。值得一提的是，语言评估素养近些年频繁地出现在语言测试文献中，成为热点话题之一。2017年国际语言测试研讨会（Language Testing Research Colloquium，简称 LTRC）即以提升利益相关群体的语言评估素养作为会议主题（范劲松，2017）。未来研究的重心是进一步深入理解语言评估素养的本质和组成，并深入探讨如何提升和评估利益相关群体的语言评估素养（Yan & Fan，2021）。只有这样，才能真正提升语言测试的伦理与公平性。

11.6 研究资源

11.6.1 推荐书目

Kunnan, A. J. (2000). *Fairness and validation in language assessment: Selected papers from the 19th Language Testing Research Colloquium, Orlando, Florida.* Cambridge: Cambridge University Press.

McNamara, T., & Roever, C. (2006). *Language testing: The social dimension.* Oxford: Blackwell.

McNamara, T., Knoch, U., & Fan, J. (2019). *Fairness, justice & language assessment.* Oxford: Oxford University Press.

11.6.2 推荐文章

Boyd, K., & Davies, A. (2002). Doctor's orders for language testers: The origin and purpose of ethical codes. *Language Testing, 19*(3), 296-322.

Davies, A. (1997). Introduction: The limits of ethics in language testing. *Language Testing, 14*(3), 235-241.

Davies, A. (2004). Introduction: Language testing and the golden rule. *Language Assessment Quarterly, 1*(2-3), 97-107.

Kunnan, A. J. (2004). Test fairness. In M. Milanovic, & C. J. Weir (Eds), *European language testing in a global context: Proceedings of the ALTE Barcelona conference* (pp. 27-48).

McNamara, T., & Ryan, K. (2011). Fairness versus justice in language testing: The place of English literacy in the Australian Citizenship Test. *Language Assessment Quarterly, 8*(2), 161-178.

Moghadam, M., & Nasirzadeh, F. (2020). The application of Kunnan's test fairness framework (TFF) on a reading comprehension test. *Language Testing in Asia, 10*(1), 1-21.

Xi, X. (2010). How do we go about investigating test fairness? *Language Testing, 20*(10), 1-24.

11.6.3 推荐网站

ALTE 行为准则：https://www.alte.org/Materials
ALTE 质量控制：https://www.alte.org/QMS-Working-Group
ETS 公平性文件：https://www.ets.org/about/fairness
ILTA 道德规范：https://www.iltaonline.com/page/CodeofEthics
ILTA 行为准则：https://www.iltaonline.com/page/ILTAGuidelinesforPractice
教育与心理测试标准概述：https://www.ncme.org/resources/library-old2/standards-revision

参考文献

AERA, APA, & NCME. (1985). *Standards for educational and psychological testing*. Washington, D. C.: AERA.

AERA, APA, & NCME. (1999). *Standards for psychological and educational testing*. Washington, D. C.: AERA.

AERA, APA, & NCME. (2014). *Standards for educational and psychological testing*. Washington, D. C.: AERA.

Alderson, J. C. (2010). A survey of aviation English tests. *Language Testing, 27*(1), 51-72.

Alderson, J. C. (2011). *A lifetime of language testing*. Shanghai: Shanghai Foreign Language Education Press.

Alderson, J. C., Clapham, C., & Wall, D. (1995). *Language test construction and evaluation*. Cambridge: Cambridge University Press.

ALTE. (1994). The ALTE code of practice. Retrieved December 27, 2021, from https://www.alte.org/Materials

Avermaet, P., Kuijper, H., & Saville, N. (2004). A code of practice and quality management system for international language examinations. *Language Assessment Quarterly, 1*(2-3), 137-150.

Bachman, L. F. (1990). *Fundamental considerations in language testing*. Oxford: Oxford University Press.

Bachman, L. F. (2000). Modern language testing at the turn of the century: Assuring that what we count counts. *Language Testing, 17*(1), 1-42.

Bachman, L. F., & Palmer, A. S. (1996). *Language testing in practice: Designing and developing useful language tests*. Oxford: Oxford University Press.

Bachman, L. F., & Palmer, A. S. (2010). *Language assessment in practice: Developing language assessments and justifying their use in the real world*. Oxford: Oxford University Press.

Boyd, K., & Davies, A. (2002). Doctor's orders for language testers: The origin and purpose of ethical codes. *Language Testing, 19*(3), 296-322.

Cheng, L. (2017). Test preparation: A double-edged sword. Symposium at the 39th Language Testing Research Colloquium. Bogota: Colombia.

Davies, A. (1997a). Special issue: Ethics in language testing. *Language Testing, 14*(3).

Davies, A. (1997b). Introduction: The limits of ethics in language testing. *Language Testing, 14*(3), 235-241.

Davies, A., Brown, A., Elder, C., Hill, K., Lumley, T., & McNamara, T. (1999). *Dictionary of language testing*. Cambridge: Cambridge University Press.

Davies, A. (2004). Special issue: Ethics in language testing. *Language Assessment Quarterly, 1*(2/3).

Davies, A. (2010). Test fairness: A response. *Language Testing, 27*(2), 171-176.

Elder, C. (1997). What does test bias have to do with fairness? *Language Testing, 14*(3), 261-277.

ETS. (2014). *ETS standards for quality and fairness*. Princeton: Educational Testing Service.

Fan, J., & Jin, Y. (2013). A survey of English language testing practice in China: The case of six examination boards. *Language Testing in Asia, 3*(1), 1-16.

Ferne, T., & Rupp, A. A. (2007). A synthesis of 15 years of research on DIF in language testing: Methodological advances, challenges, and recommendations. *Language Assessment Quarterly, 4*(2), 113-148.

Fulcher, G., & Davidson, F. (2007). *Language testing and assessment: An advanced resource book*. London: Routledge.

Hamp-Lyons, L. (1997). Washback, impact and validity: Ethical concerns. *Language Testing, 14*(3), 295-303.

ILTA. (2000). Code of ethics. Retrieved December 28, 2021, from https://www.iltaonline.com/page/CodeofEthics

ILTA. (2007). The ILTA guidelines for practice. Retrieved December 28, 2021, from https://www.iltaonline.com/page/ILTAGuidelinesforPractice

JCTP. (2004). *Code of fair testing practices in education*. Washington, D. C.: Joint Committee on Testing Practices.

Kane, M. (2002). Validating high-stakes testing programs. *Educational Measurement: Issues and Practices*, *21*(1), 31-35.

Kline, R. B. (2013). Assessing statistical aspects of test fairness with structural equation modelling. *Educational Research and Evaluation*, *19*(2-3), 204-222.

Kunnan, A. J. (2000). *Fairness and validation in language assessment: Selected papers from the 19th Language Testing Research Colloquium, Orlando, Florida*. Cambridge: Cambridge University Press.

Kunnan, A. J. (2004). Test fairness. In M. Milanovic, & C. J. Weir (Eds), *European language testing in a global context: Proceedings of the ALTE Barcelona Conference* (pp. 27-48).

McNamara, T., & Roever, C. (2006). *Language testing: The social dimension*. Oxford: Blackwell.

McNamara, T., & Ryan, K. (2011). Fairness versus justice in language testing: The place of English literacy in the Australian Citizenship Test. *Language Assessment Quarterly*, *8*(2), 161-178.

Messick, S. (1989). Validity. In R. L. Linn (Ed.), *Educational measurement* (3rd ed., pp. 13-103). New York: American Council on Education and Macmillan.

Shohamy, E. (2001). Democratic assessment as an alternative. *Language Testing*, *18*(4), 373-391.

Song, X., & He, L. (2015). The effect of a national education policy on language test performance: A fairness perspective. *Language Testing in Asia*, *5*(1), 4, 1-14.

Spolsky, B. (1981). Some ethical questions about language testing. In C. Klein-Braley, & D. K. Stevenson (Eds), *Practice and problems in language testing* (pp. 5-30). Frankfurt am Main: Verlag Peter D. Lang.

Spolsky, B. (1995). *Measured words*. Oxford: Oxford University Press.

Takala, S., & Kaftandjieva, F. (2000). Test fairness: A DIF analysis of an L2 vocabulary test. *Language Testing*, *17*(3), 323-340.

Taylor, L. (2013). Ethics in Language Assessment. In C. A. Chapelle (Ed.), *The encyclopedia of applied linguistics* (pp. 1-7). New York: Wiley-Blackwell.

Thrasher, R. (2004). The role of a language testing code ethics in the establishment of a code of practice. *Language Assessment Quarterly*, *1*(2-3), 151-160.

Xi, X. (2010). How do we go about investigating test fairness? *Language Testing*, *27*(2), 147-170.

Yan, X., & Fan, J. (2021). "Am I qualified to be a language teacher?": Understanding the development of language assessment literacy across three stakeholder groups. *Language Testing*, 38(2), 219-246.

范劲松，2014，语言测试的公平性研究：概念、理论与责任，《外语测试与教学》（2），11-19。

范劲松，2017，跨越不同利益相关群体的语言评估素养：第 39 届国际语言测试研讨会综述，《外语测试与教学》（4），56-62。

范劲松，2018，《标准化语言测试的标准制订与效度研究》。上海：复旦大学出版社。

范劲松、金艳，2010，语言测试标准研究：回顾、反思和启迪，《外语界》（1），82-91。

金艳、揭薇，2017，中国英语能力等级量表的"口语量表"制定原则和方法，《外语界》（2），10-19。

刘建达，2015，我国英语能力等级量表研制的基本思路，《中国考试》（1），7-11。

梅眹、聂建中，2009，语言测试伦理问题研究述评，《外语界》（4），91-96。

杨惠中、桂诗春，2007，语言测试的社会学思考，《现代外语》（4），368-374。

第十二章　准则评价模式[1]

罗凯洲　张富平　北京外国语大学

12.1 引言

语言测试在社会生活中正发挥越来越重要的作用，已经成为促进社会稳定发展的重要手段之一。一直以来，语言测试领域的权威学者都将如何对语言测试进行有效评价作为其核心研究课题（Bachman & Palmer，2010：94；Chapelle，2011：717；Cumming，1996：1）。回顾过去20年有关评价模式的研究，我们可以将其大致总结为五种：测试有用性框架（Bachman & Palmer，1996）、社会认知框架（Weir，2005）、解释/使用论证模式（Kane，2006，2016）、测试使用论证模式（Bachman & Palmer，2010）和测试公平框架（Kunnan，2004）。这些评价模式又可分为两大类：第一类模式以"效度"为评价对象，称为"效度（验证）模式"，包括上述评价模式的前四种；第二类模式则以"公平"为评价对象，即上述第五种模式（测试公平框架），该模式可谓自成一派。测试公平框架的诞生，引发了人们对效度与公平关系的激烈讨论（Davies，2010；Kane，2010；Kunnan，2010；McNamara & Ryan，2011；Xi，2010；高淼、林敦来，2012；李清华，2016）。试图摆脱与效度模式的纠缠，Kunnan（2018）在其著作《评价语言测试》（*Evaluating Language Assessments*）中，重构了一套评价体系，提出了"基于道德准则的测试评价模式"（ethics-based approach to assessment evaluation）（简称"准则评价模式"）。

12.2 历史观点

本节我们简要介绍准则评价模式的发展历程。1996年，Kunnan在国际

---

[1] 本章内容参考了第一作者发表于《现代外语》2019年第4期的文章《评Kunnan基于道德准则的测试评价模式》。

语言测试大会上就公平议题进行发言，指出以往的语言测试评价（效度验证）研究的弊病：过于关注技术细节，但却未充分关注考生个体利益是否得到保障、测试研发机构是否致力于推动正义。该会议发言被认为是准则评价模式的初步形成阶段。2004 年，Kunnan 正式提出由测试效度、摒除偏见（absence of bias）、可及性（access）、施考措施以及社会影响五要素组成的"测试公平框架"（Test Fairness Framework）（Kunnan，2004）。然而，这一框架存在一些明显的问题。首先，测试公平框架的证据收集与整合方式与测试有用性框架和社会认知框架类似，Fulcher（2015：116-120）把此类方式称作"核对清单"（checklist）。核对清单方式有证实主义倾向，往往得出对测试研发机构有利的结论（Haertel，1999）。其次，测试公平框架各要素间缺少逻辑关联，无法使测试评价成为有机整体（Bachman，2005）。此外，Kunnan 将正义议题置于公平议题之下进行讨论的方式，有别于当代政治或道德哲学的表述习惯。Kunnan 本人也意识到了上述问题，他以哲学家 Rawls（2001）和 Sen（2009）关于公平与正义的理论为基础，提出了指导测试评价的两类道德准则：公平准则与正义准则（Kunnan，2014）。公平准则针对测试本身，指一项测试（包括测试内容及实施过程等）应对所有考生公平；而正义准则针对测试机构，指一项测试应给社会带来益处，通过公共理性提升测试的正面价值、推动正义（Kunnan，2018：80；2020：86）。然而，抽象准则对测试评价的指导意义有限。Kunnan 在《评价语言测试》中，进一步发展了测试公平框架，在保留原框架核心内容基础上，借鉴了基于论证的效度验证模式，引入 Toulmin（1958/2003）的论证模型，用以构建评价语言测试的公平与正义论证。由于公平与正义准则的道德哲学渊源，公平与正义论证最终被命名为"基于道德准则的测试评价模式"。

12.3 当今视角

我们在本节对准则评价模式进行较为详细的介绍，从该模式的"评价对象""组成形式"和"核心要素"等三方面展开论述。

12.3.1 评价对象

准则评价模式将测试公平与测试机构正义视为评价对象（Kunnan，2014：1099；2018：82；2020：86），这与以往的效度模式（尤其是效度论证模式）不同，后者通常将测试成绩解释与使用的合理性视为评价对象。在现实世界中，语言测试（高利害测试尤甚），着实影响着考生前途。测试自身是否公平，测试研发机构是否正义，关系到考生的切身利益。准则评价模式认为从公平与正义视角评价语言测试不仅是现实需求，也符合道德哲学的传统。在准则评价模式中，其评价对象"测试公平"与"机构正义"体现为公平与正义准则及其包含的主张和理据。

12.3.2 组成形式

准则评价模式采用了 Toulmin（1958/2003）的论证模型，这与解释/使用论证模式以及测试使用论证模式相似。Toulmin 的论证模型认为，论证是由事实推导主张（结论）的过程，这一过程需要理据支撑，事实、主张、理据构成了论证模型中的核心要素。论证模型还可根据实际需要扩展，如提供证据为理据做支撑，以及考虑可能出现的反例（反驳）。准则评价模式借鉴了上述论证模型，认为对测试评价的论证过程是由公平与正义准则推导公平与正义主张（结论）的过程，也就是构建和验证公平与正义论证的过程（见图12.1）。因此，准则、主张、理据、证据、反驳就构成了公平与正义论证的要素，而准则、主张、理据则是构建论证的核心要素。

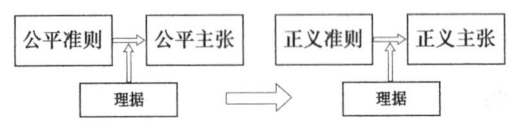

图 12.1　基于道德准则的测试评价模式（Kunnan，2018：90）

12.3.3 核心要素

如上所述，准则评价模式认为测试评价过程即为测试的公平与正义的论证过程，其核心要素包括准则、主张和理据。本节重点阐释这些核心要素，并以美国入籍英语测试（USNT）为例，展示上述要素的具体内容（见表12.1）。

在准则评价模式的话语体系中，公平准则是先决条件，只有公平准则得到保证，正义准则才能实现。两类准则分别包含若干子准则（sub-principle），如公平准则包括机会均等、解释正确、摒除偏见、施考合理等子准则；正义准则包括正面影响、正义推动等子准则，其各项主张也由此而来。

表 12.1　准则评价模式核心要素（以入籍英语测试为例）*

推理过程		主张	理据
公平论证	**公平准则**（一项测试应对所有考生公平）→**公平主张**（入籍英语测试对所有考生公平）	测试向所有考生提供了解测试的机会	1. 提供了所考查的构念界定（知识、技能及能力） 2. 提供了足够的备考时间 3. 提供了备考练习机会
		测试对所有考生采用了一致且意义相同的成绩解释	1. 测试构念界定合理 2. 依照测试大纲解释成绩 3. 能根据效标预测考生的表现 4. 评分一致
		测试对所有考生不抱偏见	1. 不因方言或话题内容等因素导致语言能力相近考生的表现出现差异 2. 不因性别、年龄、种族、母语等因素导致语言能力相近考生的表现出现差异
		测试对所有考生使用了合理的施考措施	1. 测试费用合理 2. 测试地点合适 3. 对残障考生安排妥当 4. 分数划界方式科学 5. 决策制定有据可循

（待续）

(续表)

	推理过程	主张	理据
正义论证	**正义准则**（一个测试机构应秉持公正，为社会带来益处，通过公共理性提升正面价值、推动正义）→**正义主张**（入籍英语测试机构是对社会有积极影响、弘扬正面价值观、推动正义的机构）	测试机构所制定的决策能为社会带来积极影响	对利益攸关人群（考生、教师、管理者等）带来积极影响
		测试机构所制定的决策能弘扬正面价值观、推动正义	如有不公现象出现时，测试机构有相应的补救措施或改正机制

* 根据 Kunnan（2018）例证总结

从表 12.1 公平论证可以看出，准则评价模式的推理过程与以往效度论证模式是有所区别的。我们以第二项主张为例："测试对所有考生采用了一致且意义相同的成绩解释"，支持这一主张的理据包括"测试构念界定合理"等若干条。与效度论证模式的推理过程不同，准则评价模式将评分一致作为这项主张的理据处理。Kane（2006，2013）在"解释/使用论证"模式中将概化推理（信度推理）作为单独的推理过程，Bachman & Palmer（2010）在"测试使用论证"中则将"一致性"作为测试成绩（assessment record）主张的质量属性来处理。

总之，准则评价模式是在原测试公平框架基础上，以 Rawls 和 Sen 的道德哲学思想以及 Toulmin 的论证模型为理论基础，专从公平与正义视角探讨如何进行测试评价的模式。

12.4 问题与挑战

Kunnan 提出的准则评价模式是对测试公平框架的发展，解决了原效度论证框架过度关注技术细节的弊端，重视对考生利益的保障，强调测试研发机构应致力于推动正义。准则评价模式对测试评价有一定的指导意义。然而，本章作者认为，准则评价模式可能存在关键概念界定含混不清、理论运用存在疏漏、与原公平框架乃至效度论证模式内容并无本质差异等问题。

12.4.1 关键概念界定含混

准则评价模式存在的第一个问题是：关键概念界定含混不清。准则评价模式的评价对象是测试公平与机构正义，然而公平与正义到底指什么，Kunnan在《评价语言测试》一书中没有给出明确定义，我们需要从模式的准则及主张来推断其各自包含的具体内容。Bachman & Palmer (2010：127) 在谈及测试公平框架时，也有过类似的评价。如果把 Kunnan 关于测试公平的理论延展开来，不难发现他对测试公平概念的界定一直摇摆不定。他早先直接将效度、可及性和正义归为公平概念的三个组成部分（Kunnan, 2000：3），继而将摒除偏见从效度概念中剥离，并将正义内容单独拎出变为指导准则，还增加了施考、社会影响等内容，由此构成测试公平框架（Kunnan, 2004：34）。为避免与效度模式雷同，Kunnan 从 2014 年之后，甚至不再使用"效度"一词，却依然借用效度模式对效度解读时的核心概念，如成绩解释的意义性（Kunnan, 2018：139）。准则评价模式的评价对象被定为"测试公平"与"机构正义"（Kunnan, 2014：1099），其目的在于构建一套新的测试评价话语体系。必须承认，"机构正义"确实不属于效度模式的评价范畴，但"机构正义"的前提是"测试公平"。测试是否公平，仍然要靠测试内容分析、因子分析、作答过程分析等方式进行探究，而此类分析在效度模式指导的测试评价中均有涉及。

关于"效度"一词的界定，尽管学界有一定分歧，但在语言测试乃至教育与心理测量领域的主流话语中，人们普遍接受 Messick (1989) 提出的整体效度观。整体效度观认为，效度是测试成绩解释与使用合理性的程度属性（AERA et al., 2014；Kane, 2006；Messick, 1989）。测试（工具）的质量与测试成绩解释与使用的合理性（即效度）是两个不同的概念，质量是测试自身的属性，但效度并非其自身的属性（AREA et al., 2014；Kane, 2016；Newton & Shaw, 2014）。测试质量是效度的前提，但并不是测试评价（效度验证）的首要对象。所谓"测试的效度"，是一种不正确的表述方式（AERA et al., 2014：1）。准则评价模式的对象是"测试公平"与"机构正义"，如此表述是否妥当也值得探讨。更重要的是，该模式并未明确界定"公平"与"正义"这两个关键概念，也未对二者的关系进行深入阐述。

12.4.2 理论运用存在疏漏

准则评价模式存在的第二个问题是：理论运用存在一定疏漏。我们从其声称的思想基础和对 Toulmin 论证模型的运用两方面来展开论述。Kunnan（2018：60）批评效度论证模式的主张与理据没有"思想基础"（intellectual foundation）。准则评价模式的思想基础就是将 Rawls 和 Sen 对公平与正义的阐述，变为指导测试评价的道德准则："一项测试应对所有考生公平""一个测试机构应对社会有积极影响、弘扬正面价值观、推动正义"。然而，Kunnan 很可能曲解了 Rawls 和 Sen 的哲学思想（Deygers, 2018）。Rawls（2001）在其著作《作为公平的正义》（*Justice as Fairness*）中曾表示，他的正义理论属于政治哲学，而非伦理或道德哲学。准则评价模式却称其思想基础源自道德哲学（Kunnan, 2018：64），这与 Rawls 的表述相左。Rawls 正义理论的核心是"正义准则"，其中确实包括"公平的机会平等准则"，但二者是从属关系。准则评价模式却强调公平准则是正义准则的前提。"前提"意味着主次或先后关系，而非从属关系。此外，Sen（2009）在其著作《正义的理念》（*The Idea of Justice*）中曾明确反对制定关于正义的准则，但准则评价模式的核心要素就包括公平与正义的准则，这与 Sen 的初衷相悖。Rawls 和 Sen 的理论到底如何指导测试评价，Kunnan 并未阐释清楚（Deygers, 2018）。

另外，准则评价模式未能准确运用 Toulmin 的论证模型。准则评价模式与效度论证模式一样，都采用了 Toulmin 的论证模型。Toulmin 的论证模型原本是"事实→主张（结论）"的推理过程，而准则评价模式却是"准则→主张（结论）"的推理过程，这并不符合 Toulmin 的本意。准则评价模式中的道德准则虽可指导主张的构建，但不应被视作"事实"，因此无法成为推理过程中的要素。准则评价模式不恰当地使用了 Toulmin 的推理论证逻辑，削弱了论证模型对论证要素的黏合力。而效度论证模式创造性地运用了 Toulmin 论证模型，使其成为一个环环相扣的论证过程，上一段推理过程中的主张经论证后就变成了下一段推理过程的事实，改变了其他模式（如测试有用性模式）零敲碎打的证据收集方式，使其变为有始有终的推理论证过程（韩宝成、罗凯洲，2013）。然而，准则评价模式并未形成环环相扣的论证链，如此套用 Toulmin 的论证模型是否妥当值得商榷。

12.4.3 主要内容相似雷同

准则评价模式存在的第三个问题是：其主要内容与以往研究成果雷同。

首先，准则评价模式内容与原测试公平框架无本质差异。我们对比 12.3.3 小节准则评价模式的六类主张与 12.2 小节中提到的构成原测试公平框架的五个方面，发现二者并无实质不同。如"测试对所有考生采用一致且意义相同的成绩解释"基本等同于原公平框架中的"效度"；"测试对所有考生不抱偏见"等同于原框架中的"摒除偏见"；"测试向所有考生提供了解测试的机会"基本等同于原框架中的"可及性"；"测试对所有考生使用了合理的施考措施"等同于原框架中的"施考措施"；"测试机构所制定的决策能为社会带来积极影响"等同于原框架中的"社会影响"。遗憾的是，Kunnan 的《评价语言测试》对测试公平框架却只字未提。

其次，准则评价模式有关公平论证的主张与 2014 版《教育与心理测量标准》(*Standards for Educational and Psychological Testing*)（下文简称《标准》）对公平的阐述（包括平等对待考生、摒除偏见、可及性与成绩解释）也很相似。对于这一点，Kunnan 并不避讳，承认借鉴了《标准》的表述（Kunnan，2018：86）。问题在于 Kunnan 可能忽视了《标准》对公平的明确定位："公平是效度的基本议题"（AREA et al.，2014：49）。此外，看似与效度论证模式无关的正义论证，其第一条主张与效度论证模式对反拨效应（成绩使用合理性论证）并无太大差异；正义论证的第二条主张（测试机构要弘扬正面价值观、推动正义），Kunnan 却并未对其进行详细阐释。

此外，准则评价模式的很多主张，其实在以往效度论证模式下也都有涉及。准则评价模式为凸显公平视角，将"摒除偏见"直接当作公平论证的主张之一，其实效度论证模式并非缺失此项内容，只是把"摒除偏见"当作成绩解释的证据来源。准则评价模式特别重视施考前、中、后各环节对考生平等对待，甚至把"施考措施"（administration）直接当作待论证的主张。此类内容虽不属于传统意义上的测试评价核心内容，但效度论证模式中的理据也对平等对待考生有所涉及（Bachman & Palmer，2010：160；Xi，2010）。如果仔细审视，不难发现效度论证模式也兼顾了施考环节可能造成的不平等现象。效度论证模式认为对成绩合理解释造成最大"威胁"的是构念无关因素（construct-irrelevant variance),此类因素会系统性地提高或降低特定考生群体的成绩,由此带来不公(AREA et al., 2014:54)。构念无关因素可能来自测试内容(性别、种族、宗教等)与测试实施(不尊重考生、环境或设备不熟悉等)两个方面,效度论证模式的证据来源对这些因素都有涉及。

总体来看,准则评价模式对"公平"与"正义"这两个关键概念并未给出明确界定;其对 Rawls 和 Sen 以及 Toulmin 三位哲学家思想的应用、对 Toulmin 论证模型的运用存在一定疏漏;模式的具体主张和理据与原测试公平框架以及效度论证模式有诸多相似之处,运用的证据收集方法与效度论证模式也没有本质差异。

12.5 发展方向

本节我们从三个方面阐述测试评价研究需要着力发展的三个方面:厘清效度与公平的关系;区分从业人员的责任;开展系统的评价研究。

12.5.1 厘清效度公平关系

测试评价研究要进一步厘清效度与公平的关系。准则评价模式的出现,并未终结效度与公平的纷争,反而提醒从业者应进一步厘清效度与公平的关系。从准则评价模式的视角看待公平,公平成了测试自身的属性,而且还隐含了效度概念(Kunnan, 2018:243)。准则评价模式的效度概念仍停留在效度分类观时期,这与效度整体观视角存在一定出入。从效度论证模式的视角看公平,公平并不是测试自身的属性,而是一种可比较的效度(Xi, 2010)。所谓可比较的效度,尤指一项测试对不同的考生群体的成绩解释与使用是公平的(可比较的)。李清华(2016)则认为效度与公平并非包含关系,二者部分重叠交叉。他尝试在测试使用论证模式下构建检验公平(论证)的框架,这与 Bachman & Palmer (2010:86)、Bachman & Dambӧck (2017:28) 在测试使用论证模式下探讨公平的思路一致。公平论证的构建无须"另起炉灶",如准则评价模式中的公平论证,因为效度论证模式(如解释/使用论证和测试使用论证模式)同时适用于测试评价"这枚硬币"的两面,一面重点关注测试成绩解释与使用的合理性评价,即效度论证;另一面重点关注测试成绩解释与使用的公平性评价,即公平论证。

12.5.2 区分从业人员责任

测试评价研究应注意区分从业人员的职责。准则评价模式的出现能够唤起人们对测试利益相关者中"弱势群体"(即考生)的关注,这一点值得肯定。然而,该模式未对利益相关者(如测试研发机构与决策制定者)的职责进行区分,坚持认为测试机构在测试评价各环节中(尤其是推动正义时)应担负主要职责。就现实情况来看,考生或决策制定者如何使用测试或成绩,是否违背了测试原本用途,测试机构的作用只能是教育和引导,无法约束他们的具体行为。李清华(2016)则更为明确地指出,公平性既有计量学属性,也有社会属性,前者"测量公平性"是效度的一部分,其检验应在效度验证中占有一席之地,是开发者的责任;后者"社会公平性"不是效度问题,则不属于效度验证,是用户的责任。准则评价模式将评价对象从原测试公平框架"包含效度的公平"扩展到"测试机构的正义",存在有意拉大与效度论证模式差异之嫌。测试机构的正义到底该由谁来评价、如何评价,该模式并未给出令人信服的方案。其实,无论是效度论证模式还是准则评价模式,测试机构仍然是实施评价工作的"主体",扮演了"运动员"和"裁判员"的双重角色。解决问题的关键或许不在于构建"新模式"替代"旧模式",而在于完善效度模式,使其充分发挥评价公平的作用。

12.5.3 开展系统评价研究

测试评价研究应强调研究的系统性。其实,无论是准则评价模式还是效度论证模式都强调测试评价研究的系统性。这些模式也都认为测试评价不应是"事后诸葛亮",而应从考试研发之初就该系统地规划。准则评价模式的系统性主要体现在构建并验证公平与正义论证,而效度论证模式的系统性体现在构建并验证有关成绩解释与使用合理性的论证。可以想见,这确实需要测试机构投入巨大的人力、物力与财力。语言测试评价研究的现实状况不容乐观，评价研究的重要性与其受重视程度并不匹配，评价模式的发展与评价实践也严重脱节（刘庆思，2018）。事实上，只有少数测试机构系统地开展了测试评价研究，这些研究无不是在特定的评价模式指导下进行的。例如，托福考试采用了解释/使用论证模式指导效度论证（Chapelle et al., 2008），剑桥系列英语考试采用社会认知框架指导测试评价研究（Weir et al., 2013）。

在 Bachman & Palmer（1996）首次提出测试有用性框架八年后，Kunnan（2004）提出了测试公平框架；Bachman & Palmer（2010）系统阐释测试使用论证模式八年后，Kunnan（2018）又提出了准则评价模式。不难看出，近 20 年，Kunnan 始终致力于构建一套测试评价的"新模式"。准则评价模式的公平论证强调对考生利益的关照，这的确与效度论证模式强调对测试成绩的合理解释与使用有所区别。然而，准则评价模式好似把原测试公平框架的内容和效度论证模式的部分主张与理据重新"排列组合"，还把传统上属于施考环节的内容直接作为待论证的内容。它从测试公平框架"进化"而来，却不承认与原框架的亲缘关系，反而强调模式的道德哲学基础。在这些哲学思想的"光环"下，引入"机构正义"等概念，这不仅未能让该模式摆脱与效度模式的纷争，反而令事态愈发复杂。准则评价模式借鉴了效度论证模式有关构建论证的经验，却忽视了 Toulmin 论证模型的推理逻辑。由此看来，这一模式多少有些"新瓶装旧酒"之嫌，它能否成为测试评价的"新模式"尚需时日检验。

12.6 研究资源

12.6.1 推荐书目

Dorans, N. J., & Cook, L. L. (Eds). (2016). *Fairness in educational assessment and measurement.* New York: Routledge.

Kunnan, A. J. (2018). *Evaluating language assessment.* New York: Routledge.

Nisbet, I., & Shaw, S. (2020). *Is assessment fair?* London: Sage.

12.6.2 推荐文章

Camilli, G. (2006). Test Fairness. In R. L. Brennan (Ed.), *Educational Measurement* (4th ed., pp. 221-256). Washington, D. C.: Rowman & Littlefield.

Kunnan, A. J. (2014). Fairness and justice in language assessment. In A. J. Kunnan (Ed.), *The companion to language assessment* (pp. 1098-1114). Hoboken: Wiley-Blackwell.

12.6.3 推荐网站

Kunnan 教授个人网页：https://www.antonykunnan.com

参考文献

AERA, APA, & NCME. (2014). *Standards for educational and psychological testing*. Washington, D. C.: AERA.

Bachman, L. F. (2005). Building and supporting a case for test use. *Language Assessment Quarterly*, *2*(1): 1-34.

Bachman, L. F., & Palmer, A. (1996). *Language testing in practice.* Oxford: Oxford University Press.

Bachman, L. F., & Palmer, A. (2010). *Language assessment in practice.* Oxford: Oxford University Press.

Bachman, L. F., & Damböck, B. (2017). *Language assessment for classroom teachers.* Oxford: Oxford University Press.

Chapelle, C. A. (2011). Validation in language assessment. In E. Hinkel (Ed.), *Handbook of research in second language teaching and learning* (Vol. II, pp. 717-730). London & New York: Routledge.

Chapelle, C. A., Enright, M. K., & Jamieson, J. M. (Eds). (2008). *Building a validity argument for the Test of English as a Foreign Language.* New York & Oxford: Routledge.

Cumming, A. (1996). Introduction: The concept of validation in language testing. In A. Cumming, & R. Berwick (Eds), *Validation in language testing* (pp. 1-14). Clevedon: Multilingual Matters.

Davies, A. (2010). Test fairness: A response. *Language Testing, 27*(2), 171-176.

Deygers, B. (2018). Book review: Evaluating language assessment. *Language Testing, 36*(1), 154-157.

Fulcher, G. (2015). *Re-examining language testing: A philosophical and social inquiry.* London & New York: Routledge.

Haertel, E. H. (1999). Validity arguments for high-stakes testing: In search of evidence. *Educational Measurement: Issues and Practice, 18*(4), 5-9.

Kane, M. (2006). Validation. In R. L. Brennan (Ed.), *Educational Measurement* (4th ed., pp. 17-64). Washington, D. C.: Rowman & Littlefield.

Kane, M. (2010). Validity and fairness. *Language Testing, 27*(2): 177-182.

Kane, M. (2013). Validating the interpretations and uses of test scores. *Journal of Educational Measurement, 50*(1), 1-73.

Kane, M. (2016). Validation Strategies: Delineating and validating proposed interpretations and uses of test scores. In S. Lane, M. R. Raymond, & T. M. Haladyna (Eds), *Handbook of test development* (2nd ed., pp. 64-80). New York: Routledge.

Kunnan, A. J. (2000). Fairness and justice for all. In A. J. Kunnan (Ed.), *Fairness and validation in language assessment: Selected papers from the 19th Language Testing Research Colloquium, Orlando, Florida* (pp. 1-14). Cambridge: Cambridge University Press.

Kunnan, A. J. (2004). Test fairness. In M. Milanovic, & C. Weir (Eds), *European language testing in a global context* (pp. 27-48). Cambridge: Cambridge University Press.

Kunnan, A. J. (2010). Test fairness and Toulmin's argument structure. *Language Testing, 27*(2), 183-189.

Kunnan, A. J. (2014). Fairness and justice in language assessment. In A. J. Kunnan (Ed.), *The companion to language assessment* (pp. 1098-1114). Hoboken: Wiley-Blackwell.

Kunnan, A. J. (2018). *Evaluating language assessment.* New York: Routledge.

Kunnan, A. J. (2020). A case for an ethics-based approach to evaluate language assessments. In B. A. Green, & G. J. Ockey (Eds), *Another generation of fundamental considerations in language assessment* (pp. 77-93). Singapore: Springer.

McNamara, T., & Ryan, K. (2011). Fairness versus justice in language testing: The place of English literacy in the Australian citizenship test. *Language Assessment Quarterly, 8*(2), 161-178.

Messick, S. (1989). Validity. In R. L. Linn (Ed.), *Educational measurement* (3rd ed., pp. 13-103). New York: American Council on Education and Macmillan.

Newton, P. E., & Shaw, S. D. (2014). *Validity in educational and psychological assessment.* London: Sage.

Rawls, J. (2001). *Justice as fairness: A restatement.* Boston: Harvard University Press.

Sen, A. (2009). *The idea of justice.* London: Penguin.

Toulmin, S. E. (1958/2003). *The uses of argument.* Cambridge: Cambridge University Press.

Weir, C. J. (2005). *Language testing and validation: An evidence-based approach.* Oxford: Palgrave Macmillan.

Weir, C. J., Vidaković, I., & Galaczi, E. D. (2013). *Measured constructs: A history of Cambridge English language examinations 1913-2012.* Cambridge: Cambridge University Press.

Xi, X. (2010). How do we go about investigating test fairness? *Language Testing, 27*(2), 147-170.

高淼、林敦来，2012，从英语测试形式的发展看测试效度和测试公平，《中国考试》（12），16-23。

韩宝成、罗凯洲，2013，语言测试效度及其验证模式的嬗变，《外语教学与研究》（3），411-425。

李清华，2016，语言测试的公平性检验框架，《现代外语》（4），549-560。

刘庆思，2018，效度验证：教育考试亟需补齐的短板，《中国考试》（4），16-21。